古代歷史文化 研究輯刊

十五編

王明蓀 主編

第 7 冊

劉秀「退功臣而進文吏」研究

趙瑞軍 著

國家圖書館出版品預行編目資料

劉秀「退功臣而進文吏」研究／趙瑞軍 著 — 初版 — 新北市：
花木蘭文化出版社，2016〔民 105〕
目 2+214 面；19×26 公分
（古代歷史文化研究輯刊 十五編；第 7 冊）
ISBN 978-986-404-604-1（精裝）
1. 中國政治制度 2. 東漢
618   105002217

ISBN-978-986-404-604-1

9 789864 046041

古代歷史文化研究輯刊
十五編　第七冊

ISBN：978-986-404-604-1

劉秀「退功臣而進文吏」研究

作　　者　趙瑞軍
主　　編　王明蓀
總 編 輯　杜潔祥
副總編輯　楊嘉樂
編　　輯　許郁翎
出　　版　花木蘭文化出版社
社　　長　高小娟
聯絡地址　235 新北市中和區中安街七二號十三樓
　　　　　電話：02-2923-1455／傳真：02-2923-1452
網　　址　http://www.huamulan.tw 信箱 hml810518@gmail.com
印　　刷　普羅文化出版廣告事業
初　　版　2016 年 3 月
全書字數　178917 字
定　　價　十五編 23 冊（精裝）台幣 45,000 元

劉秀「退功臣而進文吏」研究

趙瑞軍　著

作者簡介

趙瑞軍（1980～），漢族，山東海陽人，華中師範大學中國古代史博士，研究方向秦漢文化史。

提　要

　　無論從歷史學還是政治學看，劉秀「退功臣而進文吏」都是一個重要的研究對象。回顧前人關於劉秀「退功臣而進文吏」的研究，大多在探討劉秀的治國方略時有所涉及，將劉秀「退功臣而進文吏」作爲單獨事件展開全面系統深入研究的並不多。東漢初年，劉秀採取「退功臣而進文吏」的統治方略，一方面保全了功臣，穩定了政局，另方面又使東漢政權在短短不到三十年的時間裏實現了由武官執政到文官執政的轉變，鞏固了統治東漢初年功臣的形成。伴隨著春秋戰國時期的諸侯紛爭，軍功爵制產生並發展起來的，並在秦和西漢初年達到興盛，此後雖有衰弱，但兩漢之際的戰爭再次爲軍功爵制提供了展現其價值的歷史舞臺。東漢建立後，劉秀按照軍功爵制先後對功臣進行兩次大規模的分封爵土，並通過其它一些物質賞賜和榮譽方面的恩寵與褒揚等。東漢初年，一個以功臣爲主體，擁有強大的政治勢力和經濟基礎，具有高等的社會地位和特權的新社會階層 功臣階層形成了。功臣把劉秀擁戴爲皇帝，但隨著功臣階層權勢的不斷壯大，又對皇權產生了威脅。

　　「退功臣」研究。以往的史家，以及有關史料，在對劉秀「退功臣而進文吏」的研究或論述中，往往認爲劉秀「退功臣」中的功臣僅是指「雲臺二十八將」爲代表的首要功臣。其實不然，東漢初年劉秀「退功臣」中的「功臣」是指東漢初年的所有軍功人員，不僅僅包括「雲臺二十八將」爲代表在中央機構任職的功臣，還包括州、郡、縣行政機構的軍功人員。東漢初年，劉秀在統治方略上著眼於東漢政權的長治久安，通過鞏固軍權、政權等一系列措施，歷經三個階段，最終成功的剝奪了軍功人員的官職。

　　「進文吏」研究。中國古代的文官制度，在夏商周時代就已經出現，在春期戰國時期有所發展，在秦代初具框架，在西漢武帝時初步形成。中國古代的文官制度有著重要的統治功能，它不僅有利於加強封建中央集權統治，而且有利於封建政權的行政管理和廉潔吏治。東漢建立後，劉秀「退功臣而進文吏」，從統治方略上來講，就是爲了鞏固發展文官制度，以保證東漢政權的長治久安。東漢初年，劉秀引進的「文吏」包括儒生、文吏、儒法兼通之人。劉秀通過恢復鞏固西漢以來的官員選拔制度，引進前朝舊臣，發展教育培養後備官員的方式，引進大量文官，不僅彌補了「退功臣」後出現的官職空缺，而且還較快地使東漢政權得以正常運行。劉秀「退功臣而進文吏」雖然對鞏固發展文官制度，維護東漢政權的統治起到了一定的積極作用，但同時也留下了一些消極影響。

緒　論

一、選題緣起及意義

　　在中國古代中央集權的君主專制主義社會的發展史上，劉秀作爲中興皇帝，佔有極其重要的一頁。東漢初年，他在總結前代經驗和汲取歷史教訓的基礎上，結合東漢初期的實際情況，以較柔和的方式，運用自己卓越的政治智慧，採取「退功臣而進文吏」的方略，成功地剝奪了廣大功臣的官職，同時任用大量文吏，加強了集權，鞏固統治。此外，縱觀中國歷史，大多朝代統一天下後，都歷經長達半個多世紀的時間後才實現了國家政權由武官執政到文官執政的全面過渡。而劉秀在統一天下後，採取「退功臣而進文吏」的方略，不僅保全了功臣，也使東漢政權在短短不到三十年的時間裏就實現了國家政權由武官執政到文官執政的轉變，使國家機器走上正常運行的道路，這在中國歷史上是十分少見的。

　　如果說重新統一天下，中興漢室是劉秀對歷史的重要貢獻的話，那麼劉秀「退功臣而進文吏」又是其人生業績的一個里程碑。在當時的歷史階級條件下，他的這一做法也是超越其祖宗劉邦的一大創舉，對當時社會和後世歷史都產生了重大影響。因此，對劉秀「退功臣而進文吏」這一歷史事件進行研究，也具有重要意義。

　　（一）從歷史學的角度來看，對劉秀「退功臣而進文吏」進行研究，有助於更好瞭解東漢初年的軍事、政治、社會狀況，有助於拓寬對兩漢歷史的研究。

　　劉秀「退功臣而進文吏」不是一蹴而就的，它是一個歷經近三十年的長

期過程，幾乎涉及到兩漢之際及東漢初年，軍事、政治、社會等方面的所有重大事件和重要人物，它包涵了軍事史、制度史、社會史等各個方面的內容，展現出了東漢初期的整個歷史畫面。從軍事史的角度來看，兩漢之際殘酷複雜的戰爭，為東漢初年的功臣們創造了展現其才能的歷史舞臺。從制度史的角度來看，秦漢以來的軍功爵制，以及東漢初年劉秀按照軍功爵制對軍功人員的封賜，使東漢初年的功臣階層得以形成。秦漢以來文官制度的演變發展，為劉秀「退功臣而進文史」提供了制度依據。從社會史的角度來看，劉秀「退功臣而進文史」對東漢及其以後的社會走向產生了重要的影響。因此，對劉秀「退功臣而進文史」進行研究，有助於拓寬和加深對東漢歷史的研究。

（二）從政治學的角度來看，對劉秀「退功臣而進文史」進行研究，有助於更好瞭解東漢初年劉秀的統治方略，有助於拓寬和加深對東漢政治制度的研究。

在中國歷史上，任何一個開國皇帝在推翻舊王朝後，都要迅速的建立自己新王朝的管理制度，建立穩定的經濟基礎來穩固自己的統治；穩固宗法關係來擴大自己的統治基礎。任何一個開國皇帝在推翻舊王朝後都要迅速的樹立自己無上的權威，建立嚴格的等級制度確立自己的最高地位；發展皇權以增加集權的高度；保障皇權的暢通運行以保證自己意志的實現，最終形成「皇帝一人說了算」權力高度集中的體制。作為名為中興，實同開創的皇帝，劉秀也不例外。東漢初年，劉秀為鞏固統治，加強集權，「退功臣而進文史」，成功地剝奪了廣大功臣的官職，同時引進了大量知識分子充實到各級政權中，在這一過程中，充分的展示了劉秀博大精深的統治方略。通過從政治學的角度對劉秀「退功臣而進文史」進行研究，不但在歷史研究方法上有所拓寬，而且對拓寬中國古代皇權的範圍與限度、對皇權的運行方式等方面的研究也有重要意義。這對拓寬秦漢史的橫向範圍研究具有重要意義。

（三）從文化思想層面來看，對劉秀「退功臣而進文史」進行研究，有助於更好瞭解兩漢時期人文哲學的演變發展，有助於拓寬對兩漢文化學術的研究。

東漢建立後，劉秀為發揮文官制度的統治功能，積極發展學校教育，倡導儒家經學，大量引用士人為官為吏，這對鞏固東漢政權的統治確實起到一定積極作用，但過度的倡導經學，過度的引用士人為官，又對東漢及其以後的歷史產生了許多消極的影響。劉秀「退功臣而進文史」，也是春秋戰國以來，

在文化思想領域，特別是儒家文化思想發展到一定程度後，在政治領域的具體體現。因此，通過對劉秀「退功臣而進文吏」進行研究，不僅對兩漢以來儒家經學的演變發展有一個清晰的瞭解，而且有助於拓寬對兩漢文化學術史的研究。

綜上所述，「退功臣而進文吏」充分的展示了東漢初年劉秀高屋建瓴，博大精深的統治方略，以及運用自如的統治藝術。本文在充分借鑒前人成果的基礎上，運用歷史學、政治學等研究方法，以「退功臣」和「進文吏」爲切入點，綜合的分析東漢初年的歷史人物和歷史事件，探討東漢初年劉秀的統治方略及其影響，試圖爲東漢軍事史、制度史、文化史、社會史提供一個新的視角。

二、學術史的回顧與分析

對劉秀「退功臣而進文吏」一事，古代一些學者多有評論。范曄評論：「光武鑒前事之違，存矯枉之志」，「故高秩厚禮，允答元功，峻文深憲，責成吏職」。〔註1〕袁宏評價：「末世推移，其道不純，務己尚功，釁自外來，君臣之契，多不全矣。唯燕然和樂，始終如一，風塗擬議，古之流矣」。〔註2〕南朝蕭子顯說「光武功臣所以能終其身者，非唯不任職事，亦以繼奉明、章，心尊正嫡，君安乎上，臣習乎下。」〔註3〕元代陳櫟評論說其它的史家如元代陳櫟、宋代葉適、清代王夫之等也都有評價。

然而，近代以來，作爲東漢初期政治上如此重要的一件事情，學術界卻沒有給予很多重視，對其研究的論文也不多，更不見有專著。七十年代末以前，對劉秀的研究並不多，對其「退功臣而進文吏」專門研究的也就更少了。當時在一些較爲流行的通史和斷代史中，多從充分肯定農民戰爭革命性和積極作用的視角出發，將劉秀完全作爲農民起義軍的對立面和剝削階級的總代表而批判之，因此對劉秀「退功臣而進文吏」一事就更沒有過多的論述。從七十年代末開始，對劉秀的研究有了很大的發展，有關劉秀的傳記專著已有數種，發表的論文已有近百篇，對劉秀的評價也有了很大的改變，同時，在

〔註1〕　《後漢書·馬武傳》〔劉宋〕范曄撰，〔唐〕李賢等注：《後漢書》，中華書局1965年版，第787頁。版本下同。
〔註2〕　《後漢紀·後漢皇帝紀卷第七》〔晉〕袁宏撰，周天遊校注：《後漢紀校注》，天津古籍出版社1987年版，第176頁。版本下同。
〔註3〕　〔梁〕蕭子顯撰：《南齊書·陳顯達傳》，中華書局1972年版，第494～495頁。

這些專著和論文裏，對劉秀「退功臣而進文吏」也就有了一些論述。

（一）著作方面

今人對劉秀「退功臣而進文吏」一事，大多是在其專著或文章中，拿出一部分篇章進行記述評論。專著如：翦伯贊著《秦漢史》（北京大學出版社，1983），呂思勉著《秦漢史》（上海古籍出版社，1983），錢穆著《秦漢史》（三聯書店，2004），林劍鳴著《秦漢史》（上海人民出版社，1989），田昌五、安作璋主編《秦漢史》（人民出版社，1993），崔瑞德、魯惟一著《劍橋中國秦漢史》（中國社會科學出版社，1992），這些有關秦漢史的專著，大都有一定篇幅對「退功臣而進文吏」進行了總體的記述，並對劉秀保全功臣、維護其統治的目的和結果做了相對評論，對整個事件並沒有做過深的考究。此外在一些通史當中，也對劉秀「退功臣而進文吏」一事有所涉及，如朱紹侯、張海鵬、齊濤主編《中國古代史》（福建人們出版社，2004），只是在劉秀鞏固其統治的各項措施中，把「退功臣而進文吏」作爲其中一種措施，略加記述。其它的一些專著，如有關劉秀的傳記當中，則對「退功臣而進文吏」一事，有較多的論述，但並不很深入，如張啓深著《漢光武帝傳》（天津人民出版社，1990），張鶴泉著《光武帝劉秀傳》（黑龍江人民出版社，1993），安作璋、孟祥才著《漢光武帝大傳》（河南人民出版社，1999），趙山虎《漢光武帝劉秀》（陝西人民出版社，1999），曹金華著《漢光武帝劉秀評傳》（江蘇古籍出版社，2002），張樹著《光武帝》（中國社會科學出版社，2007），黃留珠著《劉秀傳》（人民出版社，2003），較之前述《秦漢史》和其它通史，這些傳記都用了較大的篇幅對劉秀「退功臣而進文吏」進行了論述，且多從以史爲鑒的角度，通過比較劉邦，對其進行論述評論。在「退功臣」方面，這些傳記大都從功臣跟隨劉秀出生入死打天下和劉秀跟功臣的感情和親密關係入手，並結合劉秀爲鞏固其統治的目的需要，對劉秀「退功臣」進行研究，並對「退功臣」的目的做了具體分析，但對劉秀「退功臣」的具體方式，以及劉秀爲了「退功臣」而採取的相關措施並沒有相關研究。在「進文吏」方面，則僅是對劉秀引進的文吏當中的幾位重要人物加以舉例論述，而沒有對劉秀「進文吏」的進行較深的分析。縱觀這些有關劉秀的傳記，關於「退功臣而進文吏」的記述評論，雖然各自從不同的角度入手，但內容相對重複，還並不深入全面。

（二）文章方面

1、綜合研究的文章

對劉秀「退功臣而進文吏」一事，在一些文章裏也有論述。如：陳勇的《論光武帝劉秀「退功臣而進文吏」》（《歷史研究》，1995 年第 4 期），主要從南北功臣相互制約、新臣與舊臣相互的興替、文官與武官相互進退三個方面，分析了劉秀是如何成功剝奪功臣官職的。徐揚傑的《光武帝劉秀的評價和東漢政權的性質問題新解》（《史家論劉秀：紀念光武帝二千年誕辰》中國文聯出版社，1999 年）在對劉秀「退功臣而進文吏」表示讚揚的同時，也認為不問具體情況，見「文吏」就進，見「學通行修，經中博士」就用，就為一些小人鑽進中央政權中樞開了方便之門。同時一律不給功臣名將權力，也走到另一個極端，剝奪一些有治國才能的功臣的權力，有可能使國家大權旁落到皇帝周圍的小人手中。用意是限制豪強勢力膨脹的「退功臣而進文吏」，結果卻使另一部分豪強的圖謀得逞，以致使劉秀同一部分豪強非常合拍。余鵬飛的《論劉秀》（《襄樊學院學報》，2003 年第 1 期）認為劉秀「退功臣」是即可防止功臣任吏職而堵塞進賢之路，又可杜絕功臣因權勢膨脹而滋生篡權野心的一舉兩得之策，而「進文吏」一方面使大批地主階級知識分子參與朝政建設，從而擴大統治基礎，另一方面文吏無功可恃，容易操縱控制，有利於鞏固封建政權。艾森的《試論漢光武帝用人與治國》（《探索》1988 年第 3 期）認為劉秀的「退功臣而進文吏」既有利於肅清吏治，也保護了功臣，其做法與歷史上許多封建帝王濫殺功臣的做法不可同日而語。臧嶸的《評東漢光武帝的歷史作用》（《歷史教學》1998 年第 2 期）認為劉秀的「柔道」統治政策，集中了中國儒家思想的哲理，與歷史上打天下坐江山的開國皇帝有不少都對功臣採取斬盡殺絕的辦法相比，劉秀以「柔道」思想把功臣厚養起來的政策，卻對大亂以後的新王朝的政局，起了穩定作用。關於光武任用士人的政策，是「摧賢於眾愚之中」，「崇禮義於交爭之世」，劉秀的任賢尊士，在史上是有口皆碑的。王忠全、郭瑋的《試論漢光武帝劉秀的治國思想》（《中州大學學報》，1993 年第 4 期）認為劉秀「退功臣而進文吏」也是與東漢初期的社會形勢基本上相適應的「黃老學說」相一致的。既使功臣們對劉秀的「高秩厚禮，允答元功」的情分感激不盡，又使朝廷能夠嚴格按照「峻文深憲，責成吏職」的德才標準選賢任能。劉秀也正因這樣，才使其能夠做到「明慎政體，總攬權綱，量時度力，舉無過事」。李國儒的《劉秀的柔道與光武中興》（《湖北廣

播電視大學學報》，199 年第 1 期）認為劉秀「退功臣而進文吏」是劉秀為實行有利於「休養生息」的政策，促進東漢初年經濟的發展，推行「無為而治」的思想，採取的措施之一，是劉秀以柔克剛，以靜制動和無為而治方略的體現。周國林的《劉秀治國方略述論》（《貴州文史叢刊》，1996 年第 4 期）認為劉秀力圖以制度、法令的形式消除當時各種不利社會穩定的潛在因素，以保證國家機器的正常運轉。由於統治階級內部根本利益一致，因此中央與地方、皇權與相權、君主與王室外戚、文官與武將、舊臣與新進關係錯綜複雜一方面處置不當，就會造成全國性影響。為了防止內部爭鬥削弱統治基礎，劉秀從調整各種關係著手，採取得力措施，防患於未然。劉秀「退功臣而進文吏」就是他處理統治階級內部的關係，建立立法垂制，奠立長治久安根基的措施之一。曹金華的《論東漢前期的「抑強扶弱」政策》（《南都學壇（社會科學版）》1989 年第 2 期）認為東漢前期，劉秀以「柔道」為指導思想，積極廣泛地推行了「抑強扶弱」政策，使社會秩序得以較快的安定，社會經濟得以較迅速的恢復和發展，從而「撥亂反正」，出現「光武中興」和「明章之治」的清明局面。劉秀「退功臣而進文吏」則是他推行「抑強扶弱」政策而採取的措施之一。縱觀這些文章，只有陳勇的《論光武帝劉秀「退功臣而進文吏」》（《歷史研究》，1995 年第 4 期）是對劉秀「退功臣而進文吏」的專門研究，但陳勇只是從微觀上從權力制約的角度，對劉秀退功臣所採用的方式之一進行了分析，並沒有從宏觀統治方略的角度去對劉秀「退功臣而進文吏」進行研究。其它人的文章，雖然也都對劉秀「退功臣而進文吏」進行了分析，但大都是把這一事件作為文章的一部分來分析論述，分析論述的的深度和廣度都不夠深。

2、關於「退功臣」的文章

朱紹侯的《劉秀與他的功臣》（《中國史研究》，1995 年第 4 期），通過對劉秀本身的素質、劉秀籠絡部下的策略、劉秀與他的功臣集團的關係、劉秀對功臣集團的安置四個方面的研究，認為劉秀正是通過其外儒內發的統治權術、以誠待人的策略，各功臣集團的相互制約、以及對功臣的合適安置，才強有力的駕奴制御住功臣，並成功順利剝奪功臣官職的。趙慶偉的《劉秀人才集團的群體考察》（《中南民院學報》1992 年第 2 期）認為劉秀的功臣大多是儒家知識分子，具有濃厚的宗法特點，以致君臣關係處理的比較好，這對劉秀「退功臣而進文吏」創造了良好條件。馮輝的《歷代帝王駕馭功臣

的策略》（《北方論叢》1998 年第 4 期）認爲對功臣採取殺戮策略，容易激化君臣矛盾，不利於社會穩定；對功臣採取養起來的策略，雖然比較穩妥，有利於調節君臣關係，但不利於發揮功臣在治天下過程中的作用；只有對功臣充分信任、大膽使用，君臣一體，共治天下，才是積極的駕馭功臣的策略，劉秀的「退功臣而進文吏」可謂利弊兼有。周建英的《評兩漢初期對待開國功臣的政策》（《渤海學刊》1990 年第 1 期）對劉邦和劉秀在開國後，實行的不同政策進行了對比，認爲劉秀採用「退功臣而進文吏」的做法既避免了內戰，又保證了東漢初年各項政令的貫徹與推行，使人民眞正得以休養生息，社會經濟迅速發展。鄒錦良的《關愛下的「籠馭」：劉秀的「善下」藝術》（《貴州文史叢刊》2008 年第 3 期）認爲劉秀細緻入微的關愛下屬，推心置腹的信任下屬，褒懲有度的揚抑下屬，能容人過地的寬宥下屬，入情入理的調解下屬，以致爲劉秀帶來了「英俊雲集」，以及下屬的信任和忠心，並由此成就偉業。王雲江、謝豔華的《簡論劉秀的人才謀略》（《史學集刊》2003 年第 2 期）認爲劉秀求賢若渴、屈尊待賢的對待人才的態度，愛護人才、團結人才的手段，把眾多的人才聚集在他周圍，憑藉其高超的領導能力，又從容不迫的駕奴著這些猛臣、謀將，順利的貫徹自己的一系列軍令、政令，爲其統一中國，實現光武中興奠定了基礎。閆秀敏的《劉秀的柔性管理藝術》（《領導科學》2004 年 12 期）認爲劉秀仁德寬厚，泛愛容眾、自我約束，不敢妄爲、尊重他人，誠信待人、敢於示弱，以弱制強、權變靈活，講求策略的素養使其能夠駕馭諸將、獲取民心。趙忠文的《論劉秀的用人》（《遼寧師院學報》1981 年第 6 期）在列舉揚其長避其短，鼓勵直言，不喜諛詞；待人以誠，用人不疑；寬以待人，重以教育；賞罰分明，不信讒言；禮賢下士，恩結群臣，劉秀用人的六個方面之後，認爲劉秀的用人無非是駕奴群臣的「南面之術」，還必須揭露他在這一問題上的虛僞性和反動性的一面。祝總斌的《馬援的悲劇與漢光武》認爲馬援作爲東漢初年的功臣，功勳卓著，忠心耿耿，晚年則遭到監視、掣肘以至譴責，死後被收印信，妻子受到連累，表面看是受到讒言陷害，實際上是劉秀不願功臣任職，對功臣猜忌心理的表現。縱觀以上這些文章，大都從劉秀的個人魅力和統治權術的角度對劉秀，及其與功臣的關係進行了分析研究，但對劉秀「退功臣」的過程則沒有過深的分析，也沒有從統治方略的角度去分析劉秀是如何對功臣加以控制的，並最終剝奪功臣官職的。

3、關於進文吏的文章

曹金華的《東漢前期統治方略的演變與得失》（《安徽史學》，2003 年第3 期）通過對東漢前期的統治方略進行考察，分析研究了東漢初期吏治狀況，認爲東漢前期在吏治上存在「嚴切」和「寬厚」兩個極端，應嚴而不猛，寬而不弛，盡力避免弊端。寧江英《漢代文吏地位的變遷》（《咸陽師範學院學報》，2009 年第 1 期）通過對兩漢時期文吏地位的發展演變進考察，分析了東漢初期的文吏地位，認爲由於劉秀「退功臣進文吏」的影響，文吏地位有所上陞，文吏也與儒生逐漸合流，「外儒內法」的治國方略逐漸爲統治者所認可、接受。張鶴泉的《東漢辟舉問題探討》（《吉林大學社會科學學報》，2000 年第4 期）對東漢時期辟主辟舉的權利及其限制進行了研究，認爲辟舉不僅使辟主得到一些僚佐，而且也爲一些穩固的官僚集團的形成創造了條件，以致到東漢中期，隨著腐敗的加深，辟舉出現很多弊端。張鶴泉的另一篇文章《東漢故吏問題探討》（《吉林大學社會科學學報》，1959 年第 5 期）對東漢時期故吏的定義、形成以及與故主的關係等進行考察，認爲故吏雖然形式上與舉主和府主脫離關係，但仍然與他們保持著密切聯繫，隨著故吏對故主依附的加深，直接影了當時的選舉，並促進了各種不同政治集團的出現。裘士京、張翅的《略論兩漢察舉制度與人才選拔》（《安徽師範大學學報（人文社會科學版），2002 年第 5 期》）對漢代察舉制度的方式以及影響進行了研究，認爲察舉制度的創立爲漢代朝廷選拔和輸送了一大批德才兼備的人才，對漢王朝的鞏固和強盛，對大一統國家的形成和發展具有深遠的影響。察舉制度作爲漢代選拔人才和官吏最主要、入仕數量最多的一種選任制度，其主流無疑是進步的，但也不可避免地存在許多失誤和弊病。王健東的《漢代倫理政治初探》（《安徽史學》，2007 年第 6 期）對儒家的倫理思想對東漢政權的形成和政治影響進行了研究，認爲倫理制衡既體現爲東漢前期皇帝對治道和施政政策的主動調整，也體現在儒臣對朝廷決策和施政的約束和引導，從而發揮了一定的政治調節作用。謝仲禮的《東漢時期的災異與朝政》（《中國社會科學院研究生院》，2002 年第 2 期）對東漢時期的災異及其對朝政的影響進行了考察研究，認爲朝臣常借災異之機，規諫皇帝，抨擊時弊，成爲時局的風向標，對朝廷的政策制定和政治走向都產生了影響。黃宛峰的《漢代的太學生與政治》（《南都學壇（哲學社會科學學報）》，1996 年第 2 期）對漢代太學的產生發展以及對政治的影響進行了研究，認爲太學自開設之日起，太學生與政治便產生密不可分的關係，到西漢後期，太學生已在政治上

嶄露頭角，到東漢光武時雖然還沒形成政治集團，但已具有相當的聲勢與威力，對政治的影響力已非常明顯。劉丁豪的《漢代官吏群體的儒學化及其對漢代社會的影響》(《四川師範學院學報（哲學社會科學版），2003 年第 1 期》對漢代官員儒學化的演變發展，以及對社會的影響進行了考察，認爲官吏的群體儒學化不僅提高了官員的文化素質，而且彌補了漢代政治管理的缺環，爲維護漢代政權的長期存在起到重要作用。仝晰綱的《漢代選官制度芻議》(《社會科學》，1999 年第 6 期）認爲：漢代對官吏實行所謂的「選舉」制度，實質上是由地方少數權貴人物推薦，然後由主選官員進行「選拔」。表面上選後有嚴格的法律程序和選舉法則，但在選舉過程中，主選官員或受權門請託，或受貴戚書命，或出於一己私利，往往違章背典、弄虛作假，以至選舉不實。並對漢代選舉不實的基本情況及其法律責任略作了論述。張濤的《經學與漢代的選官制度》(《史學月刊》，1983 年第 3 期）漢武帝以後，儒家經學成爲劉漢皇朝選官制度的思想基礎和理論依據，成爲了推動國家機器運轉的精神力量。察舉、徵辟、博士弟子課試及茂才等是漢代選拔官吏的重要方式和途徑，而其基本原則、主要內容，或出於儒家經典，或本於經學之旨，體現了對儒家經學的特別重視和對治經儒者的特殊關照。經學與選官制度結緣，使劉漢皇朝適時地改變了人才觀念，更新了用人標準，拓寬了選官範圍，擴大了統治基礎，從而造就了一個名士雲集、人才輩出的政治局面。這既有利於專制主義中央集權政治的鞏固，又有利於社會經濟、文化教育的繁榮，還有利於經學自身的完善和發展。安作璋的《漢代的選官制度》(《山東師範大學學報（人文社會科學版）》1981 年第 1 期）認爲漢代的選官制度，是地主階級爲了適應專制主義中央集權制封建國家統治的需要而逐步建立和發展起來的一種選拔統治人才的政治制度。這一制度包括察舉、皇帝徵召、公府與州郡闢除、私人薦舉、考試、任子、納貨及其它多種方式，不限於一途，而且還可交互使用。並對這些官員選拔方式及不足之處進行了分析研究。王健的《略論東漢官吏的組成》(《鄭州大學學報（哲學社會科學版）》1992 年第 5 期）通過對《後漢書》所涉及的官吏的統計，對東漢時期的官吏的來源和組成情況進行了研究分析，認爲東漢前期相權、三公之權、一直受到皇帝的抑制，尚書位卑權重，臺閣取代三公，很難形成專權力量，此時外戚和宦官力量尚未形成氣候，各個政治集團以皇帝爲中心，維持著國家政權機器的正常運轉，皇帝基本上能左右這三種力量，皇權是穩定的。以上這些文章，大都從官員選拔的角度對劉秀「進文吏」進行了一些論述，並以此爲基礎對

東漢初年的官員選拔制度和權力特點進行了分析，以及對引進文吏而產生的消極影響進行了論述。但這些文章並沒有從發展文官制度，鞏固統治的角度去深入地分析劉秀引進文吏的原因和過程。

4、其它有關文章

軍事方面：黃正藩、王銘的《略論劉秀的軍事思想》（《蘇州大學學報》1983 年第 3 期）稱讚劉秀不僅具有傑出的指揮才能，而且在建軍、戰略、用兵諸方面均見識過人。在建軍原則上，他以文史典軍事的軍隊建設思想確屬創舉，不僅收效當時，後世亦有不及此者；在戰略方針上，遠交近攻、以戰去戰、止戈為文為其指導思想；戰術思想上，他素以出奇製勝著稱，計有以攻為守、以少擊眾、以長擊短、以銳擊疲、以飽擊饑、以逸擊勞等「六奇」。趙國華的《東漢統一戰爭的戰略考察》（《華中師範大學學報》1995 年第 3 期）通過對東漢統一戰爭的五個階段在戰略上進行研究考察，總結出劉秀的戰略思想特徵，不僅對東漢統一戰爭的整個過程和各個階段有著清晰的認識，而且對對研究劉秀的軍事才能也有重要作用。臧知非的《「偃武修文」與東漢邊防》（《人文雜誌》2008 年第 4 期）通過對劉秀邊防軍事思想的研究，認為因劉秀偃武修文，從而使國家政治尚文輕武，地方長吏在實際上不懂軍事、更輕視軍事，法定的軍事訓練任務名存實亡、吏民軍事素質低下，軍功更喪失其激勵效用，既無西漢向北「擴張」的意識，也無「擴張」能力。張鶴泉的《東漢時期的屯駐營兵》（《史學集刊》，2006 年第 3 期）認為東漢時期，國家在邊郡和內郡設置了屯駐營兵，對保證東漢國家邊郡的安定、內郡統治秩序的穩定，起到重要作用，對研究東漢初期的軍事改革和軍事思想有重要意義。黃今言的《說東漢在軍制問題上的歷史教訓》（《南都學壇（哲學社會科學版）》1996 年第 2 期）認為東漢初年劉秀在軍事方面的改革對東漢及以後的歷史留下了深刻的教訓，並對這些軍事改革以及產生的教訓進行了分析論述。從政治學的角度來看，東漢初年劉秀的軍事思想，軍事制度，以及東漢初年的戰爭情況對劉秀「退功臣而進文吏」都有一定的影響。但這些有關軍事方面的文章只是純粹的從軍事的角度對東漢初年的軍事情況進行了分析，並沒有太多的去與劉秀「退功臣而進文吏」相聯繫。

劉秀個人方面：李桂海的《劉秀戰勝群雄的心理優勢》（《雲南社會科學》1991 年第 6 期）從歷史心理學的視角考察，認為劉秀能夠戰勝群雄，最終奪取天下，除了複雜的政治、經濟原因外，與劉秀個人的心理優勢有一定的關

係。劉修明的《兩漢之際的歷史選擇——論劉秀》（《史林》，1997 年第 2 期）
認為劉秀作為淪落皇族在危機中的體驗和思考，個人的機智、勇敢、大度，
政治上的遠見和卓識，他個人的素質，（才、學、識、德），對所有人來說有
了高低上下的巨大差別，使他成為成功者、勝利者、出類拔萃的英雄人物。
楊天宇的《劉秀與經學》（《史學月刊》1997 年第 3 期）對劉秀與經學發展及
其對後世影響進行了研究。項本武的《劉秀的性格與謀略》（《史家論劉秀：
紀念光武帝二千年誕辰》中國文聯出版社，1999 年）認為西漢末年在大部分
外部環境相同的情況下，能夠實現天下統一的目標，劉秀的氣質、性格與才
能、謀略就成為重要的決定因素。丁毅華的《才備文武　功在破立——中國
古代傑出的軍事家、政治家劉秀》（《史家論劉秀：紀念光武帝二千年誕辰》
中國文聯出版社，1999 年）通過對劉秀的研究，認為劉秀具有較好的個人素
質，儒俠合一、外謹內強、精力充沛、專注事業，並指出劉秀在性格和思想
上有許多矛盾。這些文章大都從劉秀的個人素養的角度出發，對劉秀與功臣
的關係進行了研究分析，但並沒有刻意地從這個角度去分析「退功臣而進文
吏」。

　　總之，雖然學術界對劉秀「退功臣而進行文吏」有過不少的論述，但並
沒有系統的總結和研究。本文擬在前人的研究的基礎上，運用歷史學、政治
學等方法，重點從劉秀的統治方略入手，系統的探究劉秀「退功臣而進文吏」，
試圖為秦漢史的研究提供一個新的視角。

三、研究目標、思路及研究方法

（一）研究目標及思路

　　首先，從歷史學角度對劉秀「退功臣而進文吏」進行全面系統的分析研
究，重點考究東漢初年促使功臣形成的因素，以及劉秀「退功臣而進文吏」
的整體過程。其次從政治學的角度，對劉秀的統治方略進行分析研究，重點
考究劉秀對軍權、政權的鞏固，以及對文官制度的鞏固與發展。

　　具體來說，要解決的問題主要有：1、東漢初年功臣是怎樣形成的，主要
是由哪些因素形成的。2、劉秀是通過哪些方式，以怎樣的過程剝奪功臣官職
的，在制度方面都進行了哪些鞏固與改革。3、劉秀是通過哪些方式引進文吏
的，都引進了哪些人，是如何鞏固發展文官制度的。

　　第一章：主要分析東漢初年功臣的形成。秦漢以來的軍功爵制是激勵戰

將建立戰軍功的有效手段，劉秀不僅按照這種制度對戰將加以分封，而且還給予了功臣一些其它的物質賞賜和恩寵褒揚，以致東漢初年，一個具有強大政治、經濟勢力和較高社會地位的功臣階層形成了，而功臣階層的形成又對皇權產生了威脅。

第二章：主要探討劉秀「退功臣」實施過程。東漢初年，劉秀爲鞏固統治，在軍權、政權、律令法制等方面都採取一定的鞏固和改革措施，通過這些措施劉秀不但抑制了功臣權勢的發展，而且最終剝奪了功臣的官職。

第三章：主要探討劉秀是如何「進文吏」的。東漢初年，劉秀爲鞏固統治，發揮文官制度的統治功能，恢復鞏固了西漢的文官選拔制度，發展教育培養後備官員，同時，引進大量前期文官充實到新政權，在將中國古代的文官制度推到一個新階段的同時，也留下了一些消極影響。

（二）研究方法

本文主要運用歷史學、政治學、哲學、邏輯學等方法，從傳統文獻考證出發，結合考古學和簡牘學，對東漢劉秀時期的軍事、政治、文化等方面進行分析研究，從而對劉秀「退功臣而進文吏」一事進行探討。

首先，運用歷史學、文獻學方法，以傳世文獻爲基礎展開對劉秀「退功臣而進文吏」的學術史研究，結合東漢初年的政治、社會背景，辨章學術，考鏡源流。並運用邏輯推理的方法對劉秀「退功臣而進文吏」進行分析研究，力圖全面系統地考察劉秀「退功臣而進文吏」這一事件。

其次，運用政治學的方法，動態考察東漢初年的制度變化，務求從劉秀相關的變革措施中探查出劉秀的統治方略。

四、重點難點和創新點

（一）重點、難點

本文重點解決的問題：

第一、從歷史學的角度，動態的考察劉秀「退功臣而進文吏」這一過程，並理清劉秀是如何剝奪功臣官職，又是如何引進文吏的。

第二、從政治學的角度，考察劉秀在「退功臣而進文吏」所體現出的統治方略。

本文的難點主要體現在以下幾個方面：

第一、劉秀「退功臣而進文吏」一事持續時間較長，過程十分複雜，幾乎涉及到東漢初期所有重要人物和重要事件，必須閱讀大量的原始材料，進行詳細的梳理分析、分辨和辨別，如果不能理清思路，不但不能得出深層次的成果，反而連基本的問題都難說清楚。

第二、「退功臣而進文吏」中體現著劉秀的統治方略，必須對「退功臣而進文吏」進行深層次的透析，對劉秀的治國理念、統治權術等都進行詳細分析，才能考察出劉秀的統治方略，研究起來難度較大。

第三、對劉秀「退功臣而進文吏」研究，涉及到歷史學和政治學的學科交叉，如何避免現代學術理論的簡單套用，如何避免兩學科交叉而產生的「四不像」問題，這是一個挑戰。

（二）創新點

第一、研究對象上的創新。以往的史家，以及有關史料在對劉秀「退功臣而進文吏」的評論或記載中，認為劉秀「退功臣」中的功臣就是指「雲臺二十八將」為代表的首要功臣。筆者通過閱讀大量的資料和經過深入的分析得出：東漢初年劉秀「退功臣」中的「功臣」是指東漢初年的所有軍功人員，不僅僅包括「雲臺二十八將」為代表在中央機構任職功臣，還包括州、郡、縣各級行政機構的軍功人員。

第二、研究方法上創新。以往史者往往都是從歷史學角度對歷史事件進行分析研究。本文採用歷史學與政治學相結合的方法，不僅從歷史學的角度對「退功臣而進文吏」這一歷史事件進行分析，而且還從政治學的角度對東漢初年劉秀的統治方略進行分析。這種歷史學和政治學相結合的方法，不失為研究秦漢史的新嘗試。

第一章　東漢初年功臣的形成

第一節　秦漢時期的軍功爵制

一、秦和西漢軍功爵制的演變

所謂軍功爵制，是指爲了獎勵軍功而創設的賜爵制度，主要是通過賜給有功之人爵位、田宅、食邑以及榮譽等方式來獎勵有軍功或事功之人的一種爵祿制度。《史記・商君列傳》記載：「有功者顯榮，無功者雖富無所芬華。」〔註1〕不管任何人，只要有功就可以賞爵，即使是宗室貴族，沒有軍功，也得不到爵位。軍功爵製作爲中國古代政治制度的一部分，推動了中國古代社會由奴隸制時代向封建制時代的過渡，對推動秦漢時期國家的大一統，促進中華民族的融合發展曾起到了十分重要的作用。

在軍功爵制出現以前的西周時期，周朝天子實行的是「授民授疆土」的裂土分封制，這種制度是建立在井田制經濟基礎之上，是以血緣關係爲紐帶，與宗法關係相結合的維護奴隸主統治階級利益的一種封爵制度。周代的裂土分封制採取的是五等爵制，如《禮記・王制》記載：「王者之制爵祿，公侯伯子男凡五等。」〔註2〕《孟子・萬章下》中說：「天子一位，公一位，

〔註1〕　《史記・商君列傳》〔漢〕司馬遷著，〔劉宋〕裴駰集解，〔唐〕司馬貞索隱，張守節正義：《史記》，中華書局1959年版，第2230頁。版本下同。

〔註2〕　《禮記集解・王制》〔清〕孫希旦著，沈嘯寰、王星賢點校：《禮記集解》，中

侯一位，伯一位，子男同一位，凡五等也。」〔註3〕與軍功爵制不同的是：第一、在周代以後的大多數時期，五等爵制沒有軍功爵制的級別多，其受爵人數也少於軍功爵制；第二、在裂土分封制下，天子將人民和土地封賜給諸侯後，「封略之內，何非君土；食土之毛，誰非君臣」。〔註4〕諸侯在封地內完全的佔有人民和土地，儼然一個獨立的小國家。而軍功爵制則不同，君主分封諸侯，則不「授民授疆土」，君主雖然根據功臣功勞的大小來給予功臣各種不同的爵位，但諸侯在封地內只享有「衣食租稅」而已，對於封地內的人民和土地則不能完全佔有，封地內的人民和土地由君主委派官員進行管理。

春秋時代是中國古代由奴隸社會向封建社會過渡的時期，在這一時期，由於社會生產力的發展，封建生產關係開始產生、發展起來。隨著周天子權勢的衰微和各諸侯國君主勢力的增強，各諸侯國君主為了能夠使出身下層的人為其服務，軍功爵制便開始產生。在春秋時代，軍功爵制在一些諸侯國開始出現。如在齊國，《左傳襄公·二十一年》就有關於「莊公為勇爵」〔註5〕的記載；《韓非子·二柄》中則有「田常上請爵祿而行之群臣，下大斗斛而施於百姓」〔註6〕的記載。在晉國，《史記·晉世家》中有「賞從亡者及功臣，大者封邑；小者封爵」〔註7〕的記載；《左傳·僖公二十七年》有「於是乎大蒐以示之禮，作執秩以正其官」〔註8〕的記載，「執秩」是專門主管賜爵的官。此外，春秋時期，在秦國、宋國、楚國等國都有賜爵制的記載。這說明軍功爵制在春秋時期就已經產生。軍功爵制在春秋時期的產生，推動了新興地主階級勢力的不斷發展壯大，到春秋末期，已有「田氏代齊」、「三家分晉」，這都是新興地主階級戰勝奴隸制階級的具體體現。

到戰國時期，經過春秋時期的兼併，只剩下齊、楚、燕、韓、趙、魏、

華書局 1989 年版，第 309 頁。版本下同。
〔註3〕 《孟子·萬章章句下》楊伯峻譯注：《孟子譯注》，中華書局 1960 年版，第 235 頁。版本下同。
〔註4〕 〔清〕洪亮吉撰，李解民點校：《春秋左傳詁·昭公二》，中華書局 1987 年版，第 676 頁。版本下同。
〔註5〕 《春秋左傳詁·襄公二》第 556 頁。
〔註6〕 《韓非子·二柄》〔戰國〕韓非著，〔清〕王先慎集解：《韓非子集解》，中華書局 1998 年版，第 40 頁。版本下同。
〔註7〕 《史記·晉世家》第 1662 頁。
〔註8〕 《春秋左傳詁·僖公二·僖公二十七年》第 328 頁。

秦七個大國，在這七個大國中，地主階級都已經取得了奪權的勝利，爲了鞏固地主階級的統治，擴大地主階級的利益，同時，爲了能夠兼併其它六國，統一天下，各國紛紛掀起了變法運動，通過這些變法運動，軍功爵制在各國也得到了確認。李悝在魏國變法就提出「食有勞而祿有功。」〔註 9〕吳起在魏國則有「明日且攻亭，又能先登者，仕之國大夫，賜之上田上宅」〔註 10〕的記載。在燕國也有「無功不當封」〔註 11〕的制度。《史記‧樂毅列傳》記載樂毅破齊後：「燕昭王大悅，親至濟上勞軍，行賞饗士，封樂毅於昌國，號爲昌國君。」〔註 12〕在齊國，孟嘗君「封萬戶於薛」〔註 13〕。在楚國也有昭陽「官爲上柱國，爵爲上執珪」〔註 14〕的記載。在趙國，趙勝取得長平後，頒佈命令：「請以三萬戶之都尉太守，千戶封縣令，諸吏皆益爵三級，民能相集者，賜家六金。」〔註 15〕在戰國時期，應該說，秦國的軍功爵制是最完備的。商鞅變法頒佈了「有軍功者，各以率受上爵」〔註 16〕的法令，並且建立了「明尊卑爵秩等級各以差次，名田宅，臣妾衣服以家次」〔註 17〕的等級爵制。

　　由上可見，戰國時期，各國已經用立法的形式普遍確認了軍功爵制。軍功爵制在戰國時期對當時的政治軍事形勢也產生了很大的作用。例如，商鞅說：「行賞而兵強者，爵祿之謂也。爵祿者，兵之實也，……故爵祿之道，存亡之機也。」〔註 18〕韓非說：「是以君人者，分爵制祿，則法必嚴以重之。」〔註 19〕在實際中，也確實如此，例如，在最早變法的魏國，吳起在魏國建立「武卒制」時規定：「衣三屬之甲，操十二石之弩，負矢五十個，置戈其上，冠軸（胄）帶劍，贏三日之糧，日中而趨百里，中試則復其戶，利其田宅。」

〔註 9〕　《說苑‧政理》〔漢〕劉向撰，楊以漟校注：《說苑》，商務印書館 1985 年版，
　　　　　第 66 頁。
〔註 10〕　《韓非子‧內儲說上七術》第 230 頁。
〔註 11〕　〔漢〕劉向集錄：《戰國策‧燕二‧陳翠合齊燕》，上海古籍出版社 1985 年版，
　　　　　第 1099 頁。版本下同。
〔註 12〕　《史記‧樂毅列傳》第 2429 頁。
〔註 13〕　《史記‧孟嘗君列傳》第 2359 頁。
〔註 14〕　《戰國策‧齊二‧昭陽爲楚伐魏》第 355 頁。
〔註 15〕　《戰國策‧趙一‧秦王謂公子他》第 619 頁。
〔註 16〕　《史記‧商君列傳》第 2230 頁。
〔註 17〕　《史記‧商君列傳》第 2230 頁。
〔註 18〕　《商君書‧錯法》〔戰國〕商鞅著，蔣禮鴻錐指：《商君書錐指》，中華書局 1986
　　　　　年版，第 63 頁。版本下同。
〔註 19〕　《韓非子‧心度》第 476 頁。

〔註20〕吳起通過這種軍功爵制建立起了一支強大的部隊，如公元408年，吳起統帥魏軍一舉攻下秦國洛水以東的五座城池，建立西河郡，使「秦兵不敢東向。」〔註21〕

戰國時，各國都在不同程度上實行軍功爵制，而秦國的軍功爵制最比較完備，春秋時期就有「秦庶長鮑、庶長武，帥師伐晉以救鄭」〔註22〕的記載；商鞅變法時，軍功爵制更是其變法的主要內容，在《史記·商君列傳》、《商君書·境內篇》以及出土的雲夢秦簡中，都有關於軍功爵制的相關內容；秦統一天下後，在商鞅所建立的軍功爵制的基礎上，發展成了二十級軍功爵制，如《漢書·百官公卿表》就有關於二十級軍功爵制的記載：「爵：一級曰公士，二上造，三簪嫋，四不更，五大夫，六官大夫，七公大夫，八公乘，九五大夫，十左庶長，十一右庶長，十二左更，十三中更，十四右更，十五少上造，十六大上造，十七駟車庶長，十八大庶長，十九關內侯，二十徹侯。皆秦制，以賞功勞。」〔註23〕秦朝的二十級軍功爵制賞賜的主要是作戰人員，並且是以斬首多少來決定賞賜高低的，如《商君書·境內篇》記載百將、屯長如能率兵「得三十三首以上者」〔註24〕，賜爵一級，士兵則「能得甲首一者，賞爵一級」〔註25〕，有較大戰功的「大將、御、參皆賜爵三級。」〔註26〕在秦代將士們根據獲得的爵位是可以享受許多特權的，包括可以獲得田宅、驅使無爵者為其無償勞役、當官為吏、免徭役、抵罪等特權，爵位較高的還有食邑特權，甚至還可以豢養家客等。秦朝還設置了專門掌管賞爵事宜的官吏，如《漢書·百官公卿表》記載：「主爵中尉，秦官，掌列侯。」〔註27〕秦代較完備的軍功爵制，與舊的裂土分封制相比，是一種新的財產和權力的分配製度，是適應新興地主階級的需要和發展的，它不僅在經濟上可以使有軍功的人能夠獲得土地財產，成為新興地主，從而擴大封建統治的

〔註20〕《荀子·議兵》〔戰國〕荀子著，〔清〕王先謙集解，沈嘯寰、王星賢點校：《荀子集解》，中華書局1988年版，第272頁。版本下同。

〔註21〕《史記·孫子吳起列傳》第2167頁。

〔註22〕《左傳·襄公十一年》。在秦統一後的二十級軍功爵制中，就有左庶長、右庶長、大庶長等名。

〔註23〕《漢書·百官公卿表上》〔漢〕班固著，〔唐〕顏師古注：《漢書》，中華書局1962年版，第739～740頁。版本下同。

〔註24〕《商君書錐指卷五·境內第十九》第115頁。

〔註25〕《商君書錐指卷五·境內第十九》第119頁。

〔註26〕《商君書錐指卷五·境內第十九》第118頁。

〔註27〕《漢書·百官公卿表上》第736頁。

基礎，而且在政治上更有利於新興地主階級掌握國家政權。它對推動中國古代由奴隸社會向封建社會的轉變，推動封建地主階級的產生和發展都有一定的進步作用。但在當時的歷史條件下，秦代的二十級軍功爵制，尤其是其中按軍功爵位爲吏的規定也是帶有很大弊端的，韓非子在評論「商君之法」時則有如下評論：

> 商君之法曰：斬一首者爵一級，欲爲官者爲五十石之官，斬而首者爵二級，欲爲官者爲百石之官，官爵之遷與斬首之功相稱也。
>
> 今有法曰：斬首者令爲醫匠，則屋不成而病不已。夫匠者，手巧也。而醫者齊藥也。而以斬首之功爲之，則不當其能。今治官者，智慧也。今斬首者，勇力之所加也。以勇力之所加，而治智慧之官，是以斬首之功爲醫匠也。〔註28〕

可見，這種軍功爵制在戰爭時期對於激勵將士作戰，取得戰爭的勝利是有很大作用的，但在戰爭結束的和平時期，在國家的管理上又是有很大弊端的。

秦始皇統一天下後，在全國範圍內廢封建，置郡縣，徹底廢除諸侯割據的王爵制度。但劉邦在建立西漢的過程中，由於形勢所迫宣稱：「其有功者，上致之王，次爲列侯，下乃食邑。」〔註29〕與豪傑共定天下，爲此，劉邦先後分封八個異性王，由於這些異性王的存在嚴重威脅了西漢統一的中央集權，自公元前 202 年劉邦消滅項羽統一天下後，又著手先後消滅了七個異姓王。除在王爵上與秦代不同外，其它方面，劉邦基本上承襲了秦代的二十級軍功爵制。劉邦在打天下過程中，爲了激勵將士，在每次戰鬥結束後，往往都會對將士們賞賜軍功，鼓舞士氣的，如樊噲跟隨劉邦自起兵到劉邦稱帝，每次戰鬥後都加爵位，先後得到國大夫、列大夫、上聞、王大夫、卿等爵位，以及獲得「賢成君」封號〔註30〕；夏侯嬰在劉邦稱帝前則先後獲得公大夫、王大夫、執帛、執圭等爵位，以及獲得「昭平侯」封號〔註31〕。公元前 202 年初，劉邦消滅項羽統一天下，五月便頒佈一個詔令。詔曰：

> 諸侯子在關中者，復之十二歲，其歸者半之。民前或相聚保山澤，不書名數，今天下已定，令各歸其縣，復故爵田宅，吏以文法

〔註28〕　《韓非子·定法》第 399 頁。
〔註29〕　《漢書·高帝紀》第 78 頁。
〔註30〕　《漢書·樊噲傳》第 2067 頁。
〔註31〕　《漢書·夏侯嬰傳》第 2077 頁。

教訓辨告，勿笞辱。民以飢餓自賣爲人奴婢者，皆免爲庶人。軍吏卒會赦，甚亡罪而亡爵及不滿大夫者，皆賜爵爲大夫。故大夫以上，賜爵各一級。其七大夫以上，皆令食邑；非七大夫以下，皆復其身及戶，勿事。

又曰：七大夫、公乘以上，皆高爵也。諸侯子及從軍歸者，甚多高爵，吾數詔吏先與田宅，及所當求於吏者，亟與。爵或人君，上所尊禮，久立吏前，曾不爲決，其亡謂也。異日秦民爵公大夫以上，令丞與亢禮。今吾於爵非輕也，吏獨安取此！且法以有功勞行田宅，今小吏未嘗從軍者多滿，而有功者顧不得，背公立私，守尉長吏教訓甚不善。其令諸吏善遇高爵，稱吾意。且廉問，有不如吾詔者，以重論之。〔註32〕

劉邦的這個詔書，儘管在高低爵的待遇上與秦代的二十級軍功爵制有不同的地方，但總體上是對秦代二十級軍功爵制的承襲。這表明劉邦承認秦朝爵位在漢代的合法性，這樣，既恢復了一些秦代原有地主的爵位和財產的所有權，又培植了一批新型軍功地主，這對維護西漢初年的穩定，擴大西漢政權的統治基礎，爲戰後恢復生產，都起到很大作用。

軍功爵制是與戰爭緊密聯繫的，其主要目的是爲了獎勵軍功，激勵士氣，以取得戰爭的勝利。戰爭時期，軍功爵制往往會被嚴格的執行，但在和平時期，軍功爵制則往往會被放輕，甚至濫用。

西漢在武帝以前，常有戰爭發生，因此軍功爵制在西漢前期也一直被廣泛實行。西漢景帝時，由於發生「七國之亂」，便有因「將軍擊吳楚」而封侯的將領，如建陵侯衛綰、建平侯程嘉、俞侯欒布、平曲侯公孫渾邪、江陽侯蘇息等。武帝時，南征百越，北擊匈奴，西平西域，戰事頻繁。《史記·建元以來侯者年表》記載武帝時因軍功而封侯者有三十多人。漢武帝以後，由於戰事的減少，對功臣的分封也隨之減少。

西漢在劉邦以後，戰爭雖然仍有發生，但總體上整個國家進入休養生息的和平時期，在劉邦以後，西漢就出現了濫賜民爵和賣爵的現象，軍功爵制便隨之衰弱。在漢代有「吏民爵不得過公乘」〔註33〕的限制，清代錢大昕說

〔註32〕《漢書·高帝紀》第54～55頁。
〔註33〕在二十級軍功爵制中，公乘爲八級，所以八級一下的爵位都稱爲民爵，公乘以上則認爲是高爵

「大約公乘以下，與齊民無異」〔註34〕。由於這種低爵沒有什麼特殊待遇，因此，西漢統治者往往濫賜民爵，如在皇帝即位、立太子、皇帝加元服，以及其它大事中，西漢統治者就以賜民爵的形式來加以點綴。有人統計，在西漢，統治者濫賜民爵的情況多達十六種。另外，西漢在劉邦以後，還出現了賣爵的現象，並愈演愈烈。賣爵有兩種，一種有爵的貧苦人賣爵，增加點收入，如賈誼所說的「歲惡不入，請賣爵子」。〔註35〕另一種是官府賣爵。如用錢買爵，《漢書・食貨志》載：景帝時「上郡以西旱，復修賣爵令，而裁其賈，以招民。」〔註36〕等等。此外還有入粟買爵、入奴買爵等形式。這種濫賜民爵和隨意買賣爵位的事情極大的破壞了軍功爵制的原本精神，使軍功爵制逐漸衰弱，失去了激勵軍功的價值。西漢武帝時，由於戰事頻繁，針對原有軍功爵制價值的喪失，又不得不「置武功爵，以寵戰士。」〔註37〕《漢書・食貨志》記載：「有司請令民得買爵及贖禁錮免減罪；請置賞官，名曰武功爵，級十七萬，凡值三十餘萬金。諸買武功爵『官首』者試補吏，先除；『千夫』如王大夫；其有罪又減二等；爵得至『樂卿』。以顯軍功。軍功多用超等，大者封侯、卿大夫，小者郎。」〔註38〕武功爵雖然對武帝的對外戰爭起到了一定的作用，但作為軍功爵制的一種，隨著賣爵的泛濫，以及戰爭的結束，也最終走向衰亡。

　　西漢末年，王莽篡權後，根據《周禮》廢除了二十級軍功爵制中的最高兩級（列侯與關內侯），而恢復了周代的五等爵制。王莽提出「今制禮作樂，實考周爵五等，地四等，有明文；……諸將帥當受爵邑者爵五等，地四等。……於是封者高為侯、伯，次為子、男，當賜爵關內侯者更名曰附城，凡數百人。」〔註39〕但王莽並沒有給予他人以實際封地和俸祿，最終使其統治集團內部怨聲載道，眾叛親離，五等爵制也隨著新莽政權的滅亡而消失。

　　綜上所述，軍功爵制是伴隨著春秋戰國時期的諸侯紛爭而產生與發展起來的。在秦和西漢劉邦時期達到興盛，隨著西漢統治秩序的穩定和戰爭的減

〔註34〕《潛研堂文集・卷三十四・再答袁簡齋書》：〔清〕錢大昕著，陳文和校點：《嘉定錢大昕全集》，江蘇古籍出版社1997年版，第583頁。
〔註35〕《漢書・食貨志上》第1128頁。
〔註36〕《漢書・食貨志上》第1135頁。
〔註37〕《漢書・武帝紀》第173頁。
〔註38〕《漢書・食貨志下》第1159頁。
〔註39〕《漢書・王莽傳上》第4089頁。按照周代的五等爵制，公爵爵位最高，但當時由於王莽為漢安公，因此當時也就無人為公爵。

少，軍功爵制在漢初以後不斷衰弱。然而，軍功爵制不僅推動了中國古代由奴隸社會到封建社會的轉變，而且也推動了中國古代歷經春秋戰國數百年分裂後，國家的重新統一和統一的多民族國家的形成。軍功爵制也為推動新興地主階級的形成、發展與最終掌握政權，促進中國古代社會的進步起到十分重要的作用。

　　軍功爵制始終是與戰爭這一暴力方式緊密相連的，儘管軍功爵制在西漢中後期不斷衰弱，但西漢末年大規模的農民起義，以及長時間的軍閥割據又一次為軍功爵制提供了展現其價值的歷史舞臺。

二、東漢初年的軍功爵制

　　兩漢之際在「人心思漢」思潮影響下，作為高祖九世孫的劉秀為了顯示其中興漢室的正統性與合法性，始終以漢室皇位繼承人自居。早在其北渡河北時，「所到部縣，輒見二千石、長吏、三老、官屬，下至佐史，考察黜陟，如州牧行部事。輒平遣囚徒，除王莽苛政，復漢官名」。〔註40〕剛稱帝就「祭社稷」。「祠高祖、太宗、世宗於懷宮。」〔註41〕還宣稱「始正火德，色尚赤。」〔註42〕在軍功爵制方面劉秀也基本承襲西漢。《後漢書・百官志五》記載：

> 列侯，所食縣為侯國。本注曰：承秦爵二十等，為徹侯，金印紫綬，以賞有功。功大者食縣，小者食鄉、亭，得臣其所食吏民。後避武帝諱，為列侯。武帝元朔二年，令諸王得推恩分眾子土，國家為封，亦為列侯。舊列侯奉朝請在長安者，位次三公。中興以來，唯以功德賜位特進者，次車騎將軍；賜位朝侯，次五校尉；賜位侍祠侯，次大夫。其餘以肺附及公主子孫奉墳墓於京都者，亦隨時見會，位在博士、議郎下。〔註43〕

　　東漢與西漢一樣，在軍功爵制方面都是承襲秦代的二十級軍功爵制的，但也有不同的地方。

〔註40〕《後漢書・光武帝紀第一上》第10頁。

〔註41〕《後漢書・光武帝紀第一上》第24頁。

〔註42〕《後漢書・光武帝紀第一上》第27頁。劉秀並非最早引用火德說的人，在西漢成帝時就已經產生了火德說，火德制在西漢哀帝建平元年（公元前4年）取代了土德制。所謂「始正火德」，是針對新莽的土德「偽統」而言的，意為東漢始循西漢傳統，以火德制為正統制度。

〔註43〕《後漢書・百官五》第3630頁。

（一）兩漢爵制的不同之處

1、沒有劉邦分封的人數多

劉秀稱帝後便開始分封功臣。根據《後漢書》統計，建武元年劉秀分封功臣三十多人爲列侯，建武二年分封二十多人爲列侯；〔註44〕根據清代錢大昕《後漢書補表》統計，從建武初年到建武十三年，劉秀共分封功臣侯九十七人；《東觀漢記・帝紀一》有「功臣鄧禹等二十八人皆爲侯，封餘功臣一百八十九人」〔註45〕的記載；《後漢書・光武帝紀第一下》記載：建武十三年，「夏四月，大司馬吳漢自蜀還京師，於是大饗將士，班勞策勳。功臣增邑更封，凡三百六十五人。其外感恩澤封者四十五人，」〔註46〕總共四百零五人。根據上面統計，東漢初年，關於劉秀封侯最多的是錢大昕統計的九十七人，而對功臣的分封最多的是建武十三年的三百六十五人。〔註47〕而在西漢初年，劉邦對功臣的分封人數遠多於此。根據《史記・高祖功臣侯年表》統計，從高祖六年到高祖十二年，劉邦共分封一百三十七人爲功臣侯；根據《漢書・百官公卿表》記載：西漢「吏員自佐吏至丞相，十二萬二百八十五人」，〔註48〕在西漢初年，各級官吏基本上是由有軍功之人擔任的。此外，李開元在《漢帝國的建立與劉邦集團——軍功受益階層研究》一書中推算，西漢初年因軍功受益的人大約有 60 萬左右。〔註49〕不管從哪種記載或推斷來看，東漢初年，劉秀功臣分封的人數是遠小於西漢初年劉邦分封的。

2、東漢初年已有鄉侯、亭侯爵名

西漢有食鄉、亭者，但無鄉侯、亭侯爵名，而東漢初年已有鄉侯、亭侯爵名。徐天麟在《東漢會要》中說：「漢世封侯，皆以縣邑，其後或以鄉亭，皆視其所食鄉邑而名之。」〔註50〕東漢時期，在列侯中分出縣侯、鄉侯、亭

〔註44〕建武元年和建武二年的分封有許多是重複增封的。
〔註45〕《東觀漢記・帝紀一・世祖光武皇帝》，〔東漢〕劉珍等撰，吳樹平校注：《東觀漢記校注》，中華書局 2008 年版，第 14 頁。版本下同。
〔註46〕《後漢書・光武帝紀第一下》第 62 頁。
〔註47〕這三百六十五人包括封侯的功臣，和沒有封侯的功臣，沒有封侯的功臣也有可能獲得其它高爵位。
〔註48〕《漢書・百官公卿表上》第 743 頁。
〔註49〕李開元：《漢帝國的建立與劉邦集團——軍功受益階層研究》，三聯書店 2000 年版，第 59 頁。
〔註50〕《東漢會要・王侯號》〔宋〕徐天麟撰，子予整理：《東漢會要》，上海古籍出版社 1978 年版，第 252 頁，版本下同。

侯三種。關於鄉侯、亭侯的名字在《後漢書》中已有明確的記載，如《後漢書·趙孝王傳》記載：「建武三十年，封栩二子為鄉侯。建初二年，復封栩十子為亭侯。」《後漢書·寇恂傳》記載：「損（恂子）卒，子釐嗣，徙封商鄉侯。」《後漢書·丁鴻傳》記載：「及封功臣，帝令各言所樂，諸將皆占豐邑美縣，惟綝（鴻父）願封本鄉。或謂綝曰：『人皆欲縣，子獨求鄉，何也？』綝曰：『昔孫叔敖敕其子，受封必求磽埆之地，今綝能薄功微，得鄉亭厚矣。』帝從之，封定陵新安鄉侯，食邑五千戶，後徙封陵陽侯。」〔註51〕根據「功大者食縣，小者食鄉、亭」的原則，鄉侯、亭侯的封戶數是應該較少的，但丁綝定被封陵新安鄉侯，食邑五千戶，這比西漢一些縣侯的封戶數還要多。《漢書·高惠高后文功臣表序》中說：「漢興，……八載而天下乃平，始論功而定封。訖十二年，侯者百四十有三人。……是以大侯不過萬家，小者五六百戶。」〔註52〕又根據《漢書·高惠高后文功臣表》記載，西漢劉邦時功臣侯的封戶大多數在三千戶以下，而且以一千到兩千戶最多，甚至還有在九百戶以下的。可見，丁綝在東漢時期雖然是一個鄉侯，但其封戶數並不比西漢初年劉邦分封的功臣侯少。即使在東漢初年，雲臺二十八功臣侯中，安成侯姚期定封食邑 5000 戶、楊虛侯馬武 1800 戶、中水侯李忠 3000 戶，因此，丁綝作為鄉侯封戶數也不比那些功臣縣侯少。

另外，《後漢書·馮勤傳》記載：「在事精勤，遂見親識。……由是使典諸侯封事。勤差量功次輕重，國土遠近，地勢豐薄，不相逾越，莫不厭服焉。自是封爵之制，非勤不定。」〔註53〕東漢初年，在分封功臣時，參考的條件是「功次輕重，國土遠近，地勢豐薄」，也就是說有的諸侯即使分封的國土較大（如爵土數縣），但如果其國土較遠，土地貧瘠，其規模不能算大；假使分封的國土較小（為鄉侯、亭侯），但其國土較近，土地肥沃，其規模也算是大的。

（二）劉秀分封情況分析

東漢初年將西漢時期的食鄉、亭者，直接定為鄉侯、亭侯，這是與劉秀「退功臣而進文吏」加強中央集權的策略是相一致的。在通常情況下，一個官員的職務是跟其秩級相一致的，職務越高，秩級越高。但在中國封建社會中，君主為了加強皇權，往往運用權術對官員進行控制。君主通常通過對秩

〔註51〕 《後漢書·丁鴻傳》第 1262 頁。
〔註52〕 《漢書·高惠高后文功臣表第四》第 527 頁。
〔註53〕 《後漢書·馮勤傳》第 909—910 頁。

級高的臣下不授予要職，或者乾脆不授職，對秩級較低的官員則授予要職來加強對臣下的控制。東漢初年，劉秀在「退功臣」過程中，對功臣給予很高的爵位和很大的爵土，但剝奪功臣的官職；行政上，劉秀「雖置三公，事歸臺閣」，不給秩級較高的三公以實權，而將實權授給秩級較低的尚書。這是劉秀控制臣下，加強皇權的重要方式之一。同樣，劉秀將列侯細分，並定名爲縣侯、鄉侯、亭侯。雖然在食邑戶數上，鄉侯、亭侯不一定比縣侯差，但在名稱上卻是一種大小差別，通過這樣名稱差別的分封方式，即能讓丁綝這樣沒有軍功的文臣感到滿意，同時又與其它軍功侯在爵名上形成差別，讓這些軍功侯感到滿意。

（三）東漢也有二十級爵位

《漢書・百官公卿表》中對二十級軍功爵制中的每一級爵位有清晰記載。雖然東漢軍功爵制承襲秦和西漢，但在《後漢書》以及其它文獻中，東漢時只有列侯和關內侯兩級最高爵位的記載，其它爵位則沒有記載。如《後漢書・百官志五》中只有列侯和關內侯的記載：「列侯，所食縣爲侯國。本注曰：承秦爵二十等，爲徹侯，金印紫綬，以賞有功。」〔註54〕「關內侯，承秦賜爵十九等，爲關內侯，無土，寄食在所縣，民租多少，各有戶數爲限。」〔註55〕這裏只有「承秦爵二十等」的記載，但二十級軍功爵制中的其它爵位則沒有明確記載。同時，在《後漢書》有關功臣列傳中，也沒出現過二十級軍功爵制中列侯和關內侯以下爵位的記載。但這並不能說明在東漢初年，二十級軍功爵制中，列侯和關內侯以下的爵位是不存在的。

第一、在東漢初年的統一戰爭中，軍功爵制不光是對高級將領們有激勵作用，對那些低級將領和士卒來說也是有激勵作用的。例如，《後漢書・吳漢傳》有這麼一段記載：

> （吳）漢將輕騎迎與之（周建）戰，不利，墮馬傷膝，還營，建等遂連兵入城。諸將謂漢曰：『大敵在前而公傷臥，眾心懼矣。』漢乃勃然裹創而起，椎牛饗士，令軍中曰：『賊眾雖多，皆劫掠群盜，勝不相讓，敗不相救，非有仗節死義者也。今日封侯之秋，諸君勉之！』」於是軍士激怒，人倍其氣。〔註56〕

〔註54〕《後漢書・百官志五》第 3630 頁。
〔註55〕《後漢書・百官志五》第 3631 頁。
〔註56〕《後漢書・吳漢傳》第 679 頁。

　　最終吳漢率領漢軍大敗周建。通過這段話可以看出，「諸君」應當是圍繞在吳漢身邊的副將或下級軍官，「軍士」應當包括軍官和士兵。從「今日封侯之秋，諸君勉之！」，「人倍其氣」可以看出，吳漢的話是有相當的激勵作用的，也就說明二十級軍功爵制中的其它爵位東漢劉秀時期應當是存在的。

　　第二、《後漢書・光武帝紀第一下》記載：建武十三年，「功臣增邑更封，凡三百六十五人。」根據清代錢大昕《後漢書補表》統計，從建武初年到建武十三年，劉秀共分封功臣侯九十七人；《東觀漢記・帝紀一》記載：「功臣鄧禹等二十八人皆爲侯，封餘功臣一百八十九人。」〔註57〕東漢初年，功臣記載的人數，遠大於封侯的人數，是否那些沒有封侯的功臣劉秀就沒有給封賜爵位了呢？這不太可能。所以，在東漢二十級軍功爵制中列侯和關內侯以下的爵位是應當存在的。只是由於范曄在撰寫《後漢書》時，由於對軍功侯列傳的只有三十多人，並且他們都是高級將領，所以沒有涉及到二十級軍功爵制中列侯和關內侯以下的爵位。

　　第三、與西漢初年劉邦的功臣多出於社會下層的販夫走卒之類不同，東漢初年，劉秀的功臣大多來自於上層豪強地主階級。根據范曄在《後漢書》中關於劉秀時期的三十二位功臣的記載，其跟隨劉秀前背景情況，如下表所示：

表 1-1

侯　號	姓名	跟　隨　劉　秀　前　背　景　情　況
高密侯	鄧禹	不詳
廣平侯	吳漢	更始時爲安樂令
膠東侯	賈復	王莽末，爲縣掾；江、新市兵起，自號將軍；後爲漢中王劉嘉校尉
好時侯	耿弇	其父爲上谷太守，控弦萬騎
雍奴侯	寇恂	世爲著姓，初爲郡功曹
舞陽侯	岑彭	王莽時，爲棘陽縣長
陽夏侯	馮異	漢兵起時，以郡掾監五縣，
鬲侯	朱祐	少孤，歸外家復陽劉氏
潁陽侯	祭遵	家富給
櫟陽侯	景丹	王莽時爲朔調連率副貳

〔註57〕《東觀漢記・帝紀一・世祖光武皇帝》第 14 頁。

安平侯	蓋延	爲漁陽彭寵營尉，行護軍
安成侯	姚期	父猛，爲桂陽太守
東光侯	耿純	爲鉅鹿大姓，曾率宗族賓客二千餘人奉迎劉秀
朗陵侯	臧宮	少爲縣亭長、後爲下江兵校尉
楊盧侯	馬武	更始立，爲侍郎，拜爲振威將軍
愼侯	劉隆	南陽安眾侯宗室也
全椒侯	馬成	少爲縣吏
阜成侯	王梁	狐奴令
祝阿侯	陳俊	更始立，爲漢中王劉嘉長史
參蓬侯	杜茂	不詳
昆陽侯	傅俊	襄城縣亭長
合肥侯	堅鐔	爲郡縣吏
淮陵侯	王霸	從度河北，賓客從霸者數十人
阿陵侯	任光	更始時，拜偏將軍
中水侯	李忠	更始立，拜忠都尉官
槐里侯	萬脩	更始時，爲信都令
靈壽侯	邳彤	初爲王莽和成卒正
昌成侯	劉植	曾率宗族賓客，聚兵數千人據昌城
山桑侯	王常	在綠林軍中，爲偏裨
固始侯	李通	其父爲王莽宗卿師，李通亦爲五威將軍從事
安豐侯	竇融	爲西北軍閥首領
宣德侯	卓茂	西漢末，父祖皆至郡守，茂爲京部丞

　　從表 1-1 中看出，范曄在《後漢書》中記載的這三十二位功臣中，在跟隨劉秀前，除了兩人情況不詳外，只有傅俊、馬成、堅鐔三位，爲縣吏或縣、亭長，社會層次最低，其餘的都屬於豪強階級，或者是綠林軍將領，已經有了一定的地位身份。儘管傅俊、馬成、堅鐔這三位層次最低，但在兩漢之際豪強地主階級和地方宗族勢力膨脹發展的時期，即使是縣吏、縣、亭長在當地社會中也應是具有一定身份地位的，或者是地方大姓，具有一定的影響力的。

　　西漢初年，劉邦與他的功臣出身與東漢初年劉秀與他功臣相比則差的多。首先，李開元在《漢帝國的建立與劉邦集團──軍功受益階層研究》中說：在（秦始皇三十五年～秦二世元年）劉邦在參加武裝反秦起義前，已經

亡命芒碭山澤間結成武裝集團。且據《史記》記載，到秦二世元年九月，其集團成員已有「數十百人」，其中，史有明記者爲樊噲，《漢書·樊噲傳》記載：「樊噲，沛人也。以屠狗爲事，後與高祖俱隱於芒碭山澤間。」〔註58〕李開元把劉邦的這一時期稱作爲群盜集團期。此外，根據《史記》和《漢書》兩書的記載也足以證明劉邦本人和他的功臣們大多爲社會下層階級；其次，秦二世元年，劉邦在起義時是直接響應陳勝、吳廣的張楚政權的，用楚制，稱縣公，建立的是楚國的沛縣政權；再次，秦滅後，劉邦被項羽分封爲漢王，建立的是漢王國；最後，劉邦是在統一天下後稱帝的。可見，劉邦和他的功臣在出身層次和起義時建立政權的層次與東漢初年劉秀相比都是比較低的。他們是通過一步步向上的過程建立起西漢政權的，劉邦功臣的爵位也是伴隨這一上陞過程而一步步提高的，因而，二十級軍功爵制的各級爵位在《漢書》的功臣列傳中就有較多的記載。如前文所述，樊噲跟隨劉邦一步步得到國大夫、列大夫、上聞、王大夫、卿等爵位，以及獲得賢成君封號；夏侯嬰先後獲得公大夫、王大夫、執帛、執圭等爵位，以及獲得昭平侯封號。

而東漢初年，首先，在《後漢書》中，范曄所立傳的三十二位功臣大都是豪強地主或綠林軍將領，他們中的人往往都是賓客數千，所以，這些人在一跟隨劉秀時就是高級將領，起點很高，爵號也跟著很高，因而劉秀就可能沒賜予這三十二位功臣列侯和關內侯以下的爵位，而是一步到位直接賜予他們列侯和關內侯爵位。而這三十二功臣以外軍功較低的其它功臣有可能獲得列侯和關內侯以下的爵位，但由於范曄沒給他們立傳，因而在《後漢書》中就沒有關於二十級軍功爵制中列侯和關內侯以下爵位的記載；其次，由於劉秀在起兵兩年後就稱帝，稱帝前的作戰時間比較短，因而在《後漢書》中記載的功臣中，即使劉秀曾經賜予過他們二十級軍功爵制中的其它爵位，但由於在很短時間內劉秀就稱帝，所以這些人也在很短時間內跟隨著被封賜爲列侯和關內侯，而曾經賜予的其它爵位由於持續時間很短而沒有被史料記載下來。綜上可見，東漢初年二十級軍爵位實際上是存在的，只是沒有被史家記載下來而已。

（四）東漢時期列侯的權益

1、只有食邑權，沒有治理權

〔註58〕李開元：《漢帝國的建立與劉邦集團——軍功受益階層研究》，三聯書店2000年版，第120～121頁。

　　與西漢一樣，東漢時期的被封侯的軍功侯們，在封國內只有食邑權，沒有治理權，這即是春秋以來君主分封諸侯，則不「授民授疆土」的繼續，也是與封建專制主義中央集權的發展密切相關的。《後漢書‧百官志五》記載：

> 每國置相一人，其秩各如本縣。本注曰：主治民，如令、長，不臣也。但納租於侯，以戶數爲限。其家臣，置家丞、庶子各一人。本注曰：主侍侯，使理家事。列侯舊有行人、洗馬、門大夫，凡五官。中興以來，食邑千戶巳上置家丞、庶子各一人，不滿千戶不置家丞，又悉省行人、洗馬、門大夫。關內侯，承秦賜爵十九等，爲關內侯，無土，寄食在所縣，民租多少，各有戶數爲限。〔註59〕

2、東漢的列侯也有繼承權

　　與西漢一樣，東漢的列侯也有繼承權。如建武二年劉秀分封功臣時，策曰：「在上不驕，高而不危；制節謹度，滿而不溢。敬之戒之。傳爾子孫，長爲漢藩。」〔註60〕

　　總之，作爲戰爭的產物，兩漢之際，大規模的軍閥割據戰爭，又使軍功爵制登上了發揮其價值的歷史舞臺。東漢的軍功爵制承制秦和西漢的二十級軍功爵制，雖然在運用上有些不同，但是它們的價值作用是一樣的，都是爲了激勵戰功，鼓舞士氣，以取得戰爭的勝利，也正是軍功爵制的這種作用，在東漢初年又塑造了一批戰功卓著的功臣。

第二節　劉秀對功臣的分封

一、建元前後的分封

　　東漢建立後，劉秀對功臣進行了兩次大規模的分封，一次在建元前後，一次在建武十三年，國內統一戰事結束之時。劉秀在河北尚未稱帝前、建武元年稱帝後、建武二年都分封過功臣侯。我們將劉秀在這三個時期對功臣的分封統稱爲建元前後的分封。其對功臣的分封情況列表如下：

〔註59〕《後漢書‧百官志五》第 3630～3631 頁。
〔註60〕《後漢書‧光武帝紀第一上》第 26 頁。

表 1-2　建元前後分封功臣的情況

姓名	河北時	建 武 元 年	建 武 二 年
鄧禹		封爲酇侯，食邑萬戶	更封爲梁侯，食四縣
吳漢	封建策侯	更封舞陽侯	定封廣平侯，食廣平、斥漳、曲周、廣年，凡四縣
賈復		封冠軍侯	益封穰、朝陽二縣
耿弇			更封好畤侯，食好畤、美陽二縣
寇恂			封雍奴侯，邑萬戶
岑彭		歸德侯	
馮異			定封陽夏侯
朱祐	封安陽侯		更封堵陽侯
祭遵	封列侯		定封潁陽侯
景丹	號奉義侯		定封櫟陽侯，「櫟陽萬戶邑」
蓋延	號建功侯		更封安平侯
銚期		封安成侯，食邑五千戶	
耿純	封鄉侯	封高陽侯。	
臧宮			封成安侯
馬武		封山都侯	
劉隆			封亢父侯
馬成			
王梁		封武強侯	
陳俊		封爲列侯	更封新處侯
杜茂		封樂鄉侯	更封苦陘侯
傅俊			封昆陽侯
堅鐔		封隱強侯	
王霸	封鄉侯		更封富波侯
任光	封武成侯	更封光阿陵侯，食邑萬戶	
李忠	封武固侯		更封中水侯，食邑三千戶
萬脩	封造義侯		更封槐里侯
邳彤	封武義侯	更封靈壽侯	
劉植	爲列侯		更封爲昌城侯

（一）按照軍功爵制按功行賞的精神進行分封

首先，劉秀在建元前後的分封中，雲臺二十八將當中，只有馬成一人，沒有分封，根據《後漢書・馬成傳》的記載，馬成在建武四年以前無戰功記錄，直到建武七年才封侯。因此，在建武二年以前，按照軍功爵制的論功行賞的精神，馬成沒有封侯是正常的。

其次，建武二年，劉秀分封功臣時，雲臺二十八將中，只有銚期、馬武、王梁、堅鐔、任光、邳彤七人沒有更封或分封，其它人則都有更封或分封。

據《後漢書》記載，銚期在建武元年封侯以後，除了破檀鄉、五樓農民軍、鄴城卓京謀反外，再沒建立多少功績；堅鐔在建武元年封侯後，到建武二年只攻打過洛陽；任光初爲信都太守，在河北時迎接劉秀有功，封侯後，直到建武五年死去，也沒有戰功；邳彤初爲和成太守，在河北時迎接劉秀有功，封侯後，再沒戰功；王梁在建武二年沒有更封或分封，這可能是由於其不奉詔而受到處罰的結果。《後漢書・王梁傳》記載：「建武二年，（王梁）與大司馬吳漢等俱擊檀鄉，有詔軍事一屬大司馬，而梁輒發野王兵，帝以其不奉詔敕，令止在所縣，而梁復以便宜進軍。帝以梁前後違命，大怒，遣尙書宗廣持節軍中斬梁。廣不忍，乃檻車送京師。既至，赦之。」〔註61〕

可見，劉秀建元前後對功臣的分封總體上是按照軍功爵制的精神來進行的，按軍功行賞，相對公平，這也是與當時的軍事政治形勢密切相關的。在建武二年，天下仍處於軍閥割據的狀態，劉秀急欲激勵戰將建立更大的軍功，以期早日實現天下統一。

（二）建元前後對功臣分封的原因

1、激勵戰將作戰

更始元年，劉秀在南陽起兵，雖然親自參與指揮了對擊敗王莽具有決定性一戰的昆陽大戰，但由於起義軍內部矛盾，使能力較弱的劉玄被推爲皇帝，導致後來其兄劉縯被殺，劉秀自己也岌岌可危。此後，劉秀東奔西跑，終於在河北立穩腳跟，但其稱帝時形勢嚴峻：「梁王劉永擅命睢陽，公孫述稱王巴蜀，李憲自立爲淮南王，秦豐自號楚黎王，張步起琅邪，董憲起東海，延岑起漢中，田戎起夷陵，並置將帥，侵略郡縣。」〔註62〕此外，還有一些農民軍隊伍。建武二年，劉秀在分封功臣時說「惟諸將業遠功大，誠欲傳於

〔註61〕《後漢書・王梁傳》第 775 頁。
〔註62〕《後漢書・光武帝紀第一上》第 16 頁。

無窮」，說的很明白，一方面，戰將們開疆擴土，功勞很大，對他們按照功勞進行分封，可以世襲繼承；另一方面，國家尚未統一，還需要繼續努力，隱約提醒戰將，以後還會繼續按功分封，以此激勵戰將取得更大戰功。

當時劉秀對戰將是完全按照戰功分封的，以顯示公正合理。《後漢書・馮勤傳》記載：馮勤由於在事精勤，「由是使典諸侯封事。勤差量功次輕重，國土遠近。地勢豐薄，不相逾越，莫不厭服焉。」〔註63〕首先，由於馮勤精勤於事，受到劉秀賞識，使其主管封侯之事，顯示出劉秀對分封一事的重視。其次，對戰將的分封完全按照功勞，把封地的遠近和豐薄都考慮在內，細緻周到，使戰將們感到合理滿意，這樣可激勵他們作戰的激情。如此分封，顯示出戰將功勞的大小，產生等級，使他們相互比較，不斷建功立業。如果分封的不合理，還可能引起叛亂。例如，彭寵初為漁陽太守，為劉秀平定王朗，立穩河北，立下顯赫功勞，劉秀北擊銅馬至薊，由於彭寵「自負其功，意望甚高，光武接之不能滿，以此懷不平」〔註64〕。劉秀稱帝後，吳漢、王梁，曾是彭寵部下，位列三公，而彭寵無所加。歎曰：「如此，我當為王；今但若是，陛下忘我邪？〔註65〕對自己所得到的賞賜，感到不滿，最終在朱浮的刺激下背漢造反。可見，劉秀建元前後的分封，有激勵戰將為早日實現統一而戰的作用。

2、籠絡安撫，凝聚人心

新莽末年，圖讖盛行，有關劉秀將來能當皇帝的讖語不斷出現，為一些人在天下未決之際，投機劉秀提供了重要的精神依據。如李通兄弟當年以讖語「劉氏復興，李氏為輔」〔註66〕，聯絡劉秀起兵；竇融等人則以「漢承堯運，歷數延長」〔註67〕及「道士西門君惠言劉秀當為天子」〔註68〕等讖語為依託，結合當時勢力，決定歸屬劉秀。還有些人則仰慕劉秀的為人而跟隨劉秀，如寇恂以劉秀「尊賢下士，士多歸之，可攀附也。」〔註69〕勸耿況歸順劉秀；馮異以「觀其言語舉止，非庸人也，可以歸身，」〔註70〕獻五城歸降

〔註63〕《後漢書・馮勤傳》第 910 頁。
〔註64〕《後漢書・彭寵傳》第 503 頁。
〔註65〕《後漢紀・光武皇帝紀》第 83 頁。
〔註66〕《後漢書・李通傳》第 573 頁。
〔註67〕《後漢書・竇融傳》第 798 頁。
〔註68〕《後漢書・竇融傳》第 798 頁。
〔註69〕《後漢書・寇恂傳》第 621 頁。
〔註70〕《後漢書・馮異傳》第 639 頁。

劉秀；鄧禹則爲實現「垂功名於竹帛耳」〔註71〕的榮耀投奔劉秀。在劉秀集
團內部，由於各種人投靠的目的不同，這個集團的凝聚力並不穩固。例如，
劉秀在平定王朗後，「收文書，得吏人與郎交關謗毀者數千章。」〔註72〕雖然
劉秀沒看，當眾燒毀，曰：「令反側子自安。」〔註73〕但在其集團內部，許多
人只是爲了功名利祿才跟隨他，這種情況劉秀應該是很清楚的。因此，在戰
時用人之際，爲使這些投機分子能爲其所用，發揮他們的特長，早日統一天
下，就有必要對他們進行分封，以籠絡安撫。

　　早在部將勸劉秀稱帝時，劉秀因感覺時機不到，數次推辭，直到後來耿
純進曰：「天下士大夫捐親戚，棄土壤，從大王於矢石之間者，其計固望其
攀龍鱗，附鳳翼，以成其所志耳。今功業即定，天人亦應。而大王留時逆眾，
不正號位，純恐士大夫望絕計窮，則有去歸之思，無爲久自苦也。大眾一散，
難可復合。時不可留，眾不可逆。純言甚誠切，光武深感，曰：吾將思之。」
〔註74〕耿純的進言，一語道破天機，士大夫捐親戚，棄土壤，跟隨劉秀出生
入死，他們也是爲將來能夠當官封侯的。如果讓他們沒有得到實處，或感到
前途無望，很有可能造成人心離散，各奔前途的局面。耿純的進言反映了士
大夫們之所以爲劉秀拼死效命，只是想跟著劉秀建功立業，以實現自己的人
生價值，這時的劉秀跟其部將們已經形成了一個共同的利益集團，劉秀利用
這些士大夫們爲其統一天下，中興漢室，士大夫們則攀附在劉秀身邊，用自
己的特長能力來爲劉秀效勞以換取功名利祿。因此，劉秀在建元前後分封戰
將，也是受當時形勢所迫，爲凝聚人心所採取的一種措施。

3、形勢所迫，有功即封

　　劉秀建元前後的分封，也可以說是受當時形勢所迫，凡有利於其統一和
統治的即可分封，凡有悖於其利益的則堅決消滅。對那些威脅自己利益的人，
劉秀絕不手下留情。劉秀在河北發展時，劉玄派尚書謝躬率六將入河北幫助
劉秀平定王朗，同時監視劉秀，當謝躬配合劉秀攻下邯鄲後，他們同住一城，
雖然手下部將放縱，但謝躬本人卻勤於吏事，因此，劉秀表面稱讚其「謝尚
書，眞吏也」，背後卻千方百計的想把他除掉。謝躬把劉秀的恭維當眞，他妻

〔註71〕《後漢書・鄧禹傳》第 599 頁。
〔註72〕《後漢書・光武帝紀第一上》第 15 頁。
〔註73〕《後漢書・光武帝紀第一上》第 15 頁。
〔註74〕《後漢書・光武帝紀第一上》第 21 頁。

子曾勸他「君與劉公職不相能，而信其虛談，不爲之備，終受制矣。」〔註75〕
但謝躬不以爲然，最終劉秀成功的欺騙謝躬並將其殺死。劉秀把河北看作是
自己發展的地盤，絕不容許他人插手，對威脅其利益的人則堅決消滅。對那
些雖然結怨，但如果能有利於自己的人，劉秀則不計較前嫌，甚至可以封侯。
朱鮪曾參與謀害劉秀兄劉縯，且勸劉玄不要派劉秀到河北，與劉秀結怨很深。
但當朱鮪堅守洛陽，劉秀派岑彭勸其投降時，劉秀曰：「夫建大事者，不忌小
怨。鮪今若降，官爵可保，況誅罰乎？河水在此，吾不食言。」〔註76〕朱鮪
投降後，劉秀拜朱鮪爲平狄將軍，封扶溝侯。這也反映出劉秀爲建大事，凡
能有助於其統一天下的人，不管曾有何前嫌，也是可以封侯的。爲了戰爭的
需要，只圖結果，道德也往往放在次要。例如，建武二年，彭寵背叛劉秀，
後彭寵被其家奴子密等三人殺死，子密等人投奔劉秀後被封爲不義侯。對此
《資治通鑑》中有所評價：「權德輿議曰：伯通之叛命，子密之君，同歸於亂，
罪不相蔽，宜各致於法，昭示王度；反乃爵於五等，又以不義爲名。且舉以
『不義』，莫可侯也；漢爵爲不足勸矣。《春秋》書齊豹盜，三叛人名之義，
無乃異於是乎！」〔註77〕。子密等人背恩叛主的行爲，對士大夫來說是所不
齒的，但劉秀仍然封其爲不義侯。可見，劉秀在戰時，不管用什麼手段，凡
能爲其殺敵立功的人即可以封侯。

通過以上論述可以看出，劉秀建元前後對戰將的分封，給戰將高秩厚
祿，是爲了激勵戰將做出更大貢獻，凝聚人心，爲形勢所迫實現自己利益最
大化。劉秀的這種行爲帶有明顯的駕奴群臣的封建權術性質，但在當時的階
級歷史條件下，劉秀的這種方法也確實爲其後來重新統一天下，中興漢室起
到了重要作用。

二、建武十三年的分封

袁宏在《後漢紀》中評論道：

> 古之明君，必降己虛求，以近輔佐之臣，所以寄通群方，和睦
> 天人。古之賢臣，必擇木棲集，以佐高世之主。主務宣明，不以道

〔註75〕《後漢書・吳漢傳》第 678 頁。
〔註76〕《後漢書・岑彭傳》第 655 頁。
〔註77〕《資治通鑑・光武》建武五年，〔宋〕司馬光編著，〔元〕胡三省音注：《資治
通鑑》，中華書局 1956 年版，第 1324～1325 頁。版本下同。

勝而不招；臣務對敭；不以時艱而不進。及其相遇，若合符契，功高而尊禮其人，師喪而不咎其敗。此三代君臣，所以上下休嘉，比德天地。〔註78〕

東漢政權的建立，依仗的是能征善戰的功臣。天下統一後，「方論功賞，以答大勳」，〔註79〕對功臣進行封侯進爵是理所當然的事情。按照袁宏的話，「功高而尊禮其人」，天下統一後，對功臣按照功勞進行分封也是古代明主和睦天人，做到「上下休嘉，比德天地」，維持政權穩定的重要方法。

建武十三年，劉秀因天下統一，再次大封功臣。《後漢書·光武帝紀下》記載：「（建武十三年）夏四月，大司馬吳漢自蜀還京師，於是大饗將士，班勞策勳。功臣增邑更封，凡三百六十五人。其外戚恩澤封者四十五人。」〔註80〕

劉秀在建元前後就曾大規模的分封過功臣，事隔十餘年後，劉秀再次大封功臣，既是對建武二年分封的遞進，也是對功臣所做貢獻的最終總結。

建武二年，劉秀在分封功臣的詔書中就曾說過「惟諸將業遠功大，誠欲傳於無窮」。其中就隱含著戰將只要繼續努力，如果將來建立更大的功勳，肯定還有更大的分封，即使戰死病死，也會分封其後代的，以激勵戰將們為東漢的統一建立更大的功勳。建武十三年劉秀的這次大規模分封也是對建武二年許諾的兌現。

根據范曄《後漢書》記載，現將東漢初年以雲臺二十八將為代表的功臣在建元前後和建武十三年的兩次分封情況列表如下：

表 1-3

姓名	河北時	建武元年	建武二年	建武十三年	其　他
鄧禹		封為酇侯，食邑萬戶	更封為梁侯，食四縣	定封為高密侯，食高密、昌安、夷安、淳于四縣	
吳漢	封建策侯	更封舞陽侯	定封廣平侯，食廣平、斥漳、曲周、廣年，凡四縣		

〔註78〕《後漢紀·光武皇帝紀》，〔漢〕荀悅著，〔晉〕袁宏著，張烈校點：《兩漢紀》：《漢紀》、《後漢紀》，中華書局 2002 年版，第 176 頁。版本下同。
〔註79〕《後漢書·馮異傳》第 646 頁。
〔註80〕《後漢書·光武帝紀第一上》第 62 頁。

賈復		封冠軍侯	益封穰、朝陽二縣	定封膠東侯，食郁秩、壯武、下密、即墨、梃、觀陽，凡六縣	
耿弇			更封好畤侯，食好畤、美陽二縣	增戶邑	
寇恂			封雍奴侯，邑萬戶		建武十二年卒，子寇損嗣
岑彭		歸德侯			建武三年更封彭為舞陰侯；建武十二年卒，子遵嗣
馮異			定封陽夏侯		建武十年卒，建武十三年，更封馮彰（馮異子）東緡侯，食三縣。
朱祐	封安陽侯		更封堵陽侯	增邑，定封鬲侯，食邑七千三百戶	
祭遵	以功封列侯		定封潁陽侯		建武八年卒，無子，國除
景丹	號奉義侯		定封櫟陽侯，櫟陽萬戶邑		建武二年卒，子尚嗣
蓋延	號建功侯		更封安平侯	增封定食萬戶	
銚期		封安成侯，食邑五千戶			建武十年卒，子丹嗣
耿純	封鄉侯	封高陽侯			建武六年定封為東光侯，就國；建武十三年卒，子阜嗣
臧宮			封成安侯	增邑，更封酇侯	建武十五年定封朗陵侯
馬武		封山都侯		增邑，更封鄃侯	
劉隆			封亢父侯	增邑，更封竟陵侯	

馬成				建武七年封平舒侯；二十七年定封全椒侯
王梁		封武強侯		增邑，定封阜成侯	
陳俊		封爲列侯	更封新處侯	增邑，定封祝阿侯	
杜茂		封樂鄉侯	更封苦陘侯	增邑，更封脩侯	
傅俊			封昆陽侯		建武七年卒，子昌嗣
堅鐔		封隱強侯			建武六年定封合肥侯
王霸	封鄉侯		更封富波侯	增邑戶，更封向侯	建武三十年定封淮陵侯
任光	封武成侯	更封光阿陵侯，食邑萬戶			建武五年卒，子隗嗣
李忠	封武固侯		更封中水侯，食邑三千戶		
萬脩	封造義侯		更封槐里侯		建武二年卒，子普嗣
邳肜	封武義侯	更封靈壽侯			建武六年就國
劉植	爲列侯		更封爲昌城侯		戰歿，子向嗣

從表 1-3 可以看出，建武十三年，劉秀在分封功臣時，已經帶有抑制功臣的目的。

（一）抑制首勳功臣

建武十三年的分封中，除了已經去世的功臣，以及吳漢、馬成、堅鐔、李忠四人既沒有定封，也沒有增封外，在剩餘的功臣中，只有鄧禹一人沒有增邑，其它人不管是定封還是增封但都增邑了。作爲首勳功臣，鄧禹在建武十三年沒有增邑，主要有兩個原因。

1、建武二年後無戰功

鄧禹在建武二年以前，北渡河北，向劉秀陳獻「延攬英雄，務悅民心，立高祖之業，救萬民之命」〔註81〕的大計，劉秀「常宿止於中，與定計議」

〔註81〕《後漢書‧鄧禹傳》第 599 頁。

〔註 82〕，其「有所舉者，皆當其才」〔註 83〕；在河北平定農民軍時「連大克獲」〔註 84〕，建武元年，西入河東後，「斬將破軍，平定山西，功效尤著。」〔註 85〕建武二年以前，鄧禹不管是在戰略大計、薦人舉才，還是帶兵征戰上都是功績顯赫，因而，劉秀在建元前後對其分封最大。而建武二年以後，鄧禹在關中要麼違詔久不進兵，要麼數次違詔擅自出擊，以致最後獨與二十四騎還詣宜陽。不但沒有建立軍功，而且還屢不奉詔，因而，在建武十三年的分封中，鄧禹沒有增邑。

2、抑制鄧禹

天下統一後，劉秀開始大規模的實施「退功臣而進文吏」的方略，鄧禹作為雲臺二十八將當中的首勳功臣，在功臣中影響較大，只要抑制了鄧禹，對其它功臣的抑制也就能相對容易些。同時，鄧禹在建武二年已經有了較大分封，如果再增封勢必坐大。因此，建武十三年，劉秀對鄧禹沒有增邑，以達到對其抑制的目的，從而配合「退功臣而進文吏」的順利實施。袁宏在《後漢紀》評論道：

> 光武之在河北，未知身首安寄也。鄧生杖策，深陳天人之會，舉才任使，開拓帝王之略。當此之時，臣主歡然，以千載俄頃也。泊關中一敗，終身不得列三公，俛首頓足，與夫列侯齊伍。嗚呼！彼諸君子，皆嘗乘雲龍之會，當帝者之心。鞠躬謹密，猶有若斯之難，而況以勢相從，不以義合者乎？〔註86〕

袁宏的評價是十分中肯準確的：「深陳天人之會，舉才任使，開拓帝王之略」道出鄧禹早期的功績；「泊關中一敗，終身不得列三公，俛首頓足，與夫列侯齊伍」道出了鄧禹建武二年後再無有戰功的情況；而「鞠躬謹密，猶有若斯之難，而況以勢相從，不以義合者乎？」則道出了君臣關係的實質，以及鄧禹在天下統一後沒有增邑的更深層次原因。

（二）抑制繼續任職功臣

在雲臺二十八將其它人身上也能看出劉秀在建武十三年，通過分封來抑

〔註82〕《後漢書‧鄧禹傳》第 600 頁。
〔註83〕《後漢書‧鄧禹傳》第 600 頁。
〔註84〕《後漢書‧鄧禹傳》第 600 頁。
〔註85〕《後漢書‧鄧禹傳》第 602 頁。
〔註86〕《後漢紀‧光武皇帝紀》第 177 頁。

制功臣的目的。根據《後漢書》和《後漢書補表》統計，東漢初年，在劉秀分封功臣侯的雲臺二十八將中，有食邑戶數記載的有以下十二人。如下表：

表1-4

姓　　名	建武十三年職務	戶　數	始封時間	定　封　時　間
高密侯鄧禹	右將軍〔註87〕	20000	建武元年	建武十三年
廣平侯吳漢	大司馬	20000	建武元年	建武二年
膠東侯賈復	左將軍	30000	建武元年	建武十三年
好畤侯耿弇	建威大將軍	10000	建武元年	
雍奴侯寇恂	已卒	10000	建武二年	
安平侯蓋延	左馮翊	10000	建武二年	建武十三年
阿陵侯任光	已卒	10000	建武元年	
中水侯李忠	丹陽太守	3000	建武元年	建武二年
安成侯銚期	已卒	5000	建武元年	
楊虛侯馬武	捕虜將軍	1800	建武元年	
櫟陽侯景丹	已卒	10000	建武二年	
鬲侯朱祐	建義大將軍	7300	建武元年	建武十三年

資料來源：戶數是根據梁方仲《中國歷代戶口‧田地‧田賦統計》，以東漢初年人口每縣五千人估算的。

　　根據《後漢書》統計，建武十三年以後，雲臺二十八將中，繼續任職或任過職的有：在中央，吳漢自東漢建立一直任大司馬職務；建武二十年吳漢去世後，劉隆接任至建武二十八年；臧宮在建武十五年即奉朝請，建武十八又重新任太中大夫。在地方，王霸在上谷防禦匈奴達二十餘年；馬武將兵北屯下曲陽，備匈奴；馬成屯常山、中山以備北邊；李忠在建武十三年以後任丹陽、豫章太守。

　　通過建武十三年的分封情況表和上表，以及建武十三年功臣任職情況可以看出，建武十三年後，劉秀在分封功臣時，存在著分封規模和職務不一致的情況，在雲臺二十八將當中，這是十分明顯的。被剝奪官職的功臣，分封

〔註87〕《後漢書‧鄧禹傳》記載：「其後左右將軍官罷，以特進奉朝請」；《東觀漢記‧鄧禹傳》記載「（劉秀）罷三公，右將軍。官罷，以列侯就位，奉朝請。」由此可以知道鄧禹被罷前衛右將軍。根據正文中《賈復傳》的記載也可以知道賈復為左將軍。

規模很高，不光給予「奉朝請」的榮譽，而且爵土很大，食邑戶數很多。而那些建武十三年以後繼續任職的功臣，在分封上則規模較低。同時，劉秀還通過對任職功臣通過不增封或者更封來進行抑制。

　　單從戰功上來說，東漢初年的功臣中，吳漢的戰功最大。自河北詐書勸彭寵歸順劉秀，吳漢先後持節北發十郡突騎拔邯鄲平王朗、北擊群賊定河北、破劉永、斬董憲悉定東方、西征隗囂、南斬公孫述平定巴蜀，可謂為戰功卓著。吳漢在雲臺二十八將中排名第二，食邑戶數 20000 戶，按照劉秀「退功臣而進文吏」的方略，吳漢這種功勞大，有影響力的功臣，是不能繼續任職的；同時，他一直能夠任職，似乎也不符合劉秀職位高則秩級低或分封規模小、秩級高或分封規模大則剝奪官職的方略。但仔細分析吳漢的情況，就能發現其中的原因：第一、吳漢自東漢建立後一直任大司馬職務，雖然位列三公，但由於劉秀「雖置三公、事歸臺閣」〔註88〕，吳漢作為大司馬，其實並沒有實權；第二、跟吳漢個人情況有關。范曄在《後漢書》中對吳漢繼續任職有所分析：「吳漢自建武世，常居上公之位，終始倚愛之親，諒由質簡而強力也。子曰『剛毅木訥近仁』，斯豈漢之方乎！昔陳平智有餘以見疑，周勃資朴忠而見信。夫仁義不足以相懷，則智者以有餘為疑，而朴者以不足取信矣。」〔註89〕可見，吳漢繼續任職是因為既忠誠又無實權，即便如此，建武十三年吳漢既沒增封也沒更封或定封。劉秀在天下統一後，沒有給吳漢定封或增封，也是為了避免吳漢可能因增封形成勢大，而通過不予增封對其加以控制。至於劉隆，第一是「南陽安眾侯宗室也。」〔註90〕第二是雖然建武二年，封亢父侯；十三年，增邑，更封竟陵侯。但在建武十六年，因檢田不實被免為庶人。建武十七年復封為扶樂鄉侯，後雖然隨馬援擊交阯蠻夷徵側等還，更封大國，為長平侯。但劉隆在免為庶人，再復封為鄉侯，雖然後又更封大國，可能規模不會太高了；第三、劉隆從封侯到免為庶人，再到封侯，人生起伏較大，因此，重新任職後，能夠聽話，對劉秀來說，比較容易操縱控制。至於馬武，在建武十三年定封時為 1600 戶，後因「坐殺軍吏，受詔將妻子就國。武徑詣洛陽，上將軍印綬，削戶五百，定封為楊虛侯，因留奉朝請。」〔註91〕直到明帝，因擊西羌寇有功，才增邑 700 戶，總共 1800

〔註88〕《後漢書‧仲長統傳》第 1657 頁。
〔註89〕《後漢書‧吳漢傳》第 685 頁。
〔註90〕《後漢書‧劉隆傳》第 780 頁。
〔註91〕《後漢書‧馬武傳》第 785 頁。

戶。可以看出，馬武建武十三年以後雖然任職，食邑戶數也相對較少。至於馬成，其它功臣都在建武元年或建武二年被封侯，而馬成直到建武七年才封爲平舒侯，戰功不大，食邑戶數也不能太多。馬成在建武十三年後一直任職，直到建武二十四年，南擊武谿蠻賊，無功，上太守印綬後，才退職，任職期間劉秀沒有給予馬成增封，直到建武二十七年，其不任職後，才定封爲全椒侯。李忠在建武十三年以後任丹陽、豫章太守，直到後來因病去官。馬武、馬成、李忠在建武十三年等沒有增封或定封也反映出了劉秀對任職功臣的抑制。

　　綜上可見，在雲臺二十八將中，建武十三年，凡是功大，分封規模大的功臣都被剝奪了官職，而只有像吳漢、馬武、劉隆、馬成這些沒有增封或定封功臣，才繼續任職，劉秀通過分封抑制任職功臣的目的已十分明確。

（三）獎勵主動退職功臣

　　從賈復分封情況上，也能看出劉秀獎勵主動退職功臣，抑制繼續任職功臣的目的。賈復在雲臺二十八將當中，位列第三，但就戰功而言，雲臺二十八將前七位功臣中，賈復戰功最少。然而，建武十三年，賈復被定封爲膠東侯，食六縣，既超過了排在其前鄧禹、吳漢的食邑四縣〔註 92〕，也遠遠超出了排在其後的其它功臣。

　　《後漢書‧賈復傳》記載：「帝以復敢深入，希令遠征，而壯其勇節，常自從之，故復少方面之勳。諸將每論功自伐，復未嘗有言。帝輒曰：「賈君之功，我自知之。」〔註 93〕儘管賈復「有折衝千里之威」，敢深入，劉秀爲了保護他，並爲了給自己壯威，留在身邊，從而使他失去立方面之功的機會。但按照正常，賈復在建武十三年的分封中不應超過排在其前的鄧禹、吳漢，也不應超過爲劉秀立穩河北、平定齊地的耿弇。

　　賈復在建武十三年分封中之所以能夠一枝獨秀，還是與劉秀「退功臣而進文吏」有關。

　　《後漢書‧賈復傳》記載：「復知帝欲偃干戈，修文德，不欲功臣擁眾京師，乃與高密侯鄧禹並剺甲兵，敦儒學。……復爲人剛毅方直，多大節。既還私第，闔門養威重。」〔註 94〕

〔註 92〕吳漢在建武二年分封時食邑四縣，建武十三年未更封和增封。
〔註 93〕《後漢書‧賈復傳》第 666 頁。
〔註 94〕《後漢書‧賈復傳》第 667 頁。

　　由於賈復經常留在劉秀身邊，可能對劉秀「退功臣」的方略認識較深，因而自覺的表現出不願當官的意願，同時，劉秀也正需要賈復的這種帶頭作用，以便對其它功臣中起到傚仿的作用，從而成功剝奪功臣的官職。因而，劉秀在建武十三年的分封中，之所以對賈復分封最大。一是向所有功臣表達對於像賈復這樣主動不願當官的功臣，朝廷會給予高規格分封的。二是通過給予雖然戰功不是最多，但經常留在劉秀身邊的賈復最高規格的分封，也可以起到抑制其它功臣的作用。劉秀「賈君之功，我自知之」中的「賈君之功」不僅僅是指賈復的戰功，也包括賈復不願當官的帶頭之功，即在「退功臣」一事上所立下的功勞。

　　綜上所述，可以對建武十三年，劉秀的大規模分封功臣有了一個比較清晰的認識。第一、劉秀這次大封功臣，是對建武二年分封功臣時承諾的兌現，也是在建元前後分封基礎上的遞進。第二、建武十三年，劉秀的這次大封功臣是與其「退功臣而進文吏」的方略密切相關，並表現出三種情況：首先，對象鄧禹這樣的首勳功臣，只定封不增封，既表現出按軍功行賞的原則，又起到對其抑制的作用；其次，對於繼續任職的功臣則堅持不更封增封，以避免這些任職的功臣坐大，以起到抑制這些功臣的作用；最後，對於像賈復這樣帶頭不願任職的功臣則增加分封規格，予以獎勵。

第三節　其它賞賜

一、物質方面的賞賜

　　東漢初年，劉秀除了在建元前後和建武十三年對功臣進行了兩次大規模分封外，還對一些具有戰功或事功的人進行過物質賞賜和恩寵褒揚，這些物質賞賜和恩寵褒揚也在一定程度上加強了東漢初年的功臣階層。

　　兩漢之際，經過長期戰亂，國家空虛，社會貧困，經濟條件十分惡劣，當時「人庶群入野澤，掘鳧茈而食之，更相侵奪。」〔註95〕「百姓飢餓，人相食」，〔註96〕整個社會物質條件十分匱乏，在當時貧乏的社會條件下，劉秀對功臣的物質賞賜，內容卻十分豐富，《東漢會要・賞賜》中列舉的各種賞賜

〔註95〕《後漢書・劉玄傳》第467頁。
〔註96〕《後漢書・馮異傳》第647頁。

有「錢帛，衣服，衣冠，安車，什器，帷帳，養牛酒，羊酒。」〔註97〕下面將劉秀對功臣的各種賞賜作一分析：

（一）賞賜錢幣

西漢初年，劉邦在對功臣的賞賜中，往往有田宅的賞賜，但考究有關史籍，卻見不到劉邦對功臣們賞賜錢幣的情況。西漢景帝時才有有關錢幣賞賜的記載，如《漢書・吳王劉濞傳》記載，劉濞發使遺諸侯書曰：「能斬捕大將者，賜金五千斤，封萬戶；列將，三千斤，封五千戶；裨將，二千斤，封二千戶；二千石，千斤，封千戶：皆為列侯。」〔註98〕東漢初年，劉秀在賞賜中，有關錢幣的記載就十分的多了。東漢初年的錢幣賞賜，大致有三種情況：

1、激勵戰功

東漢初年已有用錢幣來激勵軍功的情況，如《後漢書・李忠傳》載：「（劉秀）謂忠曰：『今吾兵已成矣，將軍可歸救老母、妻、子，宜自募吏民能得家屬者，賜錢千萬，來從我取。』」〔註99〕《後漢書・朱祐傳》記載：「祐率征虜將軍祭遵與戰於東陽，大破之……。祐收得印綬九十七。進擊黃郵，降之，賜祐黃金三十斤。」〔註100〕劉秀賜錢讓李忠救其親屬，除了激勵戰功外，還與李忠親屬被信都大姓馬寵所執，但李忠仍然殺死馬寵之弟，所表現出的忠心，以及在當時的特殊情況下，劉秀對李忠救出其親屬的大力支持有關。劉秀賜朱祐黃金三十斤，除了與朱祐的戰功有關外，更重要的是朱祐曾被鄧奉俘獲，剛被釋放，有對朱祐安慰的意味。在東漢的統一戰爭中，劉秀對功臣賞賜錢幣，也有對功臣已有功績進行肯定，激勵功臣再接再厲完成統一的作用。例如，《後漢書・馮異傳》記載：「（建武）六年春，異朝京師。……使中黃門賜以珍寶、衣服、錢、帛。」〔註101〕《後漢書・竇融傳》有「今以黃金二百斤賜將軍，便宜輒言」〔註102〕的記載。劉秀賞賜馮異錢幣是在建武六年，此時馮異平定關中，功績顯赫，劉秀對馮異的賞賜，一方面是對其所做貢獻的肯定，另一方面戰爭尚未結束，激勵馮異繼續努力。劉秀對竇

〔註97〕《東漢會要・賞賜》第377頁。
〔註98〕《漢書・荊燕吳傳》第1910頁。
〔註99〕《後漢書・李忠傳》第755頁。
〔註100〕《後漢書・朱祐傳》第770頁。
〔註101〕《後漢書・馮異傳》第649頁。
〔註102〕《後漢書・竇融傳》第799頁。

融的賞賜則在建武五年，此時關東戰爭尚未結束，劉秀賞賜竇融既有對其歸順東漢的表揚，也有拉攏激勵竇融，讓其牽制西北，最終實現統一天下的目的。

2、褒揚功績

劉秀對具有戰功和事功的人賞賜錢幣，褒揚功績的情況大多在天下統一後，對這些人過去的戰功、治理地方的優異政績、高尚品德、以及特殊才能予以褒揚。例如，《後漢書・鄧晨傳》記載：「（建武）十八年，行幸章陵，徵晨行廷尉事。從至新野，置酒酣宴，賞賜數百千萬，復遣歸郡。」〔註103〕鄧晨作為劉秀姐夫，跟隨劉秀出生入死，立下巨大功績，受到賞賜。《後漢書・郭伋傳》記載：「（建武）二十二年，徵為太中大夫，賜宅一區，及帷帳錢穀。」〔註104〕郭伋不僅具有軍功而且具有政績。《後漢書・虞延傳》記載：「延從送車駕西盡郡界，賜錢及劍帶佩刀還郡，於是聲名遂振。」〔註105〕虞延因其高尚品質受到賞賜。《後漢書・桓榮傳》記載：「帝即召榮，令說《尚書》，甚善之。拜為議郎，賜錢十萬，入使授太子。」〔註106〕桓榮因其特殊的文化才能而授課太子受到賞賜。《後漢書・劉般》記載：「太守薦言般束脩至行，為諸侯師。帝聞而嘉之，乃賜般綬，錢百萬，繒二百匹。」〔註107〕劉般作為劉氏諸侯則因「束脩至行」為諸侯師的較高修養受到賞賜。

（二）賜衣服，衣冠、縑、帷帳等

東漢初年劉秀對功臣衣服，衣冠、縑、帷帳等的賞賜，與錢幣賞賜一樣大多是為了褒揚功績、表彰優秀品質、學術才能等。例如，來歙作為劉秀表叔，數次出使隗囂，並奇襲略陽，固死堅守，自春至秋，為劉秀擊敗隗囂做出重大貢獻，劉秀「於是置酒高會，勞賜歙，班坐絕席，在諸將之右，賜歙妻縑千匹。」〔註108〕在此，劉秀既有對來歙功績的褒揚，也激勵來歙繼續努力，最終能夠平定巴蜀的用意。馮異在建武六年入朝京師時，劉秀「使中黃門賜以珍寶、衣服、錢、帛，」〔註109〕也有褒揚功績的作用。而郭伋「（建武）

〔註103〕《後漢書・鄧晨傳》第584頁。
〔註104〕《後漢書・郭伋傳》第1093頁。
〔註105〕《後漢書・虞延傳》第1152頁。
〔註106〕《後漢書・桓榮傳》第1250頁。
〔註107〕《後漢書・劉般》第1304頁。
〔註108〕《後漢書・來歙傳》第587頁。
〔註109〕《後漢書・馮異傳》第649頁。

十一年，省朔方刺史屬并州。帝以盧芳據北土，乃調伋爲并州牧。過京師謝恩，帝即引見，並召皇太子諸王宴語終日，賞賜車馬衣服什物。」〔註110〕「（建武）二十二年，徵爲太中大夫，賜宅一區，及帷帳錢穀，以充其家。」〔註111〕郭伋先後兩次受到劉秀賞賜，第一次在建武十一年，郭伋此前屢立戰功。因此，建武十一年劉秀對郭伋的賞賜有褒揚功績的用意，而建武二十二年，郭伋「以老病上書乞骸骨」，劉秀對郭伋的這次賞賜則是對一生功績的肯定表揚。

此外，劉秀對其它人衣服，衣冠、縑、帷帳等的賞賜也有通過褒揚爭取人心的作用。如，「以（卓）茂爲太傅，封褒德侯，食邑二千戶，賜几杖車馬，衣一襲，絮五百斤。」〔註112〕卓茂因「名冠天下，當受天下重賞」〔註113〕，卓茂死後，劉秀賜棺槨冢地，車駕素服親臨送葬。對此，范曄評論道：

> 建武之初，雄豪方擾，虓呼者連響，嬰城者相望，斯固倥傯不暇給之日。卓茂斷斷小宰，無它庸能，時已七十餘矣，而首加聘命，優辭重禮，其與周、燕之君表閭立館何異哉？於是蘊憤歸道之賓，越關阻，捐宗族，以排金門者眾矣。夫厚性寬中近於仁，犯而不校鄰於恕，率斯道也，怨悔曷其至乎！〔註114〕

可見，劉秀對卓茂的賞賜除了有對卓茂的操守、學識的褒揚外，也有通過褒揚卓茂以爭取天下士人之心的用意。

（三）賞賜車、馬等

東漢初年經過長期戰亂，經濟蕭條，一片殘敗的景象，作爲交通工具的車馬更是奢飾品。例如，《後漢書·朱浮傳》記載：「自宗室諸王、外家后親，皆奉遵繩墨，無黨埶之名。至或乘牛車，齊於編人。」〔註115〕這與西漢初年「自天子不能具醇駟，而將相或乘牛車」〔註116〕的情況極爲相似。

東漢初年作爲宗室王侯，以及外戚親貴往往都乘的是牛車，而劉秀則往

〔註110〕《後漢書·郭伋傳》第1092頁。
〔註111〕《後漢書·郭伋傳》第1093頁。
〔註112〕《後漢書·卓茂傳》第871頁。
〔註113〕《後漢書·卓茂傳》第871頁。
〔註114〕《後漢書·卓茂傳》第872～873頁。
〔註115〕《後漢書·朱浮傳》第1143頁。
〔註116〕《漢書·食貨志上》第1127頁。

往對功臣賞賜車馬。如「（賈）復馬羸，光武解左驂以賜之。」〔註117〕《後漢書・輿服志》記載「在左，驂馬軛上。」〔註118〕徐廣注曰：「馬在中曰服，在外曰騑。騑亦名驂。」〔註119〕劉秀將自己所乘馬當中在外邊的驂馬賞賜給了賈復，劉秀在河北時，勢力微弱，劉秀賞賜賈復驂馬，在當時情況下也有延攬人才的用意。劉秀在建武二十年賞賜馬援車馬一乘，則是對其平定交趾徵側、徵貳反亂的褒揚，《後漢書・馬援傳》記載：「（建武）二十年秋，振旅還京師，軍吏經瘴疫死者十四五。賜援兵車一乘，朝見位次九卿。」〔註120〕此外，劉秀還賞賜卓茂、郭伋「車馬」，賞賜桓榮「輜車、乘馬。」〔註121〕

（四）賞賜珍品、什器等

劉秀統一天下後，對那些為東漢的建立立下功勞的功臣們十分寬容優待。《後漢書・馬武傳》記載：「帝雖制御功臣，而每能回容，宥其小失。遠方貢珍甘，必先遍賜列侯，而太官無餘。有功，輒增邑賞。」〔註122〕可見，劉秀對功臣是十分寬容的，賞賜也是十分普遍的，遠方上貢的珍品甘味也往往與功臣們共同分享。《後漢書・竇融傳》記載：「（劉秀）數馳輕使，致遺四方珍羞。」〔註123〕除了給功臣們賞賜珍品佳味外，劉秀還給有功之人賞賜過一些器物，這些賞賜的器物通常具有一定的寓意，往往與被賞賜者的職責，或所從事的事情有關。如《後漢書・杜詩傳》記載：「建武元年，歲中三遷為侍御史，安集洛陽。時將軍蕭廣放縱兵士，暴橫民間，百姓惶擾，詩救曉不改，遂格殺廣，還以狀聞。世祖召見，賜以棨戟，復使之河東，誅降逆賊楊異等。」〔註124〕杜詩當時的職務為安集洛陽的侍御史，《後漢書・百官志三》記載：「侍御史十五人，六百石。本注曰：掌察舉非法，受公卿群吏奏事，有違失舉劾之。凡郊廟之祠及大朝會、大封拜，則二人監威儀，有違失則劾奏。」〔註125〕杜詩殺死暴橫民間，救曉不改的蕭廣，受到劉秀賞

〔註117〕《後漢書・賈復傳》第665頁。

〔註118〕《後漢書・輿服志》第3644頁。

〔註119〕《後漢書・輿服志》第3645頁。

〔註120〕《後漢書・馬援傳》第840頁。

〔註121〕《釋名・釋車》解釋輜車，載輜重臥息其中之車也。《字林》解釋輜，載衣物車，前後皆蔽，若今庫車有邸曰輜，無邸曰軿，軿車有衣蔽，無後轅，其有後轅者，謂之輜也。

〔註122〕《後漢書・馬武傳》第785頁。

〔註123〕《後漢書・竇融傳》第804～805頁。

〔註124〕《後漢書・杜詩傳》第1094頁。

〔註125〕《後漢書・百官志三》第3599頁。

賜「棨戟」。對於「棨戟」，《後漢書‧杜詩傳》注曰「棨戟，前驅之器也。」〔註126〕《後漢書‧輿服志》記載：「公以下至兩千石，騎吏四人，千石以下至三百石，縣長二人，皆帶劍，持棨戟爲前列。」〔註127〕棨戟是漢代官員出行時的一種作前導用的儀飾。杜詩當時爲侍御史，有監察威儀的職責，劉秀賞賜給他棨戟是與他的這種職責有關的。劉秀還曾賞賜給虞延錢及劍帶佩刀，虞延當時爲陳留督郵〔註128〕。虞延曾諫陳留太守宗聞勿奢靡，劉秀便聞而奇之，後劉秀東巡小黃，作爲部督郵的虞延進止從容，占拜可觀，並替侍御史攬責，受到劉秀賞識，劉秀便賞賜其錢及劍帶佩刀。虞延當時爲督郵，劉秀賞賜其劍帶佩刀，不僅有對他的恩寵，也與其督郵糾舉彈劾的職責有關。此外，建武二年，由於鄧禹不能平定關中，劉秀派馮異代替鄧禹平定關中，「車駕送至河南，賜以乘輿七尺具劍，」〔註129〕在這裏劉秀對馮異的賞賜乘輿和七尺具劍，不僅表示對馮異的恩寵，也蘊含著對馮異平定關中的巨大期望。

（五）賞賜養牛、上樽酒等

《廿二史札記》中記載：「上尊養牛，漢制：『大臣告老，特詔留之者，則賜養老之具以慰之。』」〔註130〕「《漢官舊儀》，按賜牛酒，本朝廷所以優大臣告病之禮。」〔註131〕東漢初年功臣被賞賜牛酒往往是因爲功臣年老退職，如劉隆「奉法自守，視事八歲，上將軍印綬，罷，賜養牛，上樽酒十斛，以列侯奉朝請。」〔註132〕劉隆本身爲劉秀南陽宗室，跟隨劉秀南陽起兵，位列雲臺二十八將之中，劉秀統一天下後，採取「退功臣而進文吏」的策略，功臣大多退出官職，劉隆是爲數不多的在天下統一後，仍能任職的功臣，其任職一直到建武二十八年，四年後死去，因此，在告老還休時，劉秀賜其養牛，上樽酒十斛。

〔註126〕《後漢書‧杜詩傳》第1094頁。

〔註127〕《後漢書‧輿服志》第3652頁。

〔註128〕在漢代每郡分若幹部，每部設一督郵，其基本職責就是代表太守周巡基層，隨時察訪縣令長以下官吏的行爲，發現罪錯，立刻糾舉。

〔註129〕《後漢書‧馮異傳》第645頁，注曰：具謂以寶玉裝飾之。《東觀漢記》作玉具劍。

〔註130〕《廿二史札記‧卷三‧上尊養牛》〔清〕趙翼撰，王樹民校證：《廿二史札記校證》，中華書局1984年版，第63頁。版本下同。

〔註131〕《陔餘叢考‧卷十六‧大臣有罪多自殺》〔清〕趙翼著：《陔餘叢考》，商務印書館1957年版，第303頁。

〔註132〕《後漢書‧劉隆傳》第781頁。

（六）其它物質賞賜

東漢初年，劉秀除了對功臣上述物質賞賜外，還往往根據不同情況，給功臣賞賜其它一些物品。

在中國古代，穀與錢往往是財富的象徵，劉秀在賞錢的同時，也對功臣們賞賜一些穀物等。如耿純，「（建武）六年，定封爲東光侯。純辭就國，帝曰：「文帝謂周勃『丞相吾所重，君爲我率諸侯就國』，今亦然也。」純受詔而去。至鄴，賜穀萬斛。」〔註133〕竇融本身爲西漢文帝竇太后外戚七世孫，劉秀曾「賜融以外屬圖及太史公《五宗》、《外戚世家》、《魏其侯列傳》。」〔註134〕劉秀對竇融賞賜這些物品頗具用心，拉近了竇融與漢王室的距離，爲爭取竇融心向漢室，出兵合擊隗囂是有一定作用的。王夫之曾評論道：「竇氏之裔，與漢終始，一念之永，百年之澤矣。」〔註135〕建武十一年，馬援平定羌亂，「中矢貫脛，帝以璽書勞之，賜牛羊數千頭。」〔註136〕馬援在出道以前，曾在隴漢間因處田牧，至有牛、馬、羊數千頭，穀數萬斛。建武十一年，時爲隴西太守，隴西多以放牧爲生，劉秀賞賜馬援牛、羊，可謂的十分貼切。此外，王良因事功，劉秀還「詔復其子孫邑中徭役，」免除王良子孫徭役負擔，這也可以說是一種變相物質賞賜。

總之，東漢初年，劉秀對功臣的上述物質賞賜，增加了功臣們的財富，提高了他們的地位，加強了東漢初年的功臣特權階層。

二、恩寵與褒揚

夫之評價說：「光武之於功臣，恩至渥也，位以崇，身以安，名以不損。」〔註137〕東漢初年，劉秀除了給功臣們物質方面的賞賜外，還給功臣們一些恩寵與褒揚。

（一）當眾褒揚

劉秀對功臣當眾褒揚不僅起到延攬人才，激勵功臣作戰鬥志的作用，而且，當眾褒揚也是給功臣的一種榮譽賞賜。例如，建武二年，王常投奔劉秀，

〔註133〕《後漢書·耿純》第 765 頁。

〔註134〕《後漢書·竇融傳》第 803 頁。

〔註135〕〔清〕王夫之：《讀通鑒論·卷六·光武》第二十條，中華書局 1975 年版，第 166 頁。版本下同。

〔註136〕《後漢書·馬援傳》第 835 頁。

〔註137〕《讀通鑒論·卷六·光武》第三四，第 178 頁。

屢立戰功，劉秀「乃召公卿將軍以下大會，具爲群臣言：『常以匹夫興義兵，明於知天命，故更始封爲知命侯。與吾相遇兵中，尤相厚善。』特加賞賜。」〔註138〕此後，劉秀又在君臣大會中指著王常謂群臣曰：「此家率下江諸將輔翼漢室，心如金石，眞忠臣也。」〔註139〕劉秀對賈復也曾給予這方面的恩寵與褒揚，例如，賈復因後到且好陵折等輩，有人建議調補他任郡尉，而劉秀說：「賈督有折衝千里之威，方任以職，勿得擅除，」〔註140〕賈復受重創後，劉秀大驚曰：「我所以不令賈復別將者，爲其輕敵也。果然，失吾名將。聞其婦有孕，生女邪，我子娶之，生男邪，我女嫁之，不令其憂妻子也。」〔註141〕劉秀因賈復「敢深入，希令遠征，而壯其勇節，常自從之，故復少方面之勳。諸將每論功自伐，復未嘗有言。帝輒曰：『賈君之功，我自知之。』」〔註142〕劉秀當眾給賈復的這些表揚，無不是對賈復的一種恩寵與褒揚。鮑永爲東漢開國功臣，曾任司徒校尉，彈劾貴戚，朝廷肅然，其子鮑昱奉法守正，有父風，後亦任司徒校尉，《後漢書・鮑永傳》記載：「詔昱詣尚書，使封胡降檄。光武遣小黃門問昱有所怪不？對曰：『臣聞故事通官文書不著姓，又當司徒露布，怪使司隸下書而著姓也。』帝報曰：『吾故欲今天下知忠臣之子復爲司隸也。』」〔註143〕劉秀以這種文書加著姓名讓天下聞名的方式褒揚鮑永父子的功績，這也是鮑氏父子莫大的恩寵。此外，劉秀還通過當庭眾議的方式，給功臣以恩寵與褒揚。如《後漢書・李通傳》記載：「時天下略定，通思欲避榮寵，以病上書乞身。詔下公卿群臣議。大司徒侯霸等曰：『王莽篡漢，傾亂天下。通懷伊、呂、蕭、曹之謀，建造大策，扶助神靈，輔成聖德。破家爲國。忘身奉主，有扶危存亡之義。功德最高，海內所聞。通以天下平定，謙讓辭位。夫安不忘危，宜令通居職療疾。欲就諸侯，不可聽。』於是詔通勉致醫藥，以時視事。」〔註144〕劉秀這種當庭眾議的方式，無疑是對李通功績的肯定與褒揚，對李通來說也是一種恩寵。

（二）歸家上冢或過家上冢

歸家上冢就是回家上墳。漢人爲官在外者，有歸家上冢習慣。漢代官員

〔註138〕《後漢書・王常傳》第 580 頁。
〔註139〕《後漢書・王常傳》第 581 頁。
〔註140〕《後漢書・賈復傳》第 665 頁。
〔註141〕《後漢書・賈復傳》第 665 頁。
〔註142〕《後漢書・賈復傳》第 666 頁。
〔註143〕《後漢書・鮑永傳》第 1022 頁。
〔註144〕《後漢書・李通傳》第 576 頁。

欲回家上冢，需向皇帝上書申請。如西漢時樓護「爲諫大夫，使郡國。護假貸，多持幣帛，過齊，上書求上先人冢，因會宗族故人，各以親疏與束帛，一日散百金之費。」〔註145〕。皇帝也常常下詔恩賜功臣「歸家上冢」或「過家上冢」。東漢初年劉秀則經常以下詔書的方式賞賜功臣歸家上冢，被賞賜歸家上冢的人往往都是戰功赫赫的功臣。根據《後漢書》統計，東漢光武朝，被劉秀賞賜歸家上冢的總共有王常、馮異、岑彭、吳漢四人。如王常：「（建武）六年春，徵還洛陽，令夫人迎常於舞陽，歸家上冢。」〔註146〕岑彭：「（建武）六年冬，徵彭詣京師，數召宴見，厚加賞賜。復南還津鄉，有詔過家上冢，大長稱以朔望問太夫人起居。」〔註147〕吳漢：「明年（建武十三年）正月，漢振旅浮江而下。至宛，詔令過家上冢。」〔註148〕與以上三人相比，劉秀詔賜馮異歸家上冢則更顯恩寵，《後漢書·馮異傳》記載：「建武二年春，定封異陽夏侯。引擊陽翟賊嚴終、趙根，破之。詔異歸家上冢，使太中大夫齎牛酒，令二百里內太守、都尉以下及宗族會焉。」〔註149〕賞賜功臣歸家上冢是皇帝給予他們的莫大恩寵，特別像馮異這樣「令二百里內太守、都尉以下及宗族會焉」的場面更是壯觀，讓時人榮之。除了當眾表揚和歸家上冢等賞賜外，劉秀也往往給功臣其它一些形式的恩寵褒揚。例如，鄧禹起初名震關西，「帝嘉之，數賜書褒美。」〔註150〕此外，馮勤因恭約盡忠，號稱任職，「勤母年八十，每會見，詔敕勿拜，令御者扶上殿，顧謂諸王主曰：『使勤貴寵者，此母也。』其見親重如此。」〔註151〕劉秀以「詔敕勿拜」的方式顯示對馮勤的親重，這也無疑是給馮勤的莫大恩寵。

（三）奉朝請

漢代，對退職大臣、將軍以及皇室、外戚，多給以奉朝請的名義，使得參加朝會。《文獻通考》稱：漢律，諸侯春朝天子曰朝，秋國請。奉朝請，無員，本不爲官。漢東京罷省三公、外戚、皇室、諸侯，多奉朝請。奉朝請者，奉朝會請召而已。」〔註152〕《東漢會要·奉朝請》載「按漢制，列侯在京師

〔註145〕《漢書·樓護傳》第 3707 頁。
〔註146〕《後漢書·王常傳》第 581 頁。
〔註147〕《後漢書·岑彭傳》第 659 頁。
〔註148〕《後漢書·吳漢傳》第 682 頁。
〔註149〕《後漢書·馮異傳》第 645 頁。
〔註150〕《後漢書·鄧禹傳》第 602 頁。
〔註151〕《後漢書·馮勤傳》第 911 頁。
〔註152〕〔元〕馬端臨撰：《文獻通考·卷五十九·職官考十三》，浙江古籍出版社 1988

無職位，皆以奉朝請爲名。」〔註153〕東漢初年，劉秀實施「退功臣而進文吏」的方略，廣大功臣列侯被剝奪官職後，大多都賜予奉朝請。范曄評論道：「故光武鑒前事之違，存矯枉之志，雖寇、鄧之高勳，耿、賈之鴻烈，分土不過大縣數四，所加特進、朝請而已。」〔註154〕對退出官職的功臣來說，奉朝請是一種榮譽性的賞賜。

劉秀在賜予功臣奉朝請時，包括特進奉朝請和奉朝請兩種。所謂特進是指授予列侯中有特殊地位的人，位在三公下。東漢時僅爲加官，無實職。《後漢書·和帝紀》李賢注引《漢官儀》曰：「諸侯功德優盛，朝廷所敬異者，賜位特進，在三公下。」〔註155〕東漢初年，在雲臺二十八將當中，被賜予特進奉朝請的只有高密侯鄧禹和膠東侯賈復二人。如鄧禹「以特進奉朝請」，賈復「以列侯就第，加位特進」。鄧禹和賈復在雲臺二十八將當中位列第一和第三，且此二人帶頭退出官職，屬於功高卓著。此外，雖然不在雲臺二十八當中，但也屬於首功行列，跟隨劉秀一塊密謀起兵，以致舉家四十六口被誅的固始侯劉秀妹夫李通也被賜予特進奉朝請。《後漢書·賈復傳》記載：「是時列侯惟高密、固始、膠東三侯與公卿參議國家大事，恩遇甚厚。」〔註156〕在雲臺二十八將當中，其它退職功臣除了任職的和死去的，其它人大都被賜予奉朝請。其中，任光早在建武五年，就「徵詣京師，奉朝請。」其它人大都在建武十三以後被賜予奉朝請。劉隆在建武二十八年，任職結束後，也被賜予。

總之，在東漢初年，劉秀給功臣的這些榮譽賞賜，增加了功臣們的社會名氣，鞏固功臣們的特權與地位，推動了東漢功臣階層的形成。

綜上所述，劉秀通過建元前後和建武十三年兩次對功臣大規模的分封爵土，以及通過其它一些對功臣的物質賞賜和榮譽方面的恩寵與褒揚等。東漢初年，在東漢政權內部，一個以功臣爲主體，擁有強大的政治勢力和經濟基礎，具有高等的社會地位和特權的新社會階層形成了。這個社會階層，根基於因軍功而被賜予的爵土，及其隨之而來的各種既得利益，在當時的歷史條件下，我們將其稱之爲東漢初年的功臣階層。

　　　　年版，第537頁。版本下同。
〔註153〕《東漢會要·封建下·奉朝請》第261頁。
〔註154〕《後漢書·馬武傳》第787頁。
〔註155〕《後漢書·和帝紀》第171頁。
〔註156〕《後漢書·賈復傳》第667頁。

第四節　功臣對皇權造成的壓力

在軍閥割據，天下紛亂的兩漢之際，廣大功臣通過刀光劍影，血雨腥風的殘酷廝殺，把劉秀推上了皇帝的寶座，並實現了漢室中興和國家的重新統一。功臣把劉秀擁戴爲皇帝，但隨著功臣階層權勢的不斷壯大，他們往往又對皇權有所干預，甚至功高蓋主，直接威脅皇權。

一、影響皇帝決策

在東漢尚未統一前，戰爭是國家的首要任務，戰功是決定戰將爵位的重要因素，封土授爵也是激勵戰將取得更多戰功有效手段，因而功臣在政治上憑戰功說話的力量也就比較強，甚至可以改變三公人選。例如《後漢書·景丹傳》記載：「世祖即位，以讖文用平狄將軍孫咸行大司馬，眾威不悅。詔舉可爲大司馬者，群臣所推惟吳漢及丹。帝曰：『景將軍北州大將，是其人也。然吳將軍有建大策之勳，又誅苗幽州、謝尚書，其功大。舊制驃騎將軍官與大司馬相兼也。』乃以吳漢爲大司馬，而拜丹爲驃騎大將軍。」劉秀在將領們按軍功授官的要求下被迫改變自己的初衷，改任吳漢爲大司馬。除了直接改變劉秀的決策外，功臣們因其戰功的存在，也往往影響劉秀的決策。例如，《後漢書·伏湛傳》記載：「光武即位，知湛名儒舊臣，欲令幹任內職，徵拜尙書，使典定舊制。時，大司徒鄧禹西征關中，帝以湛才任宰相，拜爲司直，行大司徒事。車駕每出征伐，常留鎮守，總攝群司。建武三年，遂代鄧禹爲大司徒，封陽都侯。」《後漢書·鄧禹傳》記載：「是月（建武元年正月），光武即位於鄗，使使者持節拜禹爲大司徒。策曰：『制詔前將軍禹：深執忠孝，與朕謀謨帷幄，決勝千里。孔子曰：『自吾有回，門人日親。』斬將破軍，平定山西，功效尤著。百姓不親，五品不訓，汝作司徒，敬敷五教，五教在寬。』」〔註157〕從上面這兩段話中，可以看出，在建武元年的時候，劉秀雖然知道伏湛有宰相才能，但因鄧禹作爲戰將平定山西有功，劉秀則任命其爲大司徒，而作爲文官的伏湛只能拜爲司直，代行大司徒事。鄧禹在外作戰，根本無法履行大司徒職位，而伏湛在內主事能勝任大司徒職位，用鄧禹而不用伏湛爲大司徒，直到建武三年，鄧禹平定關西無功，劉秀才任命伏湛爲大司徒。通過這件事情可以看出，功臣憑其戰功的存在，也往往會影響

〔註157〕《後漢書·鄧禹傳》第 601～602 頁。

劉秀決策的。此外，在對待彭寵一事上，也可以看出一些功臣對劉秀決策是
有影響的。新莽末年，作爲漁陽太守的彭寵在部下吳漢說服下依附劉秀，彭
寵和上谷太守耿況的軍隊，成爲劉秀經營河北的核心軍事力量，爲劉秀站穩
河北建立東漢政權立下了巨大功勞。但劉秀卻任命年輕氣盛，「性矜急自多」
的朱浮爲幽州牧，作爲彭寵的上司，最終激成彭寵的叛變。彭寵叛變發生在
同年的眞定王劉楊謀反之後，一年以後，涿郡太守張豐與彭寵連兵，對劉秀
在河北的統治產生了嚴重威脅。但劉秀在對待彭寵叛變時，卻表現得十分緩
和，「但遣游擊將軍鄧隆陰助（朱）浮」〔註158〕，與龐萌叛變時，其「老賊
當族，其（諸將）各屬兵馬，會睢陽！」〔註159〕立即征伐的表現相差甚遠。
劉秀對待彭寵的叛變爲何會如此緩和。《後漢書‧伏湛傳》曾記載：

> 彭寵反於漁陽，帝欲自征之，湛上疏諫曰：「……陛下承大亂
> 之極，受命而帝，興明祖宗，出入四年，而滅檀鄉，制五校，降
> 銅馬，破赤眉，誅鄧奉之屬，不爲無功。今京師空匱，資用不足，
> 未能服近而先事邊外；且漁陽之地，逼接北狄，黠虜困迫，必求
> 其助。又今所過縣邑，尤爲困乏。種麥之家，多在城郭，聞官兵
> 將至，當已收之矣。大軍遠涉二千餘里，士馬罷勞，轉糧限阻。
> 今兗、豫、青、翼，中國之都，而寇賊從橫，未及從化。漁陽以
> 東，本備邊塞，地接外虜，貢稅微薄。安平之時，尚資內郡，況
> 今荒耗，豈足先圖？而陛下捨近務遠，棄易求難，四方疑怪，百
> 姓恐懼，誠臣之所惑也。復願遠覽文王重兵博謀，近思征伐前後
> 之宜，顧問有司，使極愚誠，采其所長，擇之聖慮，以中土爲憂
> 念。」帝覽其奏，竟不親征。〔註160〕

伏湛的建議是劉秀沒有立即去平叛彭寵叛亂的原因之一，但除此之外，
更重要的原因可能是，彭寵本爲劉秀奠基的重要功臣，其叛變又爲劉秀聽信
朱浮偏言逼迫而成，尚書令侯霸曾上奏「（朱）浮敗亂幽州，構成寵罪」。此
外，吳漢、王霸等重要功臣皆爲彭寵舊將，且吳漢爲彭寵鄉人。如果劉秀對
彭寵急於討伐，可能會表現出逼迫然後誅殺功臣的意圖，引來其它功臣的反
感和猜疑。因此，劉秀採取從緩處理的決策，以起到籠絡河北功臣勢力的姿

〔註158〕《後漢書‧朱浮傳》第1140頁。
〔註159〕《後漢書‧龐萌傳》第496頁。
〔註160〕《後漢書‧伏湛傳》第894～895頁。

態。可見，在處理彭寵一事上，功臣的勢力對劉秀的決策是產生影響的。

綜上可見，東漢初年，戰將憑其戰功，在當時的政治上就有較高的話語權，有時甚至會壓過皇帝的聲音，甚至有時可以改變或者影響皇帝決策，這就對皇權的絕對性造成了壓力。

二、不奉詔

在封建中央集權的君主專制主義制度下，皇帝擁有至高無上的權威，皇帝的詔書要求臣下必須無條件地貫徹執行。「謹奉詔」成爲常見的文書用語，因爲它體現了合乎規範的君臣倫理。「不奉詔書」、「奉詔不謹」、「奉詔不敬」，則是相關政令乃至於國家法律明文規定的罪名。

東漢初年，在統一戰爭中，功臣戰將們不奉詔的事情屢有發生，對皇帝的絕對權威提出了挑戰，然而對這些不奉詔的功臣，劉秀往往都採取了十分寬容態度處理。例如，《後漢書‧王梁傳》記載：「建武二年，（王梁）與大司馬吳漢等俱擊檀鄉，有詔軍事一屬大司馬，而梁輒發野王兵，帝以其不奉詔敕，令止在所縣，而梁復以便宜進軍。帝以梁前後違命，大怒，遣尚書宗廣持節軍中斬梁。廣不忍，乃檻車送京師。既至，赦之」。〔註161〕儘管其它功臣並非像王梁如此肆意妄爲，但「將在外，君命有所不受」的情況也時有發生。如建武二年，劉秀因鄧禹在關中久不進兵，下敕曰：「司徒，堯也；亡賊，桀也。長安吏人，遑遑無所依歸。宜以時進討，鎮慰西京，繫百姓之心。」〔註162〕而鄧禹自我主張，執意不前。此後徵鄧禹還，並敕其「無得復妄進兵」，〔註163〕但鄧禹抗命不遵，最終數以饑卒徼戰，輒不利，獨與二十四騎還詣宜陽。建武四年，「董憲將賁休舉蘭陵城降。憲聞之，自郯圍休。時，（蓋）延及龐萌在楚，請往救之。帝敕曰：『可直往搗郯，則蘭陵必自解』。」〔註164〕而蓋延等抗詔自我主張，結果喪失戰機。以致劉秀責備蓋延「間欲先赴郯者，以其不意故耳。今既奔走，賊計已立，圍豈可解乎！」〔註165〕建武十一年，劉秀調大將吳漢赴巴蜀前線指揮作戰，吳漢拿下廣都後，兵鋒直指成都，劉秀告誡吳漢「成都十餘萬眾，不可輕也。但堅據廣都，待其來

〔註161〕《後漢書‧王梁傳》第 775 頁。
〔註162〕《後漢書‧鄧禹傳》第 603 頁。
〔註163〕《後漢書‧鄧禹傳》第 604 頁。
〔註164〕《後漢書‧蓋延傳》第 687 頁。
〔註165〕《後漢書‧蓋延傳》第 688 頁。

攻，勿與爭鋒。若不敢來，公轉營迫之，須其力廢，乃可擊也。」〔註166〕
但吳漢未聽劉秀告誡，自我主張，結果戰敗，險些喪命。劉秀責備吳漢「比
敕公千條萬端，何意臨事勃亂！既輕敵深入，又與尚別營，事有緩急，不復
相及。賊若出兵綴公，以大眾攻尚，尚破，公即敗矣。幸無它者，急引兵還
廣都。」〔註167〕吳漢自河北跟隨劉秀，戰功赫赫，在雲臺二十八將當中位
列第二，自以為自己長期作戰，經驗豐富，皇帝的作戰指揮水平也不如自己，
頗有功高蓋主的味道，因此，把劉秀的告誡當成耳旁風。而戰敗以後，劉秀
只是責備一下，這也顯示出功臣因有戰功，即使不奉詔，皇帝也要斟酌處理，
而不是輕易責罰。以上情況可以看出，這些在外掌兵的功臣，很容易對皇帝
的絕對權威造成衝擊。

三、不守律令、法紀

　　東漢政權的建立，靠的是那些足智多謀，驍勇善戰的功臣們。然而，功
臣們違法法令、法紀的事情也時有發生，這就給劉秀統一法令，嚴格吏治，
建立絕對權威產生了衝擊。

　　《後漢書・馬武傳》記載：「帝雖制御功臣，而每能回容，宥其小失。」
〔註168〕從上面的話中可以看出，東漢初年功臣們違紀犯法的事情是經常發生
的。在《後漢書》的功臣列傳中，也有一些功臣們違法亂紀的具體事例。吳
漢屠成都可以說比較大的違法事情。《後漢書・公孫述傳》記載：

> 　　述以兵屬延岑，其夜死。明旦，岑降吳漢。乃夷述妻子，盡滅
> 公孫氏，並族延岑。遂放兵大掠，焚述宮室。帝聞之怒，以譴漢。
> 又讓漢副將劉尚曰：「城降三日，吏人從服，孩兒老母，口以萬數，
> 一旦放兵縱火，聞之可為酸鼻！尚宗室子孫，嘗更吏職，何忍行此？
> 仰視天，俯視地，觀放麑啜羹，二者孰仁？良失斬將弔人之義也！
> 　〔註169〕

　　《後漢書・杜詩傳》記載：「時，將軍蕭廣放縱兵士，暴橫民間，百姓
惶擾，（杜）詩敕曉不改，遂格殺廣，還以狀聞。世祖召見，賜以棨戟，復

〔註166〕《後漢書・吳漢傳》第681頁。
〔註167〕《後漢書・吳漢傳》第681～682頁。
〔註168〕《後漢書・馬武傳》第785頁。
〔註169〕《後漢書・公孫述傳》第543頁。

使之河東，誅降逆賊楊異等。」〔註170〕可以看出當時，縱兵橫暴的將領是要殺頭的。吳漢這種屠城的事情，更應嚴肅處理，但對這位戰功赫赫的功臣，劉秀對其只是加以譴責，而無責罰。在度田事件中，因度田不實，作爲功臣的南郡太守劉隆「坐徵下獄，其疇輩十餘人皆死。帝以隆功臣，物免爲庶人。」〔註171〕由於劉隆乃開國功臣，則保住性命，而在這事件中「大司徒歐陽歙下獄死，」〔註172〕「河南尹張伋及諸郡守十餘人，坐度田不實，皆下獄死。」〔註173〕其它功臣，如杜茂「（建武）十五年，坐斷兵馬稟縑，使軍吏殺人，免官，削戶邑，定封參蓬鄉侯。」〔註174〕馬武「坐殺軍吏，受詔將妻子就國。武徑詣洛陽，上將軍印綬，削戶五百，定封爲楊虛侯，因留奉朝請。」〔註175〕此外，上文提到功臣不奉詔也是違法的事情。但對於這些功臣的違法行爲，劉秀表現的很寬容。

可見，功臣這種不守律令、法紀的行爲是對東漢依法治國的嚴重挑戰，也對劉秀的皇帝權威產生了衝擊。

四、坐大威脅皇權

《後漢書·百官志一》記載：「世祖中興，吳漢以大將軍爲大司馬。景丹爲驃騎大將軍，位在公下。及前、後、左、右雜號將軍眾多，皆主征伐，事訖皆罷」。可事實上，建武十三年以前，東漢功臣任將軍者，並非「事訖皆罷」。例如，「光武即位，拜（耿）弇爲建威大將軍」，〔註176〕「（建武）十三年，增弇戶邑，上大將軍印綬」；〔註177〕「光武即位，以（蓋）延爲虎牙將軍」，〔註178〕「（建武）十一年，與中郎將來歙攻河池，未克，以病引還，拜爲左馮翊，將軍如故」；〔註179〕建武四年「拜（陳）俊太山太守，行大將軍事」，〔註180〕「（建武五年），琅邪未平，乃徙俊爲琅邪太守，領將軍

〔註170〕《後漢書·杜詩傳》第 1094 頁。
〔註171〕《後漢書·劉隆傳》第 781 頁。
〔註172〕《後漢書·光武帝第一下》第 66 頁。
〔註173〕《後漢書·光武帝第一下》第 66 頁。
〔註174〕《後漢書·杜茂傳》第 777 頁。
〔註175〕《後漢書·馬武傳》第 785 頁。
〔註176〕《後漢書·耿弇傳》第 707 頁。
〔註177〕《後漢書·耿弇傳》第 713 頁。
〔註178〕《後漢書·蓋延傳》第 686 頁。
〔註179〕《後漢書·蓋延傳》第 689 頁。
〔註180〕《後漢書·陳俊傳》第 690 頁。

如故」；〔註181〕「世祖即位，拜（朱祐）爲建義大將軍。」〔註182〕「（建武）十五年，朝京師，上大將軍印綬。」〔註183〕從上可以看出，到建武十三年，一些功臣仍帶將軍號，並非「事訖皆罷」，只要任將軍官，就有領兵權。

　　這些功臣們除了還帶著將軍號外，還通過在建元前後和建武十三年的大規模分封，獲得大量爵土戶邑，這就很容易使這些本身就是豪強地主出身的功臣成爲盤踞地方的割據勢力。假如再繼續讓功臣任官職，如錄尙書事，參與政事等，勢必坐大，直接威脅皇權。防止權臣勢大是帝王們的常識，何況是像劉秀這樣創立天下的開國皇帝。

〔註181〕《後漢書・陳俊傳》第 691 頁。
〔註182〕《後漢書・朱祐傳》第 769 頁。
〔註183〕《後漢書・朱祐傳》第 771 頁。

第二章 「退功臣」研究

第一節 集中軍權

宋代陳傅良在評價東漢軍制時說「兵之所在，權實歸之，是以在外則外重，在內則內重，內外輕重，一系於兵」〔註1〕。軍權掌握在誰手中，關係到政權的生死存亡。東漢建立後，鑒於王莽篡漢的教訓，劉秀採取了一系列措施，逐漸排除了功臣們對軍隊的掌控，從而集中了軍權，加強了統治。同時，通過這些措施的實施，劉秀剝奪了部分軍功人員的官職，削弱了以雲臺二十八將爲代表的主要功臣的權勢，爲最終剝奪他們的官職打下了基礎。

一、鞏固中央軍權

東漢時期的軍隊分爲中央軍和地方軍。中央軍是由中央直轄的軍隊，地方軍是由地方郡國首長統轄的軍隊。東漢時期的中央軍包括在京都洛陽的郎衛系統、衛士系統和北軍系統，以及由中央統轄但駐紮在地方和邊境的軍隊等。東漢初年，劉秀通過對中央軍權的鞏固，削弱了功臣的權勢。

（一）鞏固對郎衛系統的控制

東漢的郎衛系統是以虎賁、羽林等爲主體的宮廷禁軍，屬於皇帝的貼身禁衛。《後漢書·百官志二》記載：「光祿勳，卿一人，中二千石。本注曰：掌宿衛宮殿門戶，典謁署郎更直執戟，宿衛門戶，考其德行而進退之。」

〔註1〕 陳傅良著：《歷代兵制》卷二，道光瓶花書屋本，第12頁。

−59−

〔註2〕東漢的郎衛系統包括五官中郎將、左右中郎將、虎賁中郎將、羽林中郎將、羽林左右監七署。

東漢建立後，劉秀為加強中央集權，防範宮廷宿衛將領篡權，逐漸排除了功臣對郎衛系統的指揮。

1、排斥功臣任光祿勳

《漢書・百官公卿表》記載：「郎中令，秦官，掌宮殿掖門戶，有丞。武帝太初元年更名光祿勳。屬官有大夫、郎、謁者，皆秦官。又期門、羽林皆屬焉。」〔註3〕西漢中期以前，郎衛系統完全由光祿勳指揮管轄，西漢從宣帝以後，郎衛系統開始逐漸脫離光祿勳的直接指揮。而到東漢初期，光祿勳完全失去了對郎衛系統的指揮，只負責對郎衛系統進行一些管理。《後漢書・百官志二》記載：「本注曰：職屬光祿者，自五官將至羽林右監，凡七屬。至奉車都尉至謁者，以文屬焉。」〔註4〕西漢前期，郎中令是直接管轄郎衛系統的。而到了東漢時期，郎衛七屬只是「文屬」光祿勳，「這個『文屬』，有人說似屬非屬，有人說名義上屬，或行文上屬，實際上不屬。總之，反映了某些官職的特殊關係，如侍中、尚書令等之於少府也是『以文屬焉。』一樣。」〔註5〕可見，東漢時期的郎衛系統各署已經脫離了光祿勳的管轄。東漢時期光祿勳，其職責只是典選、調補、管理、培訓郎官等。這樣掌握宮禁宿衛的郎衛系統的領導權被拆分，各署獨立領導，相互制約，便於皇帝控制，有利於中央集權的加強。儘管如此，由於光祿勳在名義上還是郎衛系統的最高指揮者，並且對郎衛系統還有一定的管理作用。因此，東漢初年，劉秀逐漸排除功臣任職光祿勳，以加強對郎衛系統的控制。

根據萬斯同的《東漢九卿年表》，東漢劉秀時期任光祿勳的人為張湛（建武五年至七年）、郭憲（建武七年至十一年）、杜林（建武十一年至十九年）、杜林（建武二十二年）、劉昆（建武二十二年至二十七年）、席廣（建武二十七年任職）。〔註6〕在建武元年到建武五年之間，李通曾擔任過光祿勳，如

〔註2〕 《後漢書・百官二》第3574頁。
〔註3〕 《漢書・百官公卿表》第727頁。
〔註4〕 《後漢書・百官志二》第3578頁。
〔註5〕 熊鐵基，安作璋：《秦漢官制史稿》，齊魯書社2007年版，第126頁。版本下同。
〔註6〕 〔宋〕熊方等撰，劉祜仁點校：《後漢書三國志補表三十種》，中華書局1984年版，第649頁。

《後漢紀·卷四》記載：「初，更始使宛王劉賜、鄧王王常、西平王李通俱之國，鎮撫南方。通娶世祖妹，即寧平公主也。世祖即位，徵通為光祿勳。上每征四方，嘗留通守京師，撫百姓，治宮室。」〔註7〕李通為李秀的妹夫，可見東漢一建立，劉秀就任命自己的親戚而非功臣任職光祿勳。如果從建武五年以後的光祿勳來看，張湛、郭憲、杜林、席廣幾人都是文官，而非功臣戰將。由此可見，作為皇宮內的守衛部隊，劉秀是謹慎的，即使僅對郎衛系統進行管理的光祿勳一職，劉秀都將功臣排除在外，以加強對郎衛系統的控制。

2、排除功臣指揮虎賁、羽林

虎賁、羽林中郎將統領虎賁、羽林郎，居則宿衛宮殿，出則衛護乘輿，是實領宮殿宿衛力量的主要職官。東漢初年，劉秀加強了虎賁、羽林的力量。虎賁方面，《後漢書·百官志二》載：「虎賁中朗將，比二千石。本注曰：主虎賁宿衛。左右僕射、左右陛長各一人，比六百石。本注曰：僕射，主虎賁郎習射。陛長，主直虎賁，朝會在殿中。虎賁中郎，比六百石。虎賁侍郎，比四百石。虎賁郎中，比三百石。節從虎賁，比二百石。本注曰：皆無員。掌宿衛侍從。」〔註8〕與西漢相比，東漢時在虎賁中郎將之下，增設了左右僕射，左右陛長各一人。而虎賁又分中郎、侍郎、郎中及節從虎賁四等。但西漢平帝之前的虎賁，卻只有僕射領之。羽林方面，《後漢書·百官志二》記載：「羽林中郎將，比二千石。本注曰：主羽林郎。羽林郎，比三百石。本注曰：無員。掌宿衛侍從。常選漢陽、隴西、安定、北地、上郡、西河凡六郡良家補。本武帝以便馬從獵，還宿殿陛岩下室中，故號岩郎。羽林左監一人，六百石。本注曰：主羽林左騎。丞一人。羽林右監一人，六百石。本注曰：主羽林右騎。丞一人。」〔註9〕與西漢相比，東漢時增設羽林左右監，地位比西漢也有上陞。

虎賁以步兵和弓射為主，羽林以騎兵為主，均為精選善戰之士，成為東漢皇宮宿衛中的精銳之師。虎賁、羽林的設置和當時中央集權的政治密不可分。設置虎賁、羽林，擴充高級侍衛隊，不僅強化了中央直轄軍的核心地位，而且為中央集權統治培養、儲備了大批軍用人才。由於虎賁、羽林的重要性，東漢初年劉秀在對中郎將的任用上，也對功臣加以排斥。

〔註7〕 《後漢紀·光武皇帝紀》第88頁。
〔註8〕 《後漢書·百官志二》第3575頁。
〔註9〕 《後漢書·百官志二》第3576頁。

　　東漢時期，郎衛的直接指揮者中郎將是直接聽命於皇帝的，如《東觀漢記》記載：「明德太后姊子夏壽等私呼虎賁張鳴與敖戲爭鬥。上特詔曰：『爾虎賁將軍，蒙國厚恩，位在中臣，宿衛禁門，……今者反於殿中交通輕薄。虎賁闌內所使，至命欲相殺於殿下，不避門內。畏懦恣縱，始不逐捕，此皆生於不學之門所致也。』」〔註10〕從「虎賁闌內所使」，可以看出東漢虎賁中郎將是直接聽命於皇帝的。除了使中郎將直接聽命於皇帝，東漢劉秀時期，劉秀在中郎將的任命上也能看出其對功臣戰將的防範。

　　《後漢書》中有關東漢劉秀時期任職中郎將的記載有：建武二年，以王梁為中郎將；建武二年，徵拜李忠五官中郎將；建武五年，拜來歙為中郎將；建武九年，馬成代來歙守中郎將；建武十七年「秋七月，妖巫李廣等群起據皖城，遣虎賁中郎將馬援、驃騎將軍段志討之」〔註11〕；

　　建武十九年，臧宮平定妖巫維氾弟子單臣、傅鎮等叛亂後，遷城門校尉，復轉左中郎將；建武二十五年，馬武以中郎將將兵擊武陵蠻夷，還，上印綬；建武二十五年「帝乃使虎賁中郎將梁松乘驛責問援，因代監軍。」〔註12〕；中元二年「冬十一月，遣中郎將竇固監捕虜將軍馬武等二將軍討燒當羌。」〔註13〕

　　從上面任中郎將的人來看，建武五年以前任中郎將的有王梁和李忠兩人，這兩人都位列雲臺二十八將之內。建武五年以前，正是劉秀平定關東的重要時期。這一時期戰事較多，制度草創，劉秀對戰將也往往是大膽使用，對功臣戰將的控制也多注重於戰將們在外軍事勢力的增長。王梁和李忠這一時間雖然任中郎將，兩人實際上長期在外作戰，根本對劉秀構不成威脅。

　　建武五年，劉秀拜來歙為中郎將。這時，「山東略定」，戰爭減少，功臣開始擁擠京師，劉秀也注重於在人事上加強對功臣將領的控制防範，如建武六年劉秀既遣耿純就國。在中郎將人選上，劉秀則選擇親信其表叔來歙擔任。馬成在建武九年代替來歙任中郎將，馬成在建武四年以前沒戰功，建武七年才封侯，所以劉秀用戰功較小的馬成任中郎將，也比較放心，且容易操控。即使如此，馬成任中郎將也就一年。

　　自建武十三年後，雲臺二十八將當中，只有臧宮和馬武任過中郎將，馬

〔註10〕《東觀漢記・卷二・肅宗孝章皇帝》第 78 頁。
〔註11〕《後漢書・馬援傳》第 838 頁。
〔註12〕《後漢書・馬援傳》第 844 頁。
〔註13〕《後漢書・明帝紀》第 97 頁。

武任中郎將，是爲了平定武陵蠻夷叛亂，而平定後，立即上交印綬。東漢時期，虎賁、羽林等除「陛戟殿中」和「宿衛侍從」之外，還經常奉命出征。在此，馬武只是暫時被拜爲中郎將帶領虎賁、羽林出征的。臧宮本來在建武十五年的時候就已經以列侯奉朝請了，建武十八年被重新任以太中大夫，在建武十九年平定單臣、傅鎮等叛亂後才轉爲中郎將。臧宮在建武十五年，就已經以列侯奉朝請，說明劉秀對臧宮並非信任，而後其被重新任用，主要有以下原因：一是東漢統一後，局部小的叛亂時有發生，而由於劉秀對地方軍事制度的改革，造成地方兵力虛弱，一有叛亂，往往要由中央軍前去平定。東漢時期，郎衛系統的虎賁和羽林兩支軍隊因而經常出征，作爲宿衛侍從和出征作戰雙重任務的郎衛系統因此需要由具有實戰經驗的將領擔任，劉秀曾稱讚臧宮爲「常勝之家」，因而，由臧宮任中郎將比較合適。二是臧宮在雲臺二十八將當中排在正中第十四位，既不屬於像吳漢、耿弇之類的具有較大戰功的統將功臣，也不屬於在雲臺二十八將當中排位在後，戰功較小的功臣。因此由臧宮任中郎將，即具有作戰經驗和帶兵能力，但又軍功不是很大，地位不是很高，容易操縱控制。同時，東漢時期的中郎將分爲七屬，劉秀還任用駙馬梁松等爲中郎將，這也對臧宮任中郎將形成牽制與制約。三是跟臧宮個人性格素養有關。《後漢書‧臧宮傳》載：「宮以謹信質樸，故常見任用。」〔註14〕謹信質樸和能幹應該是劉秀任用臧宮的最重要原因，因爲東漢建立後，劉秀一直任用吳漢爲大司馬，也是與其「質簡而強力」有關。

　　建武十三年以後，還有馬援、梁松任虎賁中郎將。馬援一是屬於新臣〔註15〕，二是劉秀親家，三是沒有戰功。所以，劉秀以馬援爲虎賁中郎將比較放心。梁松爲梁統的兒子，一是梁統與馬援一樣屬於來自西北的新臣，二是梁松爲劉秀駙馬。因此，劉秀用梁松爲虎賁中郎將更爲放心。

　　可見，東漢建立後，劉秀在中郎將的人選上，基本上採用防範限制功臣的做法，將功臣們排除在核心軍隊的統轄之外。

（二）鞏固對衛士系統的控制

　　東漢郎衛系統駐在宮殿內，屬於宮廷保衛系統的最內層，它的外一層就

〔註14〕　《後漢書‧臧宮傳》第 695 頁。
〔註15〕　陳勇在《漢光武帝「退功臣而進文吏」研究》(《歷史研究》1995 年第 4 期)
　　　　　認爲：以雲臺二十八將爲參加過東漢統一戰爭的功臣爲舊臣，以竇融、馬援
　　　　　等爲代表的西北歸屬劉秀的功臣爲新臣，東漢統一後，劉秀是以新臣來抑制
　　　　　舊臣的。

是衛士系統。東漢的宮城包括南宮和北宮。兩宮城門及城內宮殿外的安全警戒主要由衛尉指揮的衛士系統負責。西漢時衛尉，「屬官有公車司馬、衛士、旅賁三令、丞，衛士三丞，又諸屯衛侯，司馬二十二官屬焉」〔註16〕。西漢還在未央、長樂、建章、甘泉四宮設衛尉。東漢時衛尉仍然負責宮城宿衛之事，《後漢書·百官志二》載：「衛尉，卿一人，中二千石。本注曰：掌宮門衛士，宮中徼循事。」〔註17〕東漢衛尉屬官有公車司馬令、南宮衛士令、北宮衛士令、左右都候、宮掖門司馬等。東漢衛士與虎賁、羽林不同，衛士不外出作戰。衛士一般徵自內郡，而虎賁、羽林乃多選自六郡良家子弟。衛士按照規定每年定期「更番」，而虎賁、羽林則「以兵為職」，具有世襲性質。由於衛士系統也屬於中央軍，並且負責宮城宿衛之事。為了加強對衛士系統的控制，東漢初年在衛尉一職上，劉秀也是任用親信排斥功臣。

　　根據萬斯同的《東漢九卿年表》統計，東漢建武時期的衛尉有：李通（建武元年至二年）、姚期（建武五年十年）、陰興（建武十九年～至二十三年）、竇融（建武二十三年至中元二年）。儘管萬斯同的這個統計不完整，缺少建武三年到四年、建武十一年到建武十八年的衛尉名單。但還能看出一些問題。在上面這四人當中，李通、陰興、竇融都為劉秀親戚，李通為劉秀妹夫，陰興為劉秀小舅子，竇融不僅是劉秀親家，而且竇融和馬援一樣，都屬於新臣，劉秀任用他們是為了制約具有戰功的舊臣的。姚期作為雲臺二十八將之列的功臣在建武五年到十年這一段時間任衛尉，這似乎與劉秀在關東平定後加強抑制防範功臣的策略不符。這主要有以下幾個原因：一是東漢建立後，劉秀加強虎賁、羽林核心保護層的力量，而作為郎衛系統外一層的衛士系統大為縮減，其兵力不到西漢時的三分之一〔註18〕。因而衛尉的權勢也大為縮水，任用像姚期這樣的功臣為衛尉已不能直接威脅到皇帝安全。二是根據《後漢書·姚期傳》記載，姚期在雲臺二十八將當中位列第十二，處於中間位置，並沒有很大戰功，且姚期在建武五年以後再無戰功，其權勢增長得到控制。三是跟姚期的為人有關。《後漢書·姚期傳》載：「期重於信義，自為將，有所降下，未嘗虜掠。及在朝廷，憂國愛主，其有不得於心，必犯顏諫諍。帝嘗輕與期門近出，期頓首車前曰：『臣聞古今之戒，變生不意，誠不

〔註16〕《漢書·百官公卿表上》第728頁。
〔註17〕《後漢書·百官志二》第3579頁。
〔註18〕黃今言：《東漢中央直轄軍的改革》，《安徽史學》，1996年第2期。

願陛下微行數出。』」〔註 19〕

儘管東漢初年，劉秀對衛士系統大爲精簡，但作爲京師的一支重要護衛力量，朝廷對衛士系統是十分重視的。衛士服役時由丞相親自「勞賜」，服役結束，由皇帝「臨饗」。對衛士如此，對衛尉的人選劉秀更是十分重視。根據現有史料記載，建武十三以後，衛尉一職再無功臣染指，陰興、竇融這些劉秀親戚在建武十九年以後長期任衛尉。

（三）鞏固對北軍的控制

東漢的北軍，包括執金吾及五校尉等所轄之兵，駐防在東漢皇宮的最外層。

1、通過削弱執金吾權勢抑制功臣

西漢北軍由中尉（東漢稱執金吾）管轄，「掌徼循京師」、「禁備盜賊」，或謂「掌京師盜賊，按考疑事」〔註 20〕。西漢武帝時，將中尉（執金吾）所統領的北軍進行改革，把治安、糾察等職能從北軍中分化出來，使之與作戰的職能分開，但執金吾名義上仍是衛戍西漢京師和京畿地區的最高職官。西漢時期，執金吾及部屬「輿服導從，光滿道路，眾僚之中，斯最壯矣」〔註 21〕。以致劉秀曾發出「仕宦當作執金吾」〔註 22〕的感歎。但到了東漢，劉秀卻對執金吾的權勢大爲削弱。

《後漢書·百官志四》記載：「執金吾一人，中二千石。本注曰：掌宮外戒司非常水火之事。月三繞行宮外，及主兵器。吾猶御也。丞一人，比千石。緹騎二百人。本注曰：無秩，比吏食奉。武庫令一人，六百石。本注曰：主兵器。丞一人。右屬執金吾。本注曰：本有式道、左右中候三人，六百石。車駕出，掌在前清道，還持麾至宮門，宮門乃開。中興但一人，又不常置，每出，以郎兼式道候，事已罷，不復屬執金吾。又省中壘、寺互、都船令、丞、尉及左右京輔都尉。」〔註 23〕與西漢相比，劉秀大大減省執金吾的屬官，僅剩丞一人和武庫令一人。執金吾的權力也大爲削弱，僅「掌宮外戒司非常水火之事。月三繞行宮外，及主兵器」〔註 24〕。執金吾地位也明顯下降，已

〔註 19〕 《後漢書·姚期傳》第 733 頁。
〔註 20〕 《文獻通考· 職官考》第 528 頁。
〔註 21〕 《後漢書·百官志》注引《漢官》第 3606 頁。
〔註 22〕 《後漢書·百官志》注引《漢官》第 3606 頁。
〔註 23〕 《後漢書·百官志四》第 3606 頁。
〔註 24〕 《後漢書·百官志四》第 3605 頁。

不在九卿之列。《後漢書・虞詡傳》注曰：「九卿謂太常、光祿、衛尉、廷尉、太僕、大鴻臚、宗正、大司農、少府等也。」〔註25〕執金吾所統轄的兵力也大爲縮減，「當時堤綺（騎兵）200人，持戟（步兵）500人，其統轄的兵力不到千人」〔註26〕。

根據萬斯同《東漢九卿年表》，東漢劉秀朝任職執金吾的有賈復（建武元年至二年）、朱浮（建武三年至七年）、寇恂（建武七年至十二年）、陰識（建武十九年至中元二年）。從上可以看出，跟中郎將與衛尉的任用不同的是，建武十二年，天下統一前，劉秀在執金吾一職上，完全任用賈復、朱浮、寇恂三位功臣。一方面，劉秀大力削弱執金吾的權勢，且執金吾所統轄的部隊，處在宮廷宿衛的最外層，任用這些功臣爲執金吾對皇權威脅較小；另方面，劉秀任用功臣爲執金吾，同時大力削弱執金吾的權勢，也是對功臣權勢的抑制與防範。由於史料有限，對於建武十三年到十八年誰任執金吾一職沒有記載，但在建武十九年以後，執金吾一直由陰識擔任，陰識爲劉秀舅子，屬於其親信。

儘管東漢初年劉秀將執金吾的權勢大爲削弱，但畢竟執金吾還掌握著一些軍隊，且駐紮在皇宮旁側。因而，建武十三年以後，在執金吾一職上，劉秀也沒有讓功臣染指。劉秀加強皇權，防範功臣的用心可見一斑。

2、加強對五校尉的控制

西漢時，北軍設八校尉，即中壘校尉、屯騎校尉、步兵校尉、越騎校尉、長水校尉、胡騎校尉、射聲校尉、虎賁校尉。東漢初年，劉秀將西漢時期的北軍八校尉整編爲北軍五校尉，即屯騎校尉、越騎校尉、步兵校尉、長水校尉和射聲校尉，並省了西漢時的中壘校尉、胡騎校尉和虎賁校尉。《後漢書・百官志四》記載：「右屬北軍中候。本注曰：舊有中壘校尉，領北軍營壘之事。有胡騎、虎賁校尉，皆武帝置。中興省中壘，但置中候，以監五營。胡騎並長水。虎賁主輕車，並射聲。」〔註27〕除了將八校尉並省爲五校尉外，在北軍的人數上，與西漢相比，劉秀也大爲縮減。根據《後漢書・百官志四》注曰：五校尉中屯騎、越騎、步兵、射聲四校尉皆「領士七百人」，長水校尉領「員吏百五十七人，烏桓胡騎七百三十六人。」〔註28〕由此推算東漢初

〔註25〕《後漢書・虞詡傳》第1867頁。
〔註26〕黃今言：《東漢中央直轄軍的改革》，《安徽史學》，1996年第2期。
〔註27〕《後漢書・百官志四》第3613頁。
〔註28〕《後漢書・百官志四》第3612～3613頁。

年五校尉所轄兵力為四千左右。而西漢兵力則在數萬。

熊鐵基先生認為，「秦漢時期南北軍屬於中央常備軍之一，中央常備軍的主要任務是警衛和守備都城、維持社會秩序，有時外出征戰，臨時充當野戰軍。」〔註29〕由於東漢時期，北軍五校領兵較多，且經常外出作戰，五校尉的權勢容易坐大，因此劉秀加強了對北軍五校的控制。

根據《後漢書·百官志四》記載，北軍五校尉秩級都是比二千石，其屬官除了長水校尉領司馬、胡騎司馬各一人外，其它四校尉屬下都有司馬一人。各司馬的秩級都為千石。可見，東漢時期，五校尉是平級的，相互間沒有隸屬關係，這樣五校尉就可以相互制約牽制，有利於皇帝操縱控制。另外，為了加強對五校尉的控制，劉秀還設北軍中候來對北軍五營加以監察。《後漢書·百官志四》記載：「北軍中候一人，六百石。本注曰：掌監五營。」〔註30〕北軍中侯僅為六百石，卻來監察比二千石的五校尉，這與劉秀在戰爭中任用秩級較低的監軍監察秩級較高的在外作戰的將軍是一樣的。這種以低制高的方法，是劉秀加強對將領的控制，強化皇權的重要手段。

值得注意的是，劉秀在建武七年「省長水、射聲二校尉官」〔註31〕；建武十五年「復置屯騎、長水、射聲三校尉官。」〔註32〕劉秀對長水、射聲的罷省和復置是與其「退功臣」的策略相一致的。建武六年，東方平定，劉秀開始注重穩固統治，對功臣加強限制防範。因此，建武六年前後開始遣部分功臣就國，或徵為奉朝請，同時開始罷省地方都尉官，復員地方軍隊。劉秀在建武七年罷省長水、射聲二校尉官也是與此相協調。

根據《後漢書·百官志四》記載，東漢時期北軍五校尉秩級都是比二千石。劉秀在建武七年罷省的長水、射聲二校尉官應該是參加過東漢的統一戰爭的，並且比雲臺二十八將的秩級低，官階也低，應該屬於雲臺二十八功臣的部將。劉秀通過罷省長水、射聲二校尉官，既可以起到「務從節約」的作用，又可以通過解除功臣部將的職務，起到削弱功臣權勢的作用，以為進一步剝奪雲臺二十八將為代表的主要功臣的官職打下基礎。劉秀在建武十五復置屯騎、長水、射聲三校尉官，這是因為，到建武十五年，以雲臺二十八將為首的功臣絕大部分已經解除官職，這些功臣對劉秀已經沒有威脅了。這時

〔註29〕 熊鐵基：《秦漢軍事制度史》，廣西人民出版社 1990 年版，第 99 頁。
〔註30〕 《後漢書·百官志四》第 3612 頁。
〔註31〕 《後漢書·光武帝紀第一上》第 53 頁。
〔註32〕 《後漢書·光武帝紀第一上》第 66 頁。

劉秀再重新復置長水、射聲校尉官，其削弱功臣權勢，最終剝奪功臣官職的目的已達到，因此重新復置。

綜上所述，東漢初年，在鞏固軍權上，劉秀加強了對中央軍的控制，排除了功臣對中央軍的指揮，削弱了功臣的權勢。

二、改革地方兵制

東漢建立後，劉秀為了加強皇權，維護封建中央集權的專制主義統治，除了集中中央軍軍權外，還對地方軍進行了一些改革，以加強統治。並通過這些措施，剝奪了部分軍功人員的官職。

在西漢，地方各郡國都有一定數量的軍隊，這些軍隊由各郡、國都尉統轄，在地方徵集訓練、并屯駐在所在郡國。因而，這些地方軍被稱作「郡國兵」或「州郡兵」。西漢時期，地方軍與中央軍在兵源、徵集、服役期限、以及調遣等方面基本是相同的。根據漢代兵役制度，全國成年男子都要服兵役，每年由各郡國按照年齡徵集兵員。被徵集的兵員服役於各郡國時便是郡國的地方兵，他們在地方除了有「兼備盜賊」的任務外，還根據戰事或其它情況，隨時由中央調遣，這些地方軍有固定的數量和編制，通常根據兵種的不同分為「材官」、「騎士」、「輕車」及「樓船士」等。這些地方軍由各郡國都尉官主持、徵集、並進行被稱作「都試」的演練考覈。地方軍一經中央調集，原郡國便無權指揮，而由中央任命的將領統轄，地方軍被調到中央就成為了中央軍，被調往邊境就成為邊防兵。因而，西漢時期的地方兵也可以被看作是中央軍的後備軍。

地方軍是西漢時期國家極其重要的軍事力量，即起到維護皇權統治的作用，但也可能成為皇帝的嚴重威脅。當封建中央政權削弱或者崩潰後，這些地方軍往往就成為了地方州郡長官的私人武裝，成為推動地方封建割據的重要力量。新莽末年，劉秀得以在河北立穩腳跟所依靠的最重要的軍事力量——被稱作天下精兵的上谷、漁陽突騎，就是在王莽政權瓦解後，掌握在上谷太守耿況和漁陽太守彭寵兩人手中的兩支部隊。如更始元年，劉秀北至薊，受王郎邯鄲兵追擊，耿弇勸劉秀說：「今兵從南來，不可南行。漁陽太守彭寵，公之邑人；上谷太守，即弇父也。發此兩郡，控弦萬騎，邯鄲不足慮也。」〔註33〕

〔註33〕《後漢書‧耿弇》第 704 頁。

東漢建立後，劉秀對地方兵制的改革主要是建武六年的罷都尉官、都試，建武七年的裁減地方軍隊。

《漢書·百官公卿表》記載：「郡尉秦官。……景帝中二年更名都尉。」〔註34〕《後漢書·百官志五》記載：「（都）尉一人，典兵禁，備盜賊，景帝更名都尉。武帝又置三輔都尉各一人，譏出入。邊郡置農都尉，主屯田殖穀。又置屬國都尉，主蠻夷降者。中興建武六年，省諸郡都尉，並職太守，無都試之役。……唯邊郡往往置都尉及屬國都尉，稍有分縣，治民比郡。安帝以羌犯法，三輔有陵園之守，乃復置右扶風都尉，京兆虎牙都尉。」〔註35〕《古今注》曰：「六年八月，省都尉官。每有劇賊，郡臨時置都尉，事訖罷之。」〔註36〕《後漢書·光武帝紀》記載：「是歲（建武六年），初罷郡國都尉官。」〔註37〕

建武六年，劉秀不僅罷省了地方郡國的都尉官，而且還廢除了一年一度的由地方都尉主持的兵員徵集、訓練、演練考覈的郡國「都試」制度。在罷郡國都尉官和「都試」的第二年，劉秀又開始裁減地方軍，如「（建武七年）三月丁酉下詔曰：『今國有眾軍，並多精勇，宜且罷輕車、騎士、材官、樓船士及軍假吏，令還復民伍。』」〔註38〕劉秀之所以在建武六年開始對地方軍採取如此大規模的改革，究其原因主要有以下幾種：

第一、汲取王莽時教訓，防止地方將領謀反

西漢時，「都尉雖佐助太守典兵，但由於其直接統帥軍隊，所以實際上握有一郡的兵權」〔註39〕。當時，都試也是由都尉主持的，如《漢官解詁》將八月都試注於都尉之下。〔註40〕《後漢書·耿弇傳》記載：「（耿弇）少好學常見都尉試騎士，建旗鼓，肆馳射，由是好將帥之事。」〔註41〕

劉秀廢除都尉和都試之役則有消除軍事將領趁機謀反叛亂危險的目的。西漢時，各郡國都尉執掌地方軍，並於每年舉行都試。按當時兵役制度，所有役齡男子都有服兵役義務，受專門的軍事訓練，於八月舉行大檢閱，既考

〔註34〕 《漢書·百官公卿表上》第 742 頁。
〔註35〕 《後漢書·百官志五》第 3621 頁。
〔註36〕 《後漢書·百官志五》第 3622 頁。
〔註37〕 《後漢書·光武帝紀第一下》第 51 頁。
〔註38〕 《後漢書·光武帝紀第一下》第 51 頁。
〔註39〕 《秦漢官職史稿》第 577 頁。
〔註40〕 《秦漢官職史稿》第 576 頁。
〔註41〕 《後漢書·耿弇傳》第 703 頁。

覈一年的訓練情況，評選優劣，訓練的目的是應付都試，都試結果就是各級軍吏的政績，最者賞，殿者罰。屆時全郡軍事大集結，各縣令長、丞尉率領全縣士卒集會郡治，郡都尉具體指揮，接受郡守的檢閱，旌旗獵獵，部伍有序，騎射角力，各有定式，儀式極爲隆重。」〔註42〕如果有人利用都試的機會發動兵變，其後果不可想像。王莽時就發生過翟義利用都試之機謀劃誅殺王莽的事情。《漢書・翟方進傳》記載：

> （翟）義徙爲東郡太守。數歲，平帝崩，王莽居攝，義心惡之，……欲舉兵西誅不當攝者，選宗室子孫輔而立之。……義遂與東郡都尉劉宇、嚴鄉侯劉信、信弟武平侯劉璜結謀。及車郡王孫慶素有勇略，以明兵法，徵在京師，義乃詐移書以重罪傳逮慶。於是以九月都試日斬觀令，因勒其車騎材官士，募郡中勇敢，部署將帥。……移檄郡國……郡國皆震，比至山陽，眾十餘萬。〔註43〕

新莽末年，劉秀也曾與李通共同謀劃過，利用都試機會起兵謀反的事情。《後漢書・李通傳》記載：

> 莽末，百姓愁怨，通素聞守說讖云「劉氏復興，李氏爲輔」，私常懷之。……及下江、新市兵起，南陽騷動，通從弟軼，亦素好事，乃共計議曰：「今四方擾亂，新室且亡，漢當更興。南陽宗室，獨劉伯升兄弟泛愛容眾，可與謀大事。」通笑曰：「吾意也。」會光武避吏在宛，通聞之，即遣軼往迎光武。……通因具言讖文事。……光武既深知通意，乃遂相約結，定謀議，期以材官都試騎士日，欲劫前隊大夫及屬正，因以號令大眾。乃使光武與軼歸舂陵，舉兵以相應。遣從兄子季之長安，以事報守。〔註44〕

翟義利用都試之機謀劃誅殺王莽的事情，以及劉秀與李通密謀利用都試機會起兵謀反的事情，都會讓劉秀對因郡國都尉官，以及都試制度的存在而產生叛亂的危險有較深體會，這對其罷省地方郡國都尉官，取消都試制度，以及削減地方軍隊是有一定影響的。

第二、對功臣戰將加以抑制

劉秀罷省郡國都尉官是在建武六年。此年，「吳漢拔朐，獲董憲、龐萌，

〔註42〕臧知非：《「偃武修文」與東漢邊防》，《人文雜誌》，2008 年第 4 期。
〔註43〕《漢書・翟方義傳》第 3426～3427 頁。
〔註44〕《後漢書・李通傳》第 573～574 頁。

山東悉平」〔註45〕，東漢政權只剩下西北的隗囂和西南的公孫述兩大敵人，鑒於隗囂遣子內侍，公孫述遠在巴蜀，劉秀一方面處於在穩固好東方統治的前提下，以東方為基地，穩紮穩打，最終消滅隗囂、公孫述集團的軍事戰略考慮；另一方面處於鞏固其統治和修養生息的需要。就對隗囂、公孫述採取「且當置此兩子於度外」〔註46〕的策略，於是「休諸將於洛陽，分軍士於河內」。〔註47〕此時，東漢政權的外部軍事威脅已經減弱，鞏固政權已成為重要任務，劉秀也開始對功臣戰將進行抑制。

建武六年，在天下大勢已定的情況下，劉秀即遣邳肜和耿純就國。「(耿)純辭就國，帝曰：『文帝謂周勃『丞相吾所重，君為我率諸侯就國』〔註48〕，今亦然也。」〔註49〕劉秀遣邳肜和耿純就國，不僅與劉秀在建武六年開始的偃武息兵的思想相一致，而且也有在天下大局初步既定的形勢下，在如何安置功臣問題上，邁出的一小步。這既可以起到試探功臣反應的作用，又可以為後來其它功臣主動請辭起到引路的作用。與劉秀遣邳肜和耿純就國的目的一樣，劉秀在建武六年罷省郡國都尉官，也是其為實現「退功臣」方略而採取的措施。

首先，東漢政權是在戰爭中建立起來的，東漢初年各郡國都尉官作為徵集、訓練地方軍的主官，應該大部分都參加過東漢的統一戰爭。劉秀罷省這些都尉官，可以看作是其後來「退功臣」的先聲。一方面由於這些地方都尉官，秩級僅為比二千石，權勢不大，比較容易控制，劉秀罷省這些人的官職，不會造成政權的震動；另一方面，這些都尉官在戰爭中大多數應該是雲臺二十八功臣的手下，罷省這些都尉官，也是通過釜底抽薪的方式對雲臺二十八將這些功臣權勢的削弱，將他們在地方上的根腳斬掉，以為後期順利剝奪這些功臣官職奠定基礎。另外，此時，雖然關東已平定，但東漢的統一戰爭尚未結束，如果此時罷高級將領的官職，容易引起高級將領的猜疑，不利於東漢的統一和政權的穩定。通過罷省這些都尉官，可以觀察高級功臣將領的反

〔註45〕《後漢書·光武帝紀第一下》第 48 頁。
〔註46〕《後漢書·隗囂傳》第 526 頁。
〔註47〕《後漢紀·光武皇帝紀》第 130 頁。
〔註48〕西漢文帝三年十二月，文帝遣周勃就國，目的是為了使當時麋集京師的功臣諸侯回到封地，以減輕其對皇權的壓力。此外劉秀在建武六年遣邳肜和耿純就國也有為了調和各功臣集團力量，使各功臣集團相互制約，以維護皇權的考慮。
〔註49〕《後漢書·耿純傳》第 765 頁。

應，以便爲後期「退功臣」的全面實施起到試驗和總結經驗的作用。

其次，在西漢，中央爲加強對地方軍的控制，調兵權掌握在皇帝手中，中央對地方軍隊的調動，通常情況下必須要有「虎符」。《漢書・文帝紀》記載：「二年九月，初與郡守爲銅虎符、竹使符。」〔註50〕顏師古注引應劭曰：「銅虎符第一至第五，國家當發兵，遣使者至郡合符，符合乃聽受之。」〔註51〕師古曰：「與郡守爲符者，謂各分其半，右留京師，左以與之。」〔註52〕在西漢，虎符一般要與璽書同時使用，《漢書・吳王濞傳》載：「七國敗，弓高侯告膠西王印曰：『未有詔、虎符，擅發兵去義國……王其自圖。』印遂自殺。」〔註53〕璽書與虎符同時使用，虎符是發兵信物，璽書則是爲了明確統兵長官的職權和任務，以免造成統兵者濫用權力。虎符加璽書同時使用制度，也是西漢最高統治者維護中央集權，加強對地方郡國控制的重要方式。但在東漢初年，由於戰時的特殊情況，在地方兵的調遣方面，劉秀並沒有採用虎符制度。《後漢書・杜詩傳》有這樣一段話：

> 初，禁網尚簡，但以璽書發兵，未有虎符之信，詩上疏曰：『臣聞兵者國之兇器，聖人所慎。舊制發兵，皆以虎符，其餘微調，竹使而已。符第合會，取爲大信，所以明著國命，斂持威重也。間者發兵，但用璽書，或以詔令，如有姦人詐僞，無由知覺。愚以爲軍旅尚興，賊虜未殄，徵兵郡國，宜有重慎，可立虎符，以絕奸端。昔魏之公子，威傾鄰國，猶假兵符，以解趙圍，若無如姬之仇，則其功不顯。事有煩而不可省，費而不得已，蓋謂此也。』書奏，從之。〔註54〕

杜詩這個上疏應當是在建武八年，也就是說建武八年以前，在調動地方兵上，劉秀沒有實行虎符加璽書的制度。而在東漢初年的戰爭期間，也有在外將領擅發地方軍的事情。如前文提到的王梁「建武二年，與大司馬吳漢等俱擊檀鄉，有詔軍事一屬大司馬，而梁輒發野王兵」。〔註55〕可見，東漢初年，在外將領完全有可能矯詔調遣地方兵，進行叛亂。另外，東漢初年，許多戰

〔註50〕《漢書・文帝紀》第 118 頁。
〔註51〕《漢書・文帝紀》第 118 頁。
〔註52〕《漢書・文帝紀》第 118 頁。
〔註53〕《漢書・吳王劉濞傳》第 1917 頁。
〔註54〕《後漢書・杜詩傳》第 1098～1099 頁。
〔註55〕《後漢書・王梁傳》第 775 頁。

將功臣帶著將軍號任職州郡太守。如寇恂在劉秀稱帝前就拜爲偏將軍，建武二年拜潁川太守，建武三年到七年拜爲汝南太守；陳俊在劉秀稱帝前拜爲強弩將軍，建武四年拜太山太守，建武五年到十三年任琅邪太守、領將軍如故等。這些功臣在地方任太守，掛著將軍號，一旦有變，影響將很大。另外，東漢初年，由於各郡太守、都尉掌兵，先後發生過建武二年漁陽太守彭寵、建武三年涿郡太守張豐等的叛亂。因此，劉秀罷省地方郡國都尉官，並罷省各郡國的地方兵，一方面可以使像王梁那樣在外將領無地方兵可用，起到抑制功臣將領在外領兵能力的作用，同時可以消除地方郡守、都尉叛亂的可能性，以鞏固統治。

根據史料記載，東漢初年劉秀罷省的僅是內郡的都尉，而一些邊郡都尉並沒有罷省。這樣，即使有外郡太守、都尉等發生叛亂，或者在外將領調發外郡地方兵發生叛亂，由於外郡離洛陽較遠，也不易威脅京師安全。如《後漢書·吳漢傳》記載：「（建武）十八年，蜀郡守將史歆反於成都，自稱大司馬，攻太守張穆，穆逾城走廣都，歆遂移檄郡縣，而宕渠楊偉、朐忍、徐容等，起兵各數千人以應之。」〔註56〕史歆在成都叛亂，離洛陽數千里，如果像這樣的叛亂發生洛陽附近，其影響和危險將不堪設想。

第三、在地方設置中央屯駐營兵，弛刑徒充兵或募兵

劉秀在建武六年罷省郡國都尉官，並隨之復員地方兵，這對防止在外領兵將領和地方郡國守、尉謀反叛亂，抑制功臣將領的領兵能力，鞏固皇權都有積極作用。但由於地方軍是中央軍的後備軍，都試以及地方兵的罷省，造成了東漢中央軍後備力量不足，兵員軍事技能下降等問題。對此《後漢書·百官志五》注引應劭《漢官》曰：

> 蓋天生五材，民並用之，廢一不可，誰能去兵？兵之設尚矣。
> 易稱『弦木爲弧，剡木爲矢，弧矢之利，以威天下』。春秋『三時務
> 農，一時講武』。詩美公劉，『匪居匪康，入耕出戰，乃裹餱糧，干
> 戈戚揚，四方莫當』。自郡國罷材官騎士之後，官無警備，實啓寇心。
> 一方有難，三面救之，發興雷震，煙蒸電激，一切取辦，黔首囂然。
> 不及講其射御，用其戒誓，一旦驅之以即強敵，猶鳩鵲捕鷹鸇，豚
> 羊弋豺虎，是以每戰常負，王旅不振。〔註57〕

〔註56〕《後漢書·吳漢傳》第 683 頁。
〔註57〕《後漢書·百官志五》注引應應劭《漢官》第 3622 頁。

又如，《後漢書·寇恂傳》記載：

> 明年（建武八年），從車駕擊隗囂，而潁川盜賊群起，帝乃引
> 軍還，謂恂曰：『潁川迫近京師，當以時定。惟念獨卿能平之耳，從
> 九卿復出，以憂國可也。』恂對曰：『潁川剽輕，聞陛下遠逾阻險，
> 有事隴、蜀，故狂狡乘間相詿誤耳。如聞乘輿南向，賊必惶怖歸死。
> 臣願執銳前驅。』即日車駕南征，恂從至潁川，盜賊悉降，而竟不
> 拜郡。〔註58〕

由「臣願執銳前驅」推斷，寇恂應當是率領中央軍去平定潁川盜賊的。
可見，由於內郡都尉官以及地方軍的罷省，作為京師附近的郡國盜賊，就要
派中央軍去平定。

對於罷免都尉、都試，裁減地方軍後產生的東漢中央軍後備力量不足，
兵員軍事技能下降等問題，劉秀則採取了在地方設置屯駐營兵以及弛刑徒充
兵或募兵的方法來加以彌補。如《後漢書·百官志一》注引應劭《漢官》曰：
「世祖以幽、并州兵騎定天下，故於黎陽立營，以謁者監之，兵騎千人，復
除甚重。」〔註59〕《文獻通考·兵考二》記載：「光武以幽，冀，并州兵定
天下，始於黎陽立營，領兵騎，常千人，以謁者監之，號黎陽兵。」〔註60〕
另外，劉秀在邊郡也設置了一些營兵，如復置護羌校尉、護烏桓校尉等，《後
漢書·光武帝紀第一下》記載：「（建武九年）是歲，省關都尉；復置護羌校
尉官。」〔註61〕《後漢書·百官志五》記載：「護烏桓校尉一人，比二千石。
本注曰：主烏桓胡。」〔註62〕地方屯駐營兵與郡國兵是不同的：一是屯駐營
兵是長期駐紮在地方的軍隊，屬於獨立的軍事單位；二是地方屯駐營兵的軍
事統帥由中央任命，與地方郡國無關。

另外，劉秀把西漢時期以弛刑徒充兵的個別現象普遍化和制度化，採取
了弛刑徒充兵或募兵的辦法來彌補罷省郡國都尉官後出現的問題。如《後漢
書·吳漢傳》記載：「（建武）十一年，率征南大將軍岑彭等伐公孫述……將
南陽兵及弛刑、募士三萬人溯江而上。」〔註63〕建武十二年，「遣驃騎大將軍

〔註58〕 《後漢書·寇恂傳》第 624～625 頁。
〔註59〕 《後漢書·百官志一》第 3559 頁。
〔註60〕 《文獻通考·兵考二》第 1315 頁。
〔註61〕 《後漢書·光武帝紀第一下》第 55 頁。
〔註62〕 《後漢書·百官志五》第 3623 頁。
〔註63〕 《後漢書·吳漢傳》第 681 頁。

杜茂將眾郡施刑屯北邊，築亭候，修烽燧」。〔註 64〕建武二十六年，「遣謁者分將施刑補理城郭」〔註 65〕。（建武）二十四年，「遣（馬）援率中郎將馬武，耿舒，劉匡，孫永等，將十二郡募士及弛刑四萬餘人征五溪」〔註 66〕。

劉秀設置黎陽營有利於其維護統治，加強皇權。劉秀罷省郡國都尉官，在地方設置屯駐營兵。特別是黎陽營的設置。黎陽即現在河南安陽市濬縣，屬於內郡，位於洛陽與北方邊境的中間靠近洛陽的地方，地理位置重要，在此屯駐營兵，既可以維護內郡安全，又不能直接威脅洛陽，同時還可以支持北方邊境作戰。劉秀通過設置黎陽營，還可以對那些任職各郡太守的功臣將領，加以威懾、防範，即使這些地方守、將發動叛亂也能及時應對。

綜上所述，東漢初年劉秀對地方軍採取了可謂大刀闊斧的改革，這些改革基本是按照「內重外輕」原則進行的。不僅罷免郡國都尉官，而且罷省郡國軍隊。不僅有「務從節約」的目的，也有防範、消除地方軍事統帥以及功臣戰將謀反叛亂的用意。同時，劉秀通過這些措施也剝奪了部分軍功人員的官職。

第二節　改革政權

一、改革中央官制

東漢建立後，劉秀對中央官制進行一些改革，這些改革不僅加強了皇權，維護了封建專制主義中央集權的統治，而且對「退功臣而進文吏」的順利實施也起到了一定的作用。

（一）雖置三公、事歸臺閣

秦始皇統一天下後，採用丞相制度。西漢建立後承襲秦制，西漢到成帝時，又將丞相制改成三公制。《通典・職官一》記載：「成帝改御史大夫為司空，與大司馬、丞相是為三公，皆宰相也。」〔註 67〕東漢建立後，劉秀因循王莽時的三公稱號，如《後漢書・百官志一》注引《漢官儀》曰：「王莽時議以漢無司徒官，故定三公之號曰：大司馬、大司徒、大司空。世祖即位，因

〔註64〕《後漢書・光武帝紀第一下》第 60 頁。
〔註65〕《後漢書・光武帝紀第一下》第 78 頁。
〔註66〕《後漢書・馬援傳》第 843 頁。
〔註67〕〔唐〕杜佑撰，王文錦、王永興等點校：《通典・職官一》，中華書局出版社 1988 年版，第 489 頁。版本下同。

而不改。」〔註68〕但鑒於西漢霍光與王莽都是以大司馬、大將軍專權的教訓，東漢建立後，劉秀對三公權力進行了削弱。《後漢書・仲長統傳》記載：「光武皇帝慍數世之失權，忿強臣之竊命，矯枉過直，政不任下，雖置三公，事歸臺閣。自此以來，三公之職，備員而已。」〔註69〕

　　《後漢書・百官志一》記載：太尉「掌四方兵事功課」〔註70〕，司徒「掌人民事」〔註71〕，司空「掌水土事」。〔註72〕但實際上，東漢初年，劉秀通過對中樞權力機構的改革，削弱了三公實權，而將軍國大事、典要機密等實權轉歸了尚書。《後漢書・陳忠傳》記載：「漢典舊事，丞相所請，靡有不聽。今之三公雖當其名，而無其實，選舉誅賞，一由尚書，尚書見重於三公，陵遲以來，其漸久矣。」〔註73〕東漢三公不僅不得預聞選舉誅賞，甚至三公彈劾近臣都遭到尚書的質問。如《後漢書・楊秉傳》載：「公府外職，而奏劾近官，經典漢事，有故事乎！」〔註74〕東漢初年，三公的權力雖然被削弱，但其地位仍然很尊貴，皇帝與朝臣會見三公，均加禮敬，其地位權勢依然相當。為此，建武二十七年劉秀下詔曰：「昔契作司徒，禹作司空，皆無大名，其令二府去大。注云：『朱祐奏：宜令三公並去大名，以法經典。帝從其議。』『又改大司馬為太尉。』」〔註75〕進一步降低三公地位。此外，劉秀在大司徒侯霸死後，雖然追封其為則鄉侯，但此後對「位三公者，皆不復有茅土之封」〔註76〕。可見，劉秀對三公權勢進行了很大抑制削弱。

　　在削弱三公權力的同時，劉秀則加強了尚書臺的權力。尚書在西漢僅執掌文書，武帝後其權力逐漸增大，東漢初年劉秀鑒於西漢王莽教訓，為獨攬大權，將國家大權集中於尚書臺。《唐六典》記載：「光武親總吏職，天下事皆上尚書，（尚書）與人主參絕，乃下三府。」〔註77〕《通典・職官四》記

〔註68〕　《後漢書・百官志一》第 3560 頁。
〔註69〕　《後漢書・仲長統傳》第 1657 頁。
〔註70〕　《後漢書・百官志一》第 3557 頁。
〔註71〕　《後漢書・百官志一》，第 3560 頁。
〔註72〕　《後漢書・百官志一》，第 3561 頁。
〔註73〕　《後漢書・陳忠傳》第 1565 頁。
〔註74〕　《後漢書・楊秉傳》第 1774 頁。
〔註75〕　《後漢書・光武帝紀第一下》第 79 頁。
〔註76〕　《文獻通考・封建考》第 2136 頁。
〔註77〕　〔唐〕李林甫等撰，陳仲夫點校：《唐六典・卷一・尚書都省》，中華書局 1992
　　　　　年版，第 6 頁。

載：「後漢，（尚書）則爲優重，出納王命，敷奏萬機，蓋政令之所由宣，選舉之所由定，罪賞之所由正。斯文昌天府，眾物淵藪，內外所折衷，遠近所稟仰。」〔註78〕以致東漢「眾務悉歸尚書，三公但受成事而已」〔註79〕。東漢初年，三公權力受到削弱，而尚書臺已成爲實際上的最高權力機構。

劉秀將三公權力轉歸尚書臺的目的是爲了加強皇權，獨攬大政，避免霍光、王莽的事情發生。前文已提到，那些爲東漢的建立立下戰功的功臣，如果權勢增大，勢必威脅皇權。因此，東漢建立後，劉秀一方面力圖將功臣排除三公之外，另一方面對於任職三公的功臣，也通過這種削弱三公權力的方式，加以防範控制。

根據萬斯同的《東漢三公年表》統計：東漢光武朝任職大司馬（太尉）的有吳漢、劉隆、趙熹，任職大司徒（司徒）的有鄧禹、伏湛、侯霸、韓歆、歐陽歙、戴涉、蔡茂、玉況、馮勤、李䜣，任職大司空（司空）的人有王梁、宋弘、李通、竇融、朱浮、杜林、張純、馮魴。

從上面這些人當中可以看出，在東漢劉秀時期，在雲臺二十八將當中，任三公的功臣只有鄧禹、吳漢、劉隆、王梁四人，僅占二十八將中的七分之一。鄧禹在建武元年至建武三年任大司徒，吳漢從建武元年到建武二十年任大司馬，劉隆從建武二十到建武二十八年任大司馬，王梁在建武元年到建武二年任大司空。

在這四人當中，鄧禹任大司徒僅兩年，王梁任大司空僅一年。前文已提到，建武之初，劉秀實際上本意想以伏湛爲大司徒，只因剛建國，功臣憑戰功而話語權較強，對劉秀有所制約，劉秀才任用鄧禹爲大司徒，直到建武三年，鄧禹平定關中失利，劉秀乘機罷免了鄧禹的大司徒職位，以伏湛替之。然而，鄧禹雖然在建武元年到建武三年任大司徒，但由於其領兵在外，其大司徒一職也是僅有虛位，而無實際職權。如《後漢書·付湛傳》記載：「光武即位，知湛名儒舊臣，欲令幹任內職，徵拜尚書，使典定舊制。時，大司徒鄧禹西征關中，帝以湛才任宰相，拜爲司直，行大司徒事。車駕每出征伐，常留鎮守，總攝群司。建武三年，遂代鄧禹爲大司徒，封陽都侯。」〔註80〕可見，建武元年到建武三年，實際行使大司徒權力的是伏湛。鄧禹在建武三

〔註78〕《通典·職官四》第588頁。
〔註79〕《通典·職官四》第592頁。
〔註80〕《後漢書·付湛傳》第894頁。

年平定關中失利回朝後，被罷大司徒職位。對此，有人認爲，這是劉秀賞罰公正的重要表現〔註81〕。如果說，鄧禹因軍事失利，沒有建立戰功，受到處罰而被罷免大司徒，那麼伏湛又有何戰功而當上大司徒的呢？袁宏評價道：「光武之在河北，未知身首安寄也。鄧生策杖，深陳天人之會，舉才任使，開拓帝王之業。」〔註82〕且「時任使諸將，多訪於禹，禹每有所舉者，皆當其才，光武以爲知人，」〔註83〕東漢初年的許多功臣名將，如吳漢、寇恂等都是鄧禹給薦舉劉秀的，即使鄧禹在關中失利，繼續留任大司徒也是可以的。

由此，可以看出，劉秀罷免鄧禹而用伏湛爲大司徒，鄧禹關中失利只是個理由，而實質用意是限制功臣權勢增大，任用無戰功的文官，不但可以對功臣的軍功在行政上加以牽制制約，而且文官容易操縱控制，有利於皇權的加強。因而，在東漢劉秀朝，自鄧禹後，作爲當時國家行政運轉總樞紐的大司徒就再也沒有功臣擔任過。

王梁任大司空僅一年，對於王梁任大司空，可謂頗具戲劇性。《後漢書·王梁傳》記載：「（劉秀）及即位，議選大司空，而《赤伏符》曰『王梁主衛作玄武』，帝以野王衛之所徙，玄武水神之名，司空水土之官也，於是擢拜梁爲大司空，封武強侯。」〔註84〕可見，劉秀任王梁爲大司空是根據讖緯決斷的。但有一點值得注意的是，《後漢書·景丹傳》記載：「世祖即位，以讖文用平狄將軍孫咸行大司馬，眾咸不悅。」〔註85〕而劉秀根據讖緯任命王梁爲大司空卻沒有引起「眾咸不悅」。這說明王梁任大司空，除了劉秀以讖緯決事外，還憑的是戰功。熊鐵基先生曾指出「讖緯不會興起得很早，但王莽時『炒價』已很高，是他首先想利用起來爲自己的統治服務，劉秀不過是面對即成的現實而加以利用」〔註86〕。因而，儘管劉秀相信讖緯〔註87〕，

〔註81〕鄔錦良在《關愛下的籠馭：劉秀的善下藝術》（貴州文史叢刊，2008 年第 3 期）中認爲劉秀免去鄧禹的大司徒職位是對鄧禹在關中軍事失利的懲罰。

〔註82〕《後漢紀·光武皇帝紀》第 177 頁。

〔註83〕《後漢書·鄧禹傳》第 600 頁。

〔註84〕《後漢書·王梁傳》第 774 頁。

〔註85〕《後漢書·景丹傳》第 773 頁。

〔註86〕熊鐵基：《史家論劉秀略論劉秀統治的指導思想》中國文聯出版社 1999 年版，第 193 頁。

〔註87〕劉秀是十分迷信讖緯的。在其稱帝前，李通以圖讖「劉氏復起，李氏爲輔」（《後漢書·李通傳》）邀他一塊起兵，他欣然同意；在其稱帝時，以其同學強華《赤

但在實際問題上他還是理智的，不用功臣任吏職是其統治方略，王梁任大司空僅一年，就被宋弘代替。劉秀一朝，除王梁外，雲臺二十八功臣中再無他人擔任司空一職。劉秀不任功臣爲司空，也是爲了限制功臣權勢，防止功臣坐大。

東漢初年劉秀一朝的功臣中，只有吳漢從建武元年到建武二十年一直任大司馬，劉隆從建武二十年吳漢死後，接任大司馬到建武二十八年。《後漢書・百官志一》記載：「太尉，公一人。本注曰：掌四方兵事功課，歲盡即奏其殿最而行賞罰。凡郊祀之事，掌亞獻；大喪則告諡南郊。凡國有大造大疑，則與司徒、司空通而論之。國有過事，則與二公通諫爭之。世祖即位，爲大司馬。建武二十七年，改爲太尉。」〔註88〕

在《後漢書・百官志》中，范曄將太尉放在大司徒和大司空之前，說明在東漢大司馬位三公之首。然而對這一重要職位，劉秀讓位列雲臺二十八將第二的吳漢一直任職到其去世，這似乎與其限制功臣任吏職，加強皇權的統治方略不符合。對此主要由以下幾個原因。

第一、劉秀稱帝後，天下處於軍閥割據的狀況，戰事頻繁，而大司馬主要「掌四方兵事功課」。爲適應戰爭的需要，大司馬一職需要由具有戰功和戰爭經驗的將領來擔任。《後漢書・賈復傳》有這麼一段話：

> 更始郾王尹尊及諸大將在南方未降者尚多，帝召諸將議兵事，未有言，沉吟久之，乃以檄叩地曰：「郾最強，宛爲次，誰當擊之？」復率然對曰：「臣請擊郾。」帝笑曰：「執金吾擊郾，吾復何憂！大司馬當擊宛。」〔註89〕

由這段話可以看出，作爲掌管軍事的大司馬是要負責戰爭任務的，吳漢在功臣中，排在前列，戰功赫赫，由其擔任比較合適。

東漢劉秀時期，即使在天下統一後，也是戰事不斷。如建武十三年以後北方邊境有跟軍閥盧芳以及匈奴、烏桓等的戰事，西部有跟羌寇的戰事，南部有交趾、各蠻夷的戰事等。此外，在內部還有建武十七年「妖巫李廣等群

伏符》中的讖語「劉秀發兵捕不道，四夷雲集龍鬥野，四七之際火爲主」（《後漢書・光武帝紀第一上》）作爲輿論先導；稱帝後也「多以決定嫌疑。」（《後漢書・譚桓傳》）即使在其駕崩前，還「宣佈圖讖於天下。」（《後漢書・光武帝紀第一下》））。

〔註88〕《後漢書・百官志一》第3557頁。
〔註89〕《後漢書・賈復傳》第666頁。

起據晥城」〔註 90〕，建武十八年「蜀郡守將史歆叛」〔註 91〕建武十九年「越巂太守任貴謀叛」〔註 92〕。頻繁的戰事都需要掌管兵事的大司馬處理。如吳漢，建武十五年，「復率揚武將軍馬成、捕虜將軍馬武北擊匈奴」〔註 93〕。建武十八年，「蜀郡守將史歆反於成都，……遣漢率劉尚及太中大夫臧宮將萬餘人討之」〔註 94〕。可見，東漢初年，吳漢是因戰爭的需要而能任職大司馬的。

第二、東漢建立後，劉秀採取「雖置三公，事歸臺閣」的改革措施，三公權力大大削弱。另外，前文已提到，建武十三年劉秀對吳漢即沒增封也沒更封，在分封上已經加以限制了。可見，即使吳漢在東漢劉秀時期一直任職大司馬，但其權勢也是受到了很大抑制的。

第三、吳漢個人性格素質方面的原因，前文已經提過。

儘管由於以上原因，吳漢能夠在東漢劉秀時期一直任職大司馬，但鑒於西漢末年王莽篡漢的教訓，劉秀對吳漢作爲功臣任大司馬仍然不放心。《後漢書・陰識傳附陰興傳》記載這樣一件事：

> （建武）十九年，拜（陰興）衛尉，亦輔導皇太子。明年夏，帝風眩疾甚，後以興領侍中，受顧命於雲臺廣室。會疾瘳，召見興，欲以代吳漢爲大司馬。興叩頭流涕，固讓曰：「臣不敢惜身，誠虧損聖德，不可苟冒。」至誠發中，感動左右，帝遂聽之。〔註 95〕

從這段話可以看出，建武二十年劉秀在大病初愈後，有以其小舅子陰興代替吳漢任大司馬的想法。這說明，在劉秀眞正的內心意識中，還是信任其外戚親屬，而不信任功臣的。對此王夫之在《讀通鑒論》中評價說：

> 王氏之禍烈矣！光武承之，百戰而劉宗始延，懲往以貽後，顧命太子而垂家法，夫豈無社稷之臣？而唯陰識、陰興之是求。識雖賢，何知其不爲莽之恭？識雖不僞，能保後之外戚皆如識乎？飲堇而幸生，復飲以冶葛，卒使竇、梁、鄧、何相踵以亡漢。光武之明，而昏於往鑒如是者，何也？
>
> 帝之易太子也，意所偏私而不能自克，盈廷不敢爭，而從臾之

〔註 90〕《後漢書・光武帝紀第一下》第 68 頁。
〔註 91〕《後漢書・光武帝紀第一下》第 69 頁。
〔註 92〕《後漢書・光武帝紀第一下》第 71 頁。
〔註 93〕《後漢書・吳漢傳》第 683 頁。
〔註 94〕《後漢書・吳漢傳》第 683 頁。
〔註 95〕《後漢書・陰識傳》第 1131 頁。

者，自郅惲之佞外無人焉。若張湛者，且潔身引退以寓其不滿之意
矣。東海雖賢，郭況雖富而自逸，光武不能以自信，周旋東海而優
郭氏，皆曲意以求安，非果有鳲鳩之仁也。於是日慮明帝之不固，
而倚陰氏以為之援，故他日疾作，而使陰興受顧命領侍中，且欲以
為大司馬而舉國授之。

嗚呼！人苟於天倫之際有私愛而任私恩，則自天子以至於庶
人，鮮不違道而開敗國亡家之隙，可不慎哉！卒之帝崩而山陽王荊
果假郭況以稱亂，則帝之託陰氏以固太子之黨，亦非過慮也。雖然，
慮亦過，不慮亦過；慮以免一時之患，而貽數世之危，固不如其弗
慮也。〔註96〕

顯然，王夫之對劉秀信任外戚，不信任功臣是持批評態度的。但在當時
歷史條件下，劉秀一時找不到一個從制度上解決防止大臣專權的方法，只能
靠著這種抑制防範的方式以免一時之患。

劉隆是在建武二十年，吳漢去世後，接任大司馬的。其原因：一是與吳
漢一樣，劉秀需要一名功臣將領任大司馬；二是前文提到過的，劉隆為南陽
宗室，並且劉隆任官職經歷起伏，容易控制。

從劉秀對中樞權力機構的改革可以看出，東漢初年劉秀鑒於西漢教訓，
為防範三公權勢坐大，威脅皇權，便大力削弱三公的權力，而增加尚書臺的
權力。同時，在這一過程中，劉秀儘量的將功臣排斥在三公之外，即使是任
職三公的功臣也極力地加以防範抑制。

（二）加強監察機構

除了對中樞權力進行改革外，東漢初年劉秀還在西漢的基礎上，改革完
善了監察制度，以實現對官員的有效監督，來加強皇權，維護統治。劉秀改
革完善監察機構主要包括加強禦史中丞、司隸校尉的監察權力，以及在地方
復置刺史。

東漢建立後，劉秀將西漢（成帝以前）時御史大夫作為全國最高監察長
官的職權轉交給御史中丞，御史中丞在秦和西漢（成帝以前）是御史大夫的
主要屬丞，其祿秩僅千石。東漢建立後，劉秀將御史中丞獨立出來，改任御
史臺長官，負責監察百官，權位與司隸校尉、尚書令並重，在京師號曰「三

獨坐」〔註97〕。《初學記》引謝靈運曰：「漢官，尚書爲中臺，御史爲憲臺，謁者爲外臺，是爲三臺。自漢罷御史大夫而憲臺猶置，以丞爲臺主，中丞是也。」〔註98〕《後漢書‧百官志三》記載：

> 御史中丞一人，千石。本注曰：御史大夫之丞也。舊別監御史在殿中，密舉非法。及御史大夫轉爲司空，因別留中，爲御史臺率，後又屬少府。治書侍御史二人，六百石。本注曰：掌選明法律者爲之。凡天下諸讞疑事，掌以法律當其是非。侍御史十五人，六百石。本注曰：掌察舉非法，受公卿群吏奏事，有違失舉劾之。凡郊廟之祠及大朝會、大封拜，則二人監威儀，有違失則劾奏。」〔註99〕蔡質《漢儀》曰：其二人更直。執法省中者，皆糾察百官，督州郡。〔註100〕

可見，東漢時期御史中丞掌管的御史臺已經成爲最高監察機構。

劉秀取消地位較高的御史大夫，而任用僅千石的御史中丞來監察百官，與「臺閣」一樣，都是採用以低制高的統治方略，這樣更有利於劉秀對御史中丞的操縱控制，有利於皇權的加強。

除了以御史中丞加強監察外，劉秀還恢復了西漢時期的司隸校尉來加強監察。司隸校尉西漢武帝時設置，成帝時廢除，東漢建立後劉秀重新建置。《後漢書‧百官志四》記載：

> 司隸校尉一人，比二千石。本注曰：孝武帝初置，持節，掌察舉百官以下，及京師近郡犯法者。元帝去節，成帝省，建武中復置，並領一州。〔註101〕蔡質《漢儀》曰：職在典京師，外部諸郡，無所不糾。封侯、外戚、三公以下，無尊卑，入宮，開中道稱使者。每會，後到先去。〔註102〕

又《後漢書‧光武帝紀第一下》注引《漢官儀》曰：

> 司隸校尉部河南、河內、右扶風、左馮翊、京兆、河東、弘農

〔註97〕《後漢書‧宣秉傳》第927頁。
〔註98〕〔唐〕徐堅等著：《初學記‧職官部下‧御史大夫第六》，中華書局1962年版，第289頁。
〔註99〕《後漢書‧百官志三》第3599頁。
〔註100〕《後漢書‧百官志三》第3600頁。
〔註101〕《後漢書‧百官志四》第3613頁。
〔註102〕《後漢書‧百官志四》第3614頁。

七郡於漢南洛陽，故謂東京爲司隸。〔註103〕

可見，司隸校尉內查京師百官，外部州郡、并領一州，權力很大，三公以下，無論尊卑、無所不糾。

東漢初年，劉秀通過加強禦史中丞、司隸校尉的監察權力，形成了從中央到地方強有力的監察系統，這一系統在東漢初年，爲打擊外戚、功臣等違法亂紀，穩固統治起到了重要作用。

《後漢書・鮑永傳》記載：「建武十一年，（永）徵爲司隸校尉。帝叔父趙王良尊戚貴重，永以事劾良大不敬，由是朝廷肅然，莫不戒愼。乃辟扶風鮑恢爲都官從事，恢亦抗直不避強禦。帝常曰：『貴戚且宜斂手，以避二鮑。』」〔註104〕《後漢書・朱浮傳》載：「陛下清明履約，率禮無違，自宗室諸王、外家后親，皆奉遵繩墨，無黨埶之名。至或乘牛車，齊於編人。斯固法令整齊，下無作威者也。」〔註105〕從「斯固法令整齊，下無作威者」可以看出，劉秀在西漢的基礎上，改革建立起來的這套嚴密的監察制度，對加強對官員的監督，鞏固皇權是相當有作用的。同時，嚴密的監察制度對劉秀在東漢初年，防範功臣坐大，抑制功臣也是有很大的作用的。嚴密的監察，不僅能對任官職的功臣進行有效的監察，以加強對其控制，而且對那些沒有任官職的功臣，也能對他們的違法活動進行監察彈劾，使他們不敢違法亂紀。

東漢初年，劉秀爲加強統治，鞏固政權，對中央官職進行了一些改革。這些改革不僅對三公權力進行了削弱，而且還加強了對全國各級官員的監察管理。這些改革，也防範了功臣權勢的增長，有利於「退功臣」的順利實施。

二、改革地方官制

地方行政體制如何，直接影響中央和地方的關係，也是關乎每個王朝治亂興衰的大問題。東漢建立後，劉秀還對地方官制進行一些改革。通過這些改革劉秀不僅鞏固了統治，加強了皇權，而且也剝奪了部分軍功人員的官職。

（一）並省郡縣

早在劉秀被更始政權派往河北，鎮慰州郡時，「（劉秀）所到部縣，輒見二千石、長吏、三老、官屬，下至佐史，考察黜陟，如州牧行部事，」

〔註103〕《後漢書・光武帝紀第一下》第 49 頁。
〔註104〕《後漢書・鮑永傳》第 1020 頁。
〔註105〕《後漢書・朱浮傳》第 1143 頁。

〔註106〕劉秀基本延用了西漢的行政體系。劉秀稱帝後，忙於錯綜複雜的戰事，也無暇顧及地方行政制度的改革，在歸順他的地方，基本保留著原有行政機構和人員，這樣就保證了地方行政運作的連續性，減少了不必要的混亂，有利於社會的穩定和經濟的恢復發展。

建武六年，劉秀平定關東，天下大局已定後，劉秀爲了穩固統治，開始對地方官制進行一些改革。《後漢書・光武帝紀第一下》記載：「（建武六年）六月辛卯，詔曰：『夫張官置吏，所以爲人也。今百姓遭難，戶口耗少，而縣官吏職所置尚繁，其令司隸、州牧各實所部，省減吏員。縣國不足置長吏可并合者，上大司徒、大司空二府。』於是條奏并省四百餘縣，吏職減損，十置其一。」〔註107〕根據《後漢書・百官志五》記載，東漢初年全國郡級單位共 105 個，只比西漢平帝時的 103 個多出兩個，可見劉秀對郡國的變動不大，只是減少了縣級行政單位和人員。

劉秀這次并省郡縣，除了精兵簡政、務從節約，減少人民負擔，以期盡早恢復經濟社會發展外，也與「退功臣」有一定的聯繫。

《後漢書・百官志五》記載：「縣萬戶以上爲令，不滿爲長。……尉大縣二人，小縣一人。本注曰：……。尉主盜賊。凡有賊發，主名不立，則推索行尋，案察奸宄，以起端緒。」〔註108〕由縣尉主盜賊可見，漢代縣也是有一定兵力的。前文已提到，建武六年劉秀不僅罷免了郡國都尉官，而且還罷省了郡國地方兵，目的是爲削弱地方勢力，加強中央集權。建武六年，劉秀「并省四百餘縣，吏職減損，十置其一」。在這些并省的縣級行政單位中，縣尉及其所轄的兵也應是一塊給罷了的。可見，劉秀在建武六年并省郡縣也有加強皇權，削弱地方勢力的作用。

另外，前文已提到，東漢初年在雲臺二十八將當中，大多數人本身就是官員或強宗大族，他們麾下的許多部將、士兵也都是他們的賓客、部曲。李開元在《漢帝國的建立與劉邦集團——軍功受益階層研究》一書中認爲，西漢初年，有軍功的人員大約爲六十萬。根據《漢書・百官公卿表》記載，西漢初年，各級官吏總共有十二萬人，這些官吏基本上都是有軍功的人擔任的。

東漢初年，儘管劉秀分封的功臣侯沒有西漢的多，但在地方官吏的使用

〔註106〕《後漢書・光武帝紀第一上》第 10 頁。
〔註107〕《後漢書・光武帝紀第一下》第 49 頁。
〔註108〕《後漢書・百官志五》第 3623 頁。

上應該跟西漢初年是有相似之處的。東漢初年，劉秀通過戰爭獲得新的佔領區後，面對新佔領區內的複雜形勢，往往要需武裝力量實行「軍管」，以加強對新佔領區的鞏固，這樣就多以武將充任地方郡縣長官，地方各級行政官職也成了對武將的一種激勵獎賞。例如，《後漢書・岑彭傳》載：「（建武）十一年春，彭與吳漢⋯⋯凡六萬餘人，騎五千匹，皆會荊門。⋯⋯彭悉軍順風並進，所向無前。⋯⋯詔彭守益州牧，所下郡，輒行太守事。」〔註109〕注引《東觀記》曰：「岑彭守益州牧，『彭若出界，即以太守號付後將軍，選官屬守州中長吏。』」〔註110〕通過這段話可以看出，劉秀詔令岑彭任新佔領區的州郡長官，如果岑彭離開這些佔領區則讓其部下接任，並且由他們這些新任的州郡長官選拔所佔領區的各級官吏。為了實施「軍管」，岑彭及其部將所選拔出來的各級官吏，必然大多數是他們的部將，這樣岑彭軍中的各級軍官就會充任新佔領區的各級官吏。此外，《後漢書・寇恂傳》記載：「是時（建武二年），穎川人嚴終、趙敦聚眾萬餘，與密人賈期連兵為寇。恂免數月，復拜穎川太守，與破奸將軍侯進俱擊之。」〔註111〕《後漢書・陳俊傳》載：「是時，太山豪傑多擁眾與張步連兵，吳漢言於帝曰：『非陳俊莫能定此郡。』於是拜俊太山太守，行大將軍事。」〔註112〕寇恂與陳俊都是為了平亂，而任太守的，他們到郡後，為了平亂，以及平亂後為維持穩定，也必然會選擇自己的一些部將任郡內的各級官吏的。根據《後漢書》記載，東漢初年，還有以下這些功臣任過地方州郡長官：

李忠曾為丹陽太守，

耿純曾為東郡太守，

王梁曾為山陽太守、河南尹，

馬成曾為天水太守、中山太守，

劉隆曾南郡太守。

從上面的分析可以看出，東漢初年為了鞏固統治的需要，東漢政權在新佔領郡縣的各級官吏中，（特別是掌管兵事的縣尉）必然有些是由功臣的部下擔任的。建武六年，劉秀並「省四百餘縣」，「吏職減損，十置其一」。在這一

〔註109〕《後漢書・岑彭傳》第661頁。
〔註110〕《後漢書・岑彭傳》第661頁。
〔註111〕《後漢書・寇恂傳》第623頁。
〔註112〕《後漢書・陳俊傳》第690頁。

過程中，許多由功臣將領的部下擔任的郡縣各級官吏，是一塊被罷免了的。對這些人的罷免，是對功臣勢力的一大削弱，也對劉秀以後剝奪雲臺二十八將爲代表的主要功臣的官職打下了基礎。

（二）罷州牧復刺史

西漢前期，中央政府雖然鑒於地方郡太大，曾對郡進行分割，削弱了地方郡守的權力，但地方郡守仍然掌握一郡之軍政大權，讓西漢中央不安。如西漢武帝時嚴安上疏稱：「今郡守之權非特六卿之重也，地哉千里非特閭巷之資也，甲兵器械非特戟矜之用也，以逢萬世之變，則不可勝諱也。」〔註113〕因此，爲了防止地方郡守叛亂，加強中央集權，西漢武帝時設置了刺史制度以加強對地方的監察。

「武帝元封五年，初置部刺史，掌奉詔條察州。」〔註114〕漢武帝將全國分爲十三部，每部設刺史一名，對朝廷在地方上僅限於郡國二千石的官員進行監察。同時，又規定了「六條問事」，對刺史監察的權力範圍進行了規定。這樣既加強了對地方郡國守相的監察，防止了地方郡國守相專權勢大，又防止了刺史濫用職權干擾地方政務。這一制度對加強封建中央集權具有十分重要的作用，清朝顧炎武稱「刺史六條爲百代不易之良法」〔註115〕。

但自西漢元帝以後，隨著政治日益腐敗，刺史權力逐漸擴大，由最初的監察官員逐漸向掌握地方實權的州牧發展。西漢成帝綏和元年，將刺史更名爲州牧，秩二千石；哀帝建平二年復改爲刺史。元壽二年又復改爲州牧。從表面上看，刺史和州牧只是在秩祿上不同，一個六百石，一個兩千石，但實際上，在西漢王莽掌權時期，「州成了行政單位並迅速滲入了軍事因素，州牧不僅成了地方行政長官而且其後大多加將軍號，有領兵打仗的指揮權，爲軍政長官；州成了軍政合一的單位。」〔註116〕西漢末期，社會矛盾日趨尖銳，人民的反抗鬥爭不斷加劇，西漢統治者將刺史改爲州牧，掌握一州之內的軍政大權，以加強對人民反抗的鎮壓。

東漢初年，劉秀爲了適應戰時的特殊需要，承襲了州牧制，往往任命功

〔註113〕《漢書·嚴安傳》第 2813 頁。

〔註114〕《漢書·百官公卿表上》第 741 頁。

〔註115〕《日知錄·部刺史》〔清〕顧炎武著，陳垣校注：《日知錄校注》，安徽大學出版社 2007 年版，第 512 頁。版本下同。

〔註116〕汪清：《王莽時期州制變化兼論都督制的濫觴》，《鄭州大學學報》2000 年第 3 期。

臣將領爲地方州牧。如《後漢書・岑彭傳》記載：「（建武）十一年春，彭與吳漢及誅虜將軍劉隆、輔威將軍臧宮、驍騎將軍劉歆，發南陽、武陵、南郡兵，又發桂陽、零陵、長沙委輸棹卒，凡六萬餘人，騎五千匹，皆會荊門。……詔彭守益州牧，所下郡，輒行太守事。」〔註117〕《後漢書・朱浮傳》記載：「光武遣吳漢誅更始幽州牧苗曾，乃拜浮爲大將軍幽州牧，守薊城，遂討定北邊」〔註118〕《後漢書・鮑永傳》記載：「時董憲裨將屯兵於魯，侵害百姓，乃拜永爲魯郡太守。永到，擊討，大破之。帝嘉其略，封爲關內侯、揚州牧。」〔註119〕

　　除了任用功臣將領爲州牧外，東漢初年州牧的權力還十分大。

　　第一、州牧具有帶兵權。如上面的岑彭、朱浮、鮑永都有帶兵權，另外，據《後漢書・李憲傳》記載：「（建武）四年秋，光武幸壽春，遣揚武將軍馬成等擊憲，圍舒。至六年正月，拔之。後憲餘黨淳于臨等猶聚眾數千人，屯潛山，攻殺安風令。揚州牧歐陽歙遣兵不能克。」〔註120〕值得注意的是，歐陽歙並不是岑彭、朱浮之類的武將，也沒有帶將軍號，而是由文官任州牧，可見，東漢初年的州牧不管帶不帶將軍號都具有帶兵權。

　　第二、州牧掌握地方行政大權。州牧除了有帶兵權外，還有管理州內各級官吏，牧民開墾、徵集兵員、調撥糧草、穩固統治等的行政大權，如《後漢書・光武帝紀第一下》記載：「建武十五年，詔下州郡檢實墾田頃畝及戶口、年紀。」〔註121〕《後漢書・樊曄傳》記載：「建武初，遷揚州牧，教民耕田種樹，理家之術。」〔註122〕

　　第三、州牧具有財政、人事權。東漢初年的州牧，不僅具有財政大權，而且可以自置幕僚。如《後漢書・朱浮傳》載：「浮年少有才能，頗欲厲風跡，收士心，辟召州中名宿涿郡王岑之屬，以爲從事，及王莽時故吏二千石，皆引置幕府，乃多發諸郡倉穀，稟贍其妻子。」〔註123〕這裏朱浮不僅可以自置幕僚，而且具有「發諸郡倉穀」的財政權。州牧還具有人事任免權。如《後

〔註117〕《後漢書・岑彭傳》第 661 頁。
〔註118〕《後漢書・朱浮傳》第 1137 頁。
〔註119〕《後漢書・鮑永傳》第 1019 頁。
〔註120〕《後漢書・李憲傳》第 501 頁。
〔註121〕《後漢書・光武帝紀第一下》第 66 頁。
〔註122〕《後漢書・樊曄傳》第 2491 頁。
〔註123〕《後漢書・朱浮傳》第 1137 頁。

漢書・光武帝紀第一下》記載：「（建武六年）詔曰：今百姓遭難，戶口耗少，而縣官吏職所置尚繁，其令司隸、州牧各實所部，省減吏員。」〔註124〕《東觀漢記・岑彭傳》記載：「詔彭守益州牧，所下郡，輒行太守事。彭若出界，即以太守號付後將軍，選官屬守州中長史。」〔註125〕

第四、州牧具有監察權。東漢初年州牧除了擁有軍政大權外，還有監察權。如《後漢書・朱浮傳》記載：「舊制，州牧奏二千石長吏不任位者，事皆先下三公，三公遣掾史案驗，然後黜退。帝時用明察，不復委任三府，而權歸刺舉之吏。」〔註126〕李賢注曰：「刺舉即州牧也。」〔註127〕

第五、州牧治所固定化。《後漢書・百官志五》記載：「諸州常以八月巡行所部郡國，錄囚徒，考殿最。初歲盡詣京都奏事，中興但因計吏。」〔註128〕自西漢武帝始置刺史以來，以後不管刺史還是州牧每年年終都要進京奏事。但在建武十一年，這一制度發生了重大變化。《後漢書・光武帝紀第一下》記載：建武十一年「初斷州牧自還奏事，」〔註129〕劉秀廢除了自武帝以來的州長官（州牧，以及建武十八年以後的刺史）到京都奏事的制度。這主要是因為，東漢初年州牧已經掌握了州內的軍政大權，州牧事實上已經由皇帝的使官變成了地方的行政長官，劉秀也承認了這種既定事實，就廢除了這一制度。這一制度廢除的結果就是州牧治所的固定化受到國家的正式認可。《後漢書・祭祀志下》載：「建武二年，立太社稷於洛陽……郡縣置社稷，太守、令長侍祠，牲用羊豕。唯州所治，有社無稷，以其使官。」〔註130〕可見，建武十一年以前，州牧只是使官，但到建武十一年以後，州牧就成為地方官了。

州牧掌一州之內的軍、政大權於一身，並且具有固定的治所，在天下統一前，這種制度有利於戰事的需要，往往能夠在較短時間集中大量的兵力、財力，以取得對敵戰爭的勝利。在一定時期內，這一制度也有利於新佔領區內統治秩序的穩定，經濟社會的恢復發展。但是天下統一後，隨著國內戰事

〔註124〕《後漢書・光武帝紀第一下》第49頁。
〔註125〕《東觀漢記・岑彭傳》第326頁。
〔註126〕《後漢書・朱浮傳》第1143頁。
〔註127〕《後漢書・朱浮傳》第1144頁。
〔註128〕《後漢書・百官志五》第3617頁。
〔註129〕《後漢書・光武帝紀第一下》第58頁。
〔註130〕《後漢書・祭祀志下》第3200頁。

的減少、政治的逐步穩定、經濟的不斷恢復，州牧在地方的這種高度集權就成爲中央政權的嚴重威脅。因此，在建武十八年，劉秀便罷州牧復刺史，開始削弱州牧的權力，恢復武帝時的刺史制度，加強對地方官的監察控制，以鞏固統治，加強中央集權。

《後漢書‧光武帝紀第一下》記載：「是歲（建武十八年），罷州牧，置刺史。」〔註131〕劉秀復置刺史後，刺史的權力大爲削弱。

第一、刺史無帶兵權

削弱刺史權力最重要的就是要收回其帶兵權。縱觀范曄的《後漢書》，東漢劉秀朝，建武十八年以前，州牧帶兵統戰的情況經常看到，但建武十八年以後，刺史帶兵的情況鮮有所見。

根據《後漢書》記載，建武十八以後東漢的戰事有：

建武十八年，滇夷渠帥棟蠶與諸種反漢，殺長吏，劉尚平之。

建武十八年，「蜀郡守將史歆叛」，吳漢、劉尚、臧宮平之。

建武十九年，「越嶲太守任貴謀叛」，劉尚平之。

建武二十年，匈奴寇邊，遂至上黨、扶風、天水。建武二十一年冬，（匈奴）復寇上谷、中山，殺略鈔掠甚眾，北邊無復寧歲。」吳漢、馬成、馬武、王霸等先後北擊禦敵。

建武二十三年，五溪蠻精夫相單程等反，劉尚討伐戰沒，後馬成平之。

建武二十四年，武威將軍劉尚擊武陵五溪蠻夷，深入，軍沒，援因復請行。……遂遣援率中郎將馬武、耿舒、劉匡、孫永等，將十二郡募士及弛刑四萬餘人征五溪。

建武二十五年，「遼東徼外貊人寇右北平、漁陽、上谷、太原。」

根據《後漢書》，東漢直至和帝永元十四年，才有「遣使者督荊州兵討巫蠻，破降之」〔註132〕的記載。而在上面劉秀時期的這些戰事中，沒有一件是由刺史帶兵征討的。也就是說，東漢劉秀時期，劉秀通過罷州牧復置刺史的機會，使刺史已無帶兵權。

第二、刺史無行政權，突出監察職能。首先是根據《後漢書》記載，東漢自建武十八年以後，特別是明、章二帝時期，經常下詔令刺史加強對地方

〔註131〕《後漢書‧光武帝紀第一下》第 70 頁。
〔註132〕《後漢書‧和帝紀》第 190 頁。

官吏的監察。如《後漢書・明帝紀》記載：「夏四月甲辰，令司隸校尉、部刺史歲上墨綬長吏視事三歲已上理狀尤異者各一人，與計偕上。及尤不政理者，亦以聞。」〔註133〕《後漢書・章帝紀》記載：「建初元年春正月，詔三州郡國：『方春東作，恐人稍受稟，往來煩劇，或妨耕農。其各實核尤貧者，計所貸並與之。流人欲歸本者，郡縣其實稟，令足還到，聽過止官亭，無雇舍宿。長吏親躬，無使貧弱遺脫，小吏豪右得容姦妄。詔書既下，勿得稽留，刺史明加督察尤無狀者。』」〔註134〕根據《後漢書》記載，建武十八年以後，到和帝以前，關於刺史監察的事例屢見不鮮，而對於刺史行使地方行政權的事情，在這一段時期沒有記載。可見，建武十八年劉秀通過罷州牧復刺史也使刺史無行政權。〔註135〕

西漢武帝設置刺史時，將全國除京畿以外的地區劃分為十三個監察區域叫做「部」，每部設刺史一名。建武十八年，劉秀罷州牧復刺史以後，也將刺史所轄範圍成為部，如上文明、章二帝的詔書都是用的「部」字。另外，劉秀復置刺史後，又將刺史的監察權力進一步擴大。西漢末，刺史的監察權力是從兩千石官吏下至墨綬令長，到東漢刺史的監察權力向下擴展到黃綬。同時，為了削弱三公的權力，劉秀還將原屬於丞相、御史二府的地方選擇劾奏權轉給刺史，如上文《後漢書・朱浮傳》提到的：「舊制，州牧奏二千石長吏不任位者，事皆先下三公，三公遣掾史案驗，然後黜退。帝時用明察，不復委任三府，而權歸刺舉之史。」〔註136〕

綜上所述，東漢初年，劉秀廢除了在地方上集軍政大權於一體的州牧制度，復置刺史制度，並且加強了刺史的監察權力。通過這一措施，劉秀不但消除了州牧對中央集權的威脅，而且擴大了刺史的監察權力，增加了對地方官員的監察，同時通過越過三府直接控制刺史的方式也削弱了三公的權力。劉秀的這一系列措施，對加強皇權，鞏固統治也是有積極作用的。

劉秀罷州牧，復刺史也是與其「退功臣」相一致的。

儘管劉秀鑒於西漢王莽篡權的教訓，為了防止功臣權勢坐大，從戰爭初

〔註133〕《後漢書・明帝紀》第112頁。
〔註134〕《後漢書・章帝傳》第132頁。
〔註135〕東漢中後期以後，刺史又逐漸取得了地方的軍政權，靈帝時又改刺史為州牧，因此，劉秀「罷州牧，復刺史」，收回刺史的軍政權只是在東漢光武十八年以後和明、章二帝時成效最為顯著。
〔註136〕《後漢書・朱浮傳》第1143頁。

期開始，就採取了一系列措施對功臣的戰功及權勢進行限制。但縱觀劉秀整個「退功臣」真正的實施過程，總體上可以分三個階段：

第一階段是在建武六年前後。建武六年，劉秀平定關東，天下大局已定，劉秀著眼於東漢政權的大局，對隗囂、公孫述採取「且當置此兩子於度外」〔註137〕的策略，同時著手恢復社會經濟，加強皇權，鞏固統治。因而，這一年，劉秀即遣邳彤和耿純就國，給堅譚定封，不再任職。此前建武五年，劉秀就已經賜任光奉朝請。同時，在這一階段，劉秀罷省郡國都尉官，復員地方軍隊，並省地方郡縣，省射擊、長水校尉等，以釜底抽薪的方式提前削弱以雲臺二十八將爲代表的高級功臣的權勢。同時，爲在天下統一後，剝奪以雲臺二十八將爲代表的高級功臣的官職，奠定了基礎。

第二階段是建武十三年到建武十五年。建武十二年，大將軍吳漢平定巴蜀，除在北邊投靠匈奴的盧芳外（建武十二年，盧芳部將叛變，僅與十餘騎亡入匈奴，對東漢已無威脅），這時，東漢政權已統一全國，國內戰事基本結束。東漢已進入恢復發展的穩定時期，這一階級也是劉秀大規模退功臣時期。下面將前兩個階段雲臺二十八將的就國及罷職情況列表如下。

表 2-1

姓 名	就國或退職時間	其 他
鄧禹	建武十三年罷	
吳漢		任職到建武二十二年
賈復	建武十三年罷	
耿弇	建武十三年罷	
寇恂		建武十二年卒
岑彭		建武十一年卒
馮異		建武十年卒
朱祐	建武十五年奉朝請	
祭遵		建武九年卒
景丹		建武二年卒
蓋延	建武十五年薨於位	
銚期		建武十年卒

〔註137〕《後漢書・隗囂傳》第 526 頁。

耿純	建武六年就國	建武八年復拜太中大夫，建武十三年卒
臧宮		建武十五年奉朝請，建武十八年重任職，永平元年卒
馬武	建武十三年奉朝請	建武二十五年，將兵擊武陵蠻夷，還，上印綬
劉隆		建武十三年以後繼續任職到建武二十八年
馬成		
王梁	建武十四年卒官	
陳俊	建武十四年奉朝請	
杜茂	建武十五年免官	建武十三年以後，屯常山、中山以備北邊，建武二十七年就國
傅俊		建武七年卒
堅鐔	建武六年定封，不在任職	
王霸		建武十三年後，在上谷守邊二十餘年，永平二年免
任光	建武五年奉朝請	
李忠	建武十四年，病免官	
萬脩		建武二年卒
邳彤	建武六年就國	
劉植		建武二年戰沒

　　從表 2-1 中可以看出，到建武十三年時，在雲臺二十八將當中，除了邳彤、耿純、堅鐔、任光四人外，還有九人去世。因此，到建武十三年，在雲臺二十八將當中還有十五人任職。但到建武十五年，又有十人或死或免，只剩下五人繼續任職。在這五人當中，其中臧宮在建武十五年，就徵為奉朝請，建武十八年是重新任職。可見，到建武十八年，雲臺二十八將當中的絕大部分已退出官職。因此，這一階段是劉秀是大規模地剝奪中央階層功臣官職的階段。

　　第三階段為建武十八年。劉秀在此年採取罷州牧復刺史的措施，是其退功臣的第三個階段，也是劉秀繼建武十三年在中央階層上剝奪功臣官職之後，剝奪地方上功臣官職的階段。首先，建武十七年盧芳經過對抗、投降、叛變，再次逃亡匈奴，其威脅完全消除，東漢王朝已再無割據者，北邊威脅減少，除了邊患，國內基本無戰爭，已無需因戰時需要而設置的軍政合一的州牧制度了。其次，經建武十三年後的大規模退功臣，到建武十八年，東漢中央階層的功臣已順利退出官職。同時，經過建武六年以來的一系列改革，

對東漢中央集權威脅最大的只剩下州牧了。東漢時，州牧的秩祿爲兩千石，除了雲臺二十八將之外，〔註138〕建武十三年至建武十八年，任州牧的人有些是曾參加過戰爭，並且在軍功地位上僅次於雲臺二十八將的人。例如，《後漢書·鮑永傳》載：「後大司徒韓歆坐事，永固請之不得，以此忤帝意，出爲東海相。坐度田事不實，被徵，諸郡守多下獄。永至成皋，詔書逆拜爲兗州牧，便道之官。」〔註139〕根據鮑永在「度田」後任兗州牧，可以推定鮑永就是在建武十五年以後任地方州牧的。同時，根據《後漢書·鮑永傳》有關鮑永記載，也可以看出，在東漢初年，鮑永也是具有大量戰功，其功勞和地位也是僅次於雲臺二十八將的。所以，劉秀建武十八年罷州牧，復刺史也是剝奪這些比雲臺二十八將稍低一級功臣官職而採取的措施，可以被認爲是劉秀在中央剝奪功臣官職之後，在地方上剝奪功臣官職的繼續，也是東漢劉秀「退功臣「方略實施的一部分。

第三節　嚴格律令

封建法律是中國古代皇帝維護其統治的重要工具，中國古代歷代帝王建立政權後，無不著手制定或修改前代法律，以鞏固地主階級政權，保證封建統治秩序的正常運行。

秦始皇統一天下後，延用戰國時期商鞅根據李悝的《法經》「改法爲律」〔註140〕，後經過多次補充、修改而成《秦律》，《秦律》以維護秦王朝的專制統治和封建的土地所有制爲主要內容，加強對勞動人民的殘酷統治。秦朝末年，在劉邦入關之初，曾與關中父老「約法三章」，作爲穩定社會秩序的臨時措施。西漢政權建立後，劉邦認爲「三章之法，不足以御姦，」〔註141〕令蕭何制定《漢律》，蕭何在《秦律》的基礎上，制定《九章律》，此後叔孫通又對《九章律》進行了補充。

東漢初年，劉秀以西漢王室繼承人自居，在法律方面也基本承襲西漢。早在劉秀持節度河北時，「所到部縣，輒見二千石、長吏、三老、官屬，下

〔註138〕根據《後漢書》等史料，建武十三年至建武十八年，雲臺二十八將當中無人任州牧。

〔註139〕《後漢書·鮑永傳》第 1020 頁。

〔註140〕《唐律疏議·名例一凡七條》〔唐〕長孫無忌等撰，王雲五主編《叢書集成初編》本《唐律疏議》，商務印書館 1985 年版，第 9 頁。

〔註141〕《漢書·刑法志》第 1096 頁。

至佐史,考察黜陟,如州牧行部事。輒平遣囚徒,除王莽苛政,復漢官名」〔註142〕。從「輒平遣囚徒」可以看出,劉秀不僅恢復西漢制度,也同時延用西漢法律。

東漢初年,劉秀在法律方面,對社會百姓不斷地實施省減刑罰的政策。《後漢書・循吏傳》記載劉秀「解王莽之繁密,還漢室之輕法」。〔註143〕如在劉秀稱帝後的第二年,「三月乙未,大赦天下,詔曰:『頃獄多冤人,用刑深刻,朕甚愍之。孔子云:『刑罰不中,則民無所措手足。』其與中二千石、諸大夫、博士、議郎議省刑法。』」〔註144〕此後,劉秀還多次頒佈減省刑罰的詔書。劉秀的這些減輕刑罰的措施,安定了人心,維護了社會穩定,促進了社會的進步。

與劉秀對小民的這種寬刑相比,東漢初年,劉秀對各級官吏則採取嚴格用法的政策。呂思勉曾評價說(劉秀)「然猶能稱後漢之治世者,則以其遇臣下雖嚴,而於小民頗寬。……與前世寬縱大臣、近臣,不恤小臣、遠臣,怠於察吏,聽其虐民者迥異。此其所以能下啓永平,同稱東京之治世歟?」〔註145〕

早在戰爭初期,劉秀就任用,並褒揚嚴肅執法的官吏,以整齊眾軍,嚴肅軍紀。《後漢書・祭遵傳》有這樣一段話:

> (祭遵)從征河北,為軍市令。舍中兒犯法,遵格殺之。光武怒,命收遵。時,主簿陳副諫曰:「明公常欲眾軍整齊,今遵奉法不避,是教令所行也。」光武乃貰之,以為刺姦將軍。謂諸將曰:「當備祭遵!吾舍中兒犯法尚殺之,必不私諸卿也。〔註146〕

又《後漢書・杜詩傳》記載:

> 建武元年,(詩)歲中三遷為侍御史,安集洛陽。時,將軍蕭廣放縱兵士,暴橫民間,百姓惶擾,詩敕曉不改,遂格殺廣還以狀聞。世祖召見,賜以棨戟,復使之河東,誅降逆賊楊異等。〔註147〕

從這兩段話看出,祭遵殺死的是犯法的舍中兒,杜詩殺死的是一名將

〔註142〕《後漢書・光武帝紀第一上》第 10 頁。
〔註143〕《後漢書・循吏傳》第 2457 頁。
〔註144〕《後漢書・光武帝紀第一上》第 29 頁。
〔註145〕呂思勉:《秦漢史》,中國友誼出版社 2009 年版,第 193 頁。
〔註146〕《後漢書・祭遵傳》第 738～739 頁。
〔註147〕《後漢書・杜詩傳》第 1294 頁。

軍，兩人嚴格執法都受到了劉秀的表揚祭遵升爲刺姦將軍，杜詩，被賜以棨
戟。可見，早在戰爭時期，劉秀就注重嚴格律令。

　　劉秀對祭遵、杜詩的重用，也是在戰爭期間，加強對功臣束縛、控制的
一種方式。劉秀的舍中兒，作爲最接近劉秀的親信，被祭遵殺死，劉秀卻褒
揚重用祭遵。一方面展示了劉秀不避親疏、遠近，對整治眾軍、懲治違法行
爲的支持，顯示出其公正無私、是非分明的人主形象；另一方面，也有劉秀
乘機施展自己的權威，敲山震虎，對其它功臣將領起到震懾的作用，從而突
出自己的核心領導地位，以增強對功臣將領的約束、控制，增加凝聚力。杜
詩殺死暴橫民間的將軍蕭廣，受到劉秀褒揚重用，除了有整肅軍紀的作用外，
還有劉秀加強對功臣將領約束、控制的目的。首先，東漢初年，在戰爭期間，
東漢將領縱兵掠奪，暴橫民間的事情也屢見不鮮。《後漢書・岑彭傳》記載：

　　　　更始諸將各擁兵據南陽諸城。帝遣吳漢伐之，漢軍所過多侵
　　暴。時，破虜將軍鄧奉謁歸新野，怒吳漢掠其鄉里，遂反。〔註148〕

又《後漢書・寇恂傳》有一段話頗值得注意：

　　　　執金吾賈復在汝南，部將殺人於潁川，恂捕得繫獄。時尚草創，
　　軍營犯法，率多相容，恂乃戮之於市。復以爲恥，歎。還過潁川，
　　謂左右曰：「吾與寇恂並列將帥，而今爲其所陷，大丈夫豈有懷侵怨
　　而不決之者乎？今見恂，必手劍之！」〔註149〕

從這兩段話可以看出，東漢初年戰爭期間，軍隊將領犯法的事情是經常
發生的。因此，劉秀表揚殺死蕭廣的杜詩，有整齊眾軍，嚴肅軍紀的作用。

　　其次，蕭廣雖然不是雲臺二十八將那樣的統軍將領，但在軍中也應有一
定的地位，畢竟帶有將軍稱號，也應是雲臺二十八將當中某一將領的部下。
通過殺死功臣將領的違法部將，也有藉以震懾功臣將領，以便對這些功臣將
領的行爲進行規範，起到加強對功臣將領約束控制的目的。

　　東漢政局穩定後，劉秀對貴戚等特權階層的不法行爲還進行打擊，以維
護社會公正，保證社會秩序的正常運行。如《後漢書・董宣傳》對當時洛陽
令董宣有這樣一段載：

　　　　後特徵爲洛陽令。時湖陽公主蒼頭（奴僕）白日殺人，因匿主
　　家，吏不能得。及主出行，而以奴驂乘，宣於夏門亭候之，乃駐車

〔註148〕《後漢書・岑彭傳》第 656 頁。
〔註149〕《後漢書・寇恂傳》第 623 頁。

叩馬，以刀畫地，大言數主之失，叱奴下車，因格殺之。主即還宮訴帝，帝大怒，召宣，欲箠殺之。宣叩頭曰：「願乞一言而死。」帝曰：「欲何言？」宣曰：「陛下聖德中興，而縱奴殺良人，將何以理天下乎？臣不須箠，請得自殺。」即以頭擊楹，流血被面，帝令小黃門持之，使宣叩頭謝主，宣不從，強使頓之，宣兩手據地，終不肯俯。主曰：「文叔爲白衣時，臧亡匿死，吏不敢至門。今爲天子，威不能行一令乎？」帝笑曰：「天子不與白衣同。」因敕強項令出，賜錢三十萬，宣悉以班諸吏。由是搏擊豪強，莫不震慄。京師號爲「臥虎」。歌之曰：「枹鼓不鳴董少平。」〔註150〕

又《後漢書・鮑永傳》記載：

> 建武十一年，徵爲司隸校尉。帝叔父趙王良尊戚貴重，永以事劾良大不敬，由是朝廷肅然，莫不戒慎。乃辟扶風鮑恢爲都官從事，恢亦抗直不避強禦。帝常曰：「貴戚且宜斂手，以避二鮑。」〔註151〕

董宣搏擊豪強被稱爲「臥虎」，鮑永彈劾貴戚，鮑恢抗直不避強禦，此三人作爲嚴肅執法的法吏都受到了劉秀的支持。儘管現有史料並沒有東漢劉秀時期酷吏打擊功臣違法行爲的記載，但殺雞儆猴，董宣、鮑永對貴戚不法行爲進行彈劾，並受到劉秀的支持，這對當時約束功臣的行爲，抑制功臣的權勢是有一定的威懾作用的。正如呂思勉所說劉秀「遇臣下雖嚴，而於小民頗寬。」東漢初年，劉秀在對官吏的管理也是非常嚴格。

劉秀與秦始皇、劉邦在統一天下後才稱帝不同。建武元年，劉秀在河北稱帝，正式建立東漢王朝。這時劉秀面臨兩個任務：一是在軍事上盡快統一天下，以達到中興漢室的目的；二是在行政上趕快恢復漢代的官屬體系，以使國家機器正常運轉。因此除了任用一些功臣戰將爲吏外，劉秀還禮敬賢士，招賢納才，使東漢的官吏體系迅速草創起來。然而與對待功臣戰將的「每能包容，宥其小失」〔註152〕的柔和對待不同，劉秀對文官們要求極爲苛刻。《後漢書・申屠剛傳》記載：

> 時內外群官，多帝自選舉，加以法理嚴察，職事過苦，尚書近臣，至乃捶撲牽曳於前，群臣莫敢正言。〔註153〕

〔註150〕《後漢書・董宣傳》第 2489～2490 頁。
〔註151〕《後漢書・鮑永傳》第 1020 頁。
〔註152〕《後漢書・馬武傳》第 785 頁。
〔註153〕《後漢書・申屠剛傳》第 1017 頁。

中央官員方面，如伏湛建武三年代鄧禹爲大司徒，只因「車駕征張步，留湛居守。時，蒸祭高廟，而河南尹、司隸校尉於廟中爭論，湛不舉奏，坐策免」〔註154〕。韓歆建武十三年代侯霸爲大司徒，《後漢書‧韓歆傳》記載：

> 歆，好直言，無隱諱，帝每不能容。嘗因朝會，聞帝讀隗囂、公孫述相與書，歆曰：「亡國之君皆有才，桀、紂亦有才。」帝大怒，以爲激發。歆又證歲將饑凶，指天畫地，言甚剛切，坐免歸田里。帝猶不釋，復遣使宣詔責之。司隸校尉鮑永固請不能得，歆及子嬰竟自殺。……後千乘歐陽歙、清河戴涉相代爲大司徒，坐事下獄死，自是大臣難居相任。〔註155〕

《後漢書‧馮勤傳》有兩條記載也能反映這一情況：

> 司徒侯霸薦前梁令閻楊。楊素有譏議，帝常嫌之，既見霸奏，疑其有姦，大怒，賜霸璽書曰：「崇山、幽都何可偶，黃鉞一下無處所。欲以身試法邪？將殺身以成仁邪？」〔註156〕

> 先是三公多見罪退，帝賢勤，欲令以善自終，乃因宴見從容戒之曰：「朱浮上不忠於君，下陵轢同列，竟以中傷至今，死生吉凶未可知，豈不惜哉！人臣放逐受誅，雖復追加賞賜賻祭，不足以償不訾之身。」〔註157〕

「以身試法」、「殺身以成仁」、「死生吉凶未可知」等字眼無不透露出劉秀對吏治苛刻的氣息。

又《後漢書‧百官志三》注引《古今注》曰：

> 故事，尚書郎以令史久缺補之。世祖改用孝廉，以丁邯補焉。邯稱疾不就。詔問實病？羞爲郎乎？對曰：「臣實不病，恥以孝廉爲令史職耳。」世祖怒，杖之數十。詔問欲爲郎不？邯曰：「能殺臣者陛下，不能爲郎者臣。」中詔遣出，竟不爲郎〔註158〕

地方官員方面，如建武十五年劉秀詔下州郡「度田」，而「刺史太守多不平均，或優饒豪右，侵刻羸弱」〔註159〕。瞭解情況之後，劉秀嚴查考究，即

〔註154〕《後漢書‧付湛傳》第 896 頁。
〔註155〕《後漢書‧韓歆傳》第 902 頁
〔註156〕《後漢書‧馮勤傳》第 910 頁。
〔註157〕《後漢書‧馮勤傳》第 910 頁。
〔註158〕《後漢書‧百官志三》第 3598 頁
〔註159〕《後漢書‧劉隆傳》第 780 頁。

下詔「遣謁者考實二千石長吏阿枉不平者」〔註160〕，嚴懲不法的貪官污吏。
大司徒歐陽歙因以前爲汝南太守度田不實，被劉秀下令處以極刑。次年，因
「多爲詐巧，不務實核」〔註161〕□，河南尹張汲和諸郡守、相十餘人，坐度田
不實，皆下獄死。《後漢書·五行志》記載：

> 建武十六年，諸郡太守坐度田不實，世祖怒，殺十餘人。皇
> 子諸王招來文章談說之士，有人奏諸王所招待者或眞僞，雜受刑罰
> 者子孫，宜可分別。上怒，詔捕諸王客，皆被以苛法，死者甚多。
> 〔註162〕

從一些大臣的上疏中，也可以看到東漢初年劉秀對吏治的嚴厲苛刻。
《後漢書·朱浮傳》載：

> 帝以二千石長吏多不勝任，時有纖微之過者，必見斥罷，交易
> 紛擾，百姓不寧。六年，有日食之異，浮因上疏曰：……而今牧人
> 之吏，多未稱職，小違理實，輒見斥罷，豈不粲然黑白分明哉！……
> 蓋以爲天地之功不可倉卒，艱難之業當累日也。而間者守宰數見換
> 易，迎新相代，疲勞道路。尋其視事日淺，未足昭見其職，既加嚴
> 切，人不自呆，各自顧望，無自安之心。有司或因睚眥以騁私怨，
> 苟求長短，求媚上意。二千石及長吏迫於舉劾，懼於刺譏，故爭飾
> 詐僞，以希虛譽。〔註163〕

第五倫也曾在明帝時上疏說：

> 光武承王莽之餘，頗以嚴猛爲政，後代因之，遂成風化。郡國
> 所舉，類多辯職俗吏。殊未有寬博之選以應上求者也。〔註164〕

總之，東漢初年，劉秀通過加強對官吏們的法律監督，並採取嚴格吏治
的統治方略，其目的是爲了使皇帝對官僚體系的控制更加嚴格，以加強皇權，
維護自己的統治。

雖然《後漢書·馬武傳》記載：「帝雖制御功臣，而每能回容，宥其小
失。」但這些只是對那些退出官職的功臣，對那些在建武十三年大規模退功
臣以後而仍然繼續的任職的功臣，劉秀則加強對其管理，對他們的違法行爲則

〔註160〕《後漢書·光武帝紀第一下》第 66 頁。
〔註161〕《後漢書·光武帝紀第一下》第 66 頁。
〔註162〕《後漢書·五行志六》第 335 頁。
〔註163〕《後漢書·朱浮傳》第 1141～1142 頁。
〔註164〕《後漢書·第五倫傳》第 2400 頁。

嚴肅處理。如馬武建武十三年後，本來「將兵北屯下曲陽，備匈奴」〔註165〕，但因「坐殺軍吏，受詔將妻子就國。武徑詣洛陽，上將軍印綬，削戶五百，定封爲楊虛侯，因留奉朝請」〔註166〕。杜茂本也在北面守邊，「（建武）十五年，坐斷兵馬稟縑，使軍吏殺人，免官，削戶邑，定封參蘧鄉侯」〔註167〕。

可見，東漢初年，劉秀在軍事、政治以及法律上進行了一系列的改革。通過這些改革措施，劉秀不僅加強了皇權，鞏固了君主專制的最高統治，而且在改革的過程中，抑制並削弱了功臣的權勢。

總之，通過本章上面的論述，可以看出，東漢初年，劉秀「退功臣」方略的實施是經歷三個階段，通過有計劃、有步驟、循序漸進的方式來實現的。首先，早在戰爭階劉秀段就採取一些措施對功臣的權勢加以抑制。其次，在天下大局已定後，劉秀通過三個階段剝奪了功臣的官職。第一階級，在建武六年前後，提前遣部分功臣就國，同時，在地方官制和軍制方面進行改革，以剝奪較低層次軍功人員的官職，以釜底抽薪的方式削弱高級功臣的權勢。第二階段，建武十三年，天下統一後，大規模的剝奪以雲臺二十八將爲代表的高級功臣官職。第三階級，建武十八年，國內政治、經濟、軍事形勢相繼穩定後，剝奪軍功僅次於雲臺二十八將的軍功人員的官職。通過這三個階段，劉秀將東漢初年在中央、州、郡、縣各級政權機構中的軍功人員的官職基本上剝奪乾淨。在上述三個階段中，尤以第二階段剝奪中央級功臣的官職最爲重要。第一階段的一些列改革爲第二階段打下了基礎。再次，東漢初年，劉秀對功臣官職的剝奪不是一蹴而就的，而是一個非常複雜的過程，是通過一系列的軍權、政權、律令方面的改革及其它措施來完成的。從橫向來說，是通過時間上三個階段來實現的。從縱向來說，是通過從地方到中央的一些列改革及措施來實現的。通過地方兵制、官制的改革不僅剝奪了較低軍功人員的官職，而且削弱了高級功臣的權勢，爲剝奪高級功臣官職打下了基礎。通過一系列的鞏固中央軍權、改革中央官制，削弱了高級功臣的權勢，並將高級功臣排除在官僚體系之外。在這一過程中，劉秀還通過對監察機構改革，以及對律令方面的嚴格要求，加強了對功臣的監察、控制，爲剝奪功臣官職奠定了基礎。

〔註165〕《後漢書·馬武傳》第785頁。
〔註166〕《後漢書·馬武傳》第785頁。
〔註167〕《後漢書·杜茂傳》第777頁。

第三章 「進文吏」研究

第一節 東漢以前的文官制度

　　中國古代的文官制度，作爲中國政治文化的一部分，源遠流長，已有數千年的歷史，最早可追溯到奴隸社會的上古三代。

一、東漢以前文官制度的演變

　　三代時期，政治制度是與以血緣關係爲紐帶的宗法制度相結合的。國家各級官員主要按照與君主血緣關係的遠近，決定政治等級高低、官職大小。國君到各級官吏都是世襲制，不存在任免和考課的問題；他們都有封邑，也不存在俸祿問題，這種制度稱爲「世卿世祿制」。三代就是由這些世卿世祿的官吏及其以下的僚屬組成了龐大的統治機構。

　　春秋時期，王室衰微，各諸侯國逐漸擺脫周王室的束縛，開始變革官制，以適應對外爭霸和對內發展的需要，他們基本上都形成了一套自己的官制。但在春秋中期以前，國家的軍政大權往往由實行世卿世祿的高級官吏一人兼任，如商代的尹、西周時代的三公或師保、魯國的司徒、鄭國的當國和爲政等。這些人平時爲最高政務官，戰時則爲最高軍事長官，文武兼於一身。

　　戰國時期爲了應付日益頻繁而激烈的兼併戰爭，各諸侯國都需要一套完善的國家機構，來有效地動員國內的人力、物力進行戰爭。另外，各國爲了適應新經濟發展的需要，鞏固新興地主階級的利益，掃除奴隸制貴族階級的殘餘勢力，紛紛建立了以國王爲首，以丞相、將軍分別爲文武百官之首的封

建官僚制度，如魏文侯先後以魏成子、翟璜、李悝爲相，而以樂羊、公叔痤、翟角爲將；齊魏王曾以鄒忌、田嬰爲相，而以田忌、申縛、章子爲將。文武分職的出現具有重要意義：一方面通過文武分職，不但可以將原來兼文武於一身的大臣從繁雜的事物中解放出來，將文官職位與武官職位分開，還有利於發揮具有不同才能官員的特長，有助於行政效率的提高和官員的選拔。如《六韜・舉賢》云：「將相分職，而各以官名舉人，按名督實。」〔註1〕《韓非子・顯學》中說：「故明主之吏，宰相必起於州部，猛將必發於卒伍。」〔註2〕另方面，通過文武分途將原來文武兼於一身的大臣的權力進行分拆，不僅可以削弱大臣的權力，還可以通過文官與武官之間的相互牽制和監督，以加強君主對大臣的控制，增強集權，如《尉繚子・原官篇》中說：「官分文武，惟王之二術也。」〔註3〕文武分職的出現爲我國文官制度的建立和發展提供了前提，也標誌著中國古代官僚制度發展到了一個新的階段。一是通過文武分職，將文官體系和武官體系分開，在官僚機構上爲以後文官制度結構體系的建立打下了基礎；二是通過文武官員的相互監督，爲以後文官制度中監察體系的建立打下了基礎；三是通過文武分職有利於選拔不同才能的人爲文官或武官，對以後文官制度中，察舉制等官員選拔體系的建立打下了基礎。四是通過文武分職，文官武官各司其職，爲以後文官制度中考覈體系的建立打下了基礎。

同時，戰國時期隨著軍功爵制的產生發展，世卿制被逐漸拋棄，以「臣盡死力以與君市，君垂爵祿以與臣市」的封建官僚制度開始建立起來。這樣國王可以任意的任免各級官吏，作爲官吏行使權力的璽印和考覈官吏政績的「上計」，以及酬勞官吏的「俸祿」等各項制度應運而生。可以說，在戰國時期，中國古代的文官制度已有雛型。

秦朝建立後，秦始皇爲了加強中央集權的統治，建立了一整套官僚體系，初步構築了中國古代文官制度的框架。杜佑在《通典》中評價說：

> 自周衰，官失而百職亂，戰國並爭，各有變異。暨秦兼天下，建皇帝之號，立百官之職，不師古。始罷侯置守，太尉主五兵，丞

〔註1〕 《六韜・文韜・舉賢》徐培根譯注：《太公六韜今注今譯》，臺灣商務印書館1977年版，第76頁。

〔註2〕 《韓非子・顯學》第460頁。

〔註3〕 《尉繚子・原官篇》劉春生譯注：《尉繚子全譯》，貴州人民出版社1993年版，第61頁。

相總百揆。又置御史大夫，以貳於相。漢初因循不革，隨時宜也。」

〔註4〕

「不師古」是秦始皇創立的這套官僚體系的特色。

首先，創立了以君主獨裁為核心的皇帝制度。皇帝總攬全國政治、軍事等大權，「天下之事無大小皆決於上」。〔註5〕

其次，中央設置三公諸卿制。將戰國時期「相」的權力進行拆分，設立三公即丞相、太尉、御史大夫，形成三公相互分權，相互牽制的權力結構，以便皇帝操縱大權。三公之下設諸卿，分別負責具體事務。三公諸卿的官僚機構，是一套嚴密協助皇帝處理政務的行政體系。與世卿制不同，這一制度下的官員，都是由皇帝任命，必須服從皇帝的差遣，且概不世襲。

最後，地方機構上，以郡縣制徹底代替春期戰國時期的分封制，建立起了統一的由皇帝直接控制的郡、縣兩級地方政權。這樣秦始皇通過官僚機構的設置，將全國的軍政大權獨攬一身。

自秦始皇以後，在中國兩千多年的封建社會中，不管各朝各代的官僚制度如何變化，如漢武帝時的中外朝制度，隋唐的三省六部制度等，都是以秦始皇所創立的這一套制度為基礎的，並在這一套制度基礎上的改造發展。因此，秦始皇所建立的這套官僚體系，標誌著我國古代文官制度初具框架。

西漢建立後，漢高祖劉邦基本承襲了秦朝的政治制度，皇帝是最高的統治者，在中央設置三公諸卿，但在地方行政上，漢高祖劉邦「懲戒亡秦孤立之敗」，除了沿襲秦朝的郡縣制外，還在漢初分封諸侯王，形成了郡國並存的形式。但為了鞏固中央集權而實行的分封制度，卻成為了破壞中央集權的重要因素，文帝時開始推行強幹弱枝的政策，景帝時平定「七國之亂」，以及武帝時期頒佈「推恩令」、《左官律》、「附益法」等，進一步加強了中央集權，結束了漢初以來諸侯王割據的局面。

西漢到武帝時期，經過七十多年的恢復與發展，國家空前繁榮，漢武帝在繼承西漢初年官僚制度的基礎上，進一步採取了一系列措施來加強中央集權。

在中樞機構方面，漢武帝採取了提高皇權，限制丞相權力的措施，使九卿繞過丞相直接向皇帝奏事。同時提拔一些中下級官員作為自己的助手，出謀劃策，成為決策機關，被稱為「中朝」，而以丞相為首的相關官員，逐漸成

〔註4〕《通典‧職官一》第467頁。
〔註5〕《史記‧秦始皇本紀》第258頁。

為執行政務的機關，被稱為「外朝」，這樣分割和限制了丞相的權力，加強了皇權。在對官員的監督方面，武帝時開始設置刺史以加強對地方官員的監察，這個被稱作「百代不易之良法」〔註6〕的監察制度，為加強中央對地方官員的控制，加強中央集權具有十分重要的作用。在官員的選拔方面，漢武帝開始採用博士子弟考試授官的方式選拔官員。

由於地主階級的統治已得到鞏固，武帝時社會經濟已得到恢復發展，「無為而治」的黃老思想已不適應地主階級發展的需要，主張加強中央集權、實現大一統的儒家思想重新抬頭。漢武帝接受董仲舒的建議，「罷黜百家，獨尊儒術」，即用經過董仲舒改造過的，以強調「大一統」，宣揚「天人合一」和「三綱五常」等學說為核心的儒家思想為封建統治階級的正統思想。與此相適應，漢武帝在元朔五年，採取公孫弘的建議，為五經博士置弟子員，每年考試，凡能通一經以上者，可補文學掌故的官缺，成績甲等可以為郎官。漢武帝開始通過考試選拔博士子弟為官，從而使公卿、大夫、士吏都為儒家文學之士，五經便成了干祿仕進的敲門磚。從嚴格意義上來說，漢武帝採用考試選拔博士子弟為官的制度，標誌著中國古代文官制度的初步形成。一是漢武帝開創了考試選拔官員的先河。漢武帝以前，秦漢官員選拔主要採取察舉徵召的方法，這種方法往往存在有人故意請託，選舉不實等弊端。而通過考試選拔官員，按照成績授官，可以選拔出真正有學識的人才，而且還可以避免察舉等選官制度中存在的弊端，這對提高行政效率，廉潔吏治，提高官員隊伍的整體素質具有重要意義。二是選拔官員的考試內容僅限於儒家倫理經典。這種通過考試選拔出來具有儒家思想的官員，不僅具有一定的文化修養，還具有維護封建統治的自我意識，對維護封建統治，加強封建中央集權具有十分重要的作用。由於以上原因，漢武帝以後的中國歷代封建統治者，無不重視通過考試選拔官員，無論魏晉的九品中正制，還是隋唐以後的科舉制度，都是在漢武帝開創的考試選拔官員上繼續發展起來的。因此，漢武帝開創的考試選拔官員標誌著中國古代文官制度的初步形成。自武帝以後，西漢歷代統治者，不斷擴大考試選拔官員的名額，西漢政府也逐漸向文官政府轉變。東漢建立後，劉秀「退功臣而進文吏」，剝奪功臣官職，大量任用文吏，其目的也是鞏固發展文官制度，以使東漢政權較快實現由功臣執政到文官執政的轉變。

〔註6〕 《日知錄・部刺史》第 512 頁。

二、文官制度的統治功能

（一）有利於加強中央集權統治

1、有利於維護國家統一

春秋時期，周天子地位衰落，諸侯割據，長期的戰亂給廣大人民帶來了極大的災難，社會普遍希望統一。處在這一時期的孔子，提出「天下有道，則禮樂征伐自天子出；天下無道，則禮樂征伐自諸侯出」[註7]的統治思想。其後，荀子提出「四海之內若一家，通達之屬莫不從服」[註8]的思想。戰國時齊國人公羊高在爲《春秋》作傳時，提出「何言乎王正月？大一統也。」[註9]這是「大一統」最早的文字記載。西漢武帝時，爲適應當時專制主義中央集權國家的需要，董仲舒綜合闡發以往的「大一統」理論，提出「春秋的大一統者，天地之常經，古今之通誼」，[註10]認爲「大一統」是歷史發展的必然趨勢。他同時提出天人感應學說，強調君權天賦，君主作爲天子，可行使天的意志，這樣權力被高度集中在君主手中，「大一統」中的「一」也就意味著國家統一於天子手中。此後在儒家思想的薰陶下，維護國家的統一，領土的完整和維護社會的穩定，也就成了學習儒家經典而從仕的人的最高原則和目標。

2、有利於穩固統治

漢武帝時，董仲舒除了宣揚君權神授外，還大力宣揚三綱，以維護封建統治關係。董仲舒說：「君臣、父子、夫婦之義，昔取諸陰陽之道。君爲陽，臣爲陰，父爲陽，子爲陰，夫爲陽，妻爲陰。……王道之三綱，可求於天。」[註11]君爲臣綱，父爲子綱，夫爲妻綱，這也是天意的安排。於是政權、族權、夫權在西漢形成了。這樣中國古代的封建統治者就開始以三綱來維護統治。「到東漢時，《白虎通義》將三綱解說得更爲詳細，其《三綱六紀》說：『三綱者何謂也？謂君臣、父子、夫婦也。六紀者，謂諸父、兄弟、族人、諸舅、師長、朋友也。故君爲臣綱，父爲子綱，夫爲妻綱。又曰：敬諸父兄，六紀道行，諸舅有義，族人有序，昆弟有親，師長有盡，朋友有舊。何謂綱

〔註7〕 《論語・季氏》楊伯峻譯注：《論語譯注》，中華書局 1980 年版，第 174 頁。
〔註8〕 《荀子・議兵篇・十五》第 279 頁。
〔註9〕 王維堤、唐書文撰：《春秋公羊傳譯注》，上海古籍出版社 2004 年版，第 1 頁。版本下同。
〔註10〕 《漢書・董仲舒傳》第 2523 頁。
〔註11〕 〔漢〕董仲舒撰：《春秋繁露》，中華書局 1975 年版，第 70 頁。

紀？綱者彊也，紀者理也，大者爲綱，小者爲紀，所以彊理上下，整齊人道也。』〔註12〕從「三綱六紀」中，不難看出封建統治者布下了一張周密的羅網，緊緊束縛著廣大人民，來加強統治。

可見，那些接受過儒家思想薰陶而被選拔出來的封建官員，作爲中國古代文官制度的主體，其受儒家思想的影響是非常大的，正是因這種思想上的薰陶，使他們能夠自覺地維護封建君主的最高統治，維護國家的統一，俯首甘做君主的奴才，這對加強君主中央集權和鞏固封建統治是非常重要的。

（三）有利於封建管理

在中國古代的文官制度下，官職的設置、文官的選拔任用等都由君主說了算，這樣就使中國古代的文官制度帶有濃厚的人治色彩。這一制度，也是歷代君主爲維護自己的統治而精心設計的。

1、便於君主控制官員

中國古代的文官制度是爲君主的高度集權而設計的，是與金字塔式行政體系相適應的，即體現出像中央、州、郡、縣等行政區域等差關係，也體現象國家垂直管理中各個部門間的層次與從屬關係的轄屬等差關係。這樣就使中國古代文官制度的主體——文官們，從中央的三公諸卿到地方的里亭長無不保持著嚴格的等級關係。在這種等級嚴密的文官制度中，上與下各自統屬，內與外相互節制，名分與職責嚴明，權力與義務相稱，既不可逾越，也不可專擅。這種金字塔式的文官等級制度，使下級官員只服從上級官員，整個文官群體只服從於皇帝個人，使君主的權力高度集中，也使君主對官員操縱控制自如。君主掌握著對官員生殺予奪的大權，可以任意侮辱、處罰官員。例如，《後漢書·馮勤傳》記載：「司徒侯霸薦前梁令閻楊。楊素有譏議，帝常嫌之，既見霸奏，疑其有姦，大怒，賜霸璽書曰：『崇山、幽都何可偶，黃鉞一下無處所。欲以身試法邪？將殺身以成仁邪？』」〔註13〕「先是，三公多見罪退，帝賢勤，欲令以善自終，乃因宴見從容戒之曰：『朱浮上不忠於君，下陵轢同列，竟以中傷至今，死生吉凶未可知，豈不惜哉！人臣放逐受誅，雖復追加賞賜賻祭，不足以償不訾之身。』」〔註14〕《後漢書·鍾離意傳》記載：

〔註12〕 熊鐵基：《秦漢事情的統治思想和思想統治》，華中師範大學學報（哲社版）1987 年第 2 期。

〔註13〕 《後漢書·馮勤傳》第 910 頁。

〔註14〕 《後漢書·馮勤傳》第 910 頁。

「（漢明帝）帝性褊察，好以耳目隱發爲明，故公卿大臣數被詆毀，近臣尙書以下至見提拽。……朝廷莫不悚栗，爭爲嚴切，以避誅責」；〔註15〕如尙書郎藥崧因事得罪，即「以杖撞之」，崧至床下仍追之不捨。

在中國古代文官制度中，不僅官員對君主存在著深深的依附關係，而且君臣之間，官員上級與下級之間還存在著嚴格的等級制度，這樣嚴密的依附關係和等級制度大大加強了君主集權。中國古代皇帝的命爲「制」，令爲「詔」，皇帝說的話就是法律，官員的義務就是絕對的服從皇帝的意志，整個國家由皇帝一人說了算。在這種制度下，君主對文官可以說是操控自如，十分便於控制的。

2、便於君主治理國家

《史記·秦始皇本紀》記載：「天下之事無大小皆決於上（秦始皇），上至以衡石量書，日夜有呈，不中呈，不得休息。」〔註16〕中國是一個地大物博、人口眾多的多民族國家，這樣大一個國家的眾多事務，如果讓中國古代的君主事無鉅細親自去決策處理，是不可能做到的。針對君主如何做好管理，處理好眾多的事務，韓非子曾提出：「善張網者引其綱，……故吏者，民之本綱者也，故聖人治吏不治民。」〔註17〕韓非子認爲君主作爲最高統治者，不必事必躬親地處理每一件事情，君主只要做好對大臣官吏的管理，再由各級官吏實行對下屬臣民的管理就可以了，這就可以形成了一個「君一吏一民」的管理系統，就可以處理好各種事務了。中國古代文官制度經過歷代君主的精心設計，制度完備，規範嚴密，君主通過制定法規，對官員進行組織管理，自秦漢制訂文官律開始，以後歷代不斷完善。在這種制度中，官員被選任後，各級官員從隸屬關係上形成一個自上而下、由內及外的層級節制體系，形成一個較爲穩固的統治系統，各級官員對皇帝和上級官員絕對服從，這樣君主就不必要事必躬親地處理每一件事情，也不必直接對「民」直接進行管理，只需管理好身邊的大臣，然後通過一級級的隸屬關係，對官員逐級落實責任，逐級督察執行，逐漸進行考覈，然後通過考覈結果決定各級官員的陞降留任，就可以處理好各種事務和管理好天下了。可見中國古代爲君主集權而設計的這種金字塔式結構體系的文官制度，在功能上，對君主權

〔註15〕 《後漢書·鍾離意傳》第 1409 頁。
〔註16〕 《史記·秦始皇本紀》第 258 頁。
〔註17〕 《韓非子·外儲說右下》第 342 頁。

力的運行，即君主決策的執行是十分有利的。

總之，中國古代君主嘔心瀝血，精心設計的文官制度，是爲了維護古代封建統治，加強中央集權，爲了方便君主操縱政權，管理國家而採取的有效措施。雖然，這一制度在本質上帶有很大的落後性和封建性，也帶有明顯的封建權術的性質。但不可否認，中國古代的文官制度作爲中國古代燦爛的政治文化的一部分，制度完備，規範嚴密，對維護封建中央專制主義的統治是有非常重要意義的。

三、「文吏」的界定

「文吏」本義「文章法律之吏」，又稱「文法吏」，或貶稱「俗吏」、「刀筆吏」。從嚴格意義上說，文吏是指春秋戰國以來，封建中央集權政府因行政管理的需要，按照法家理論設計和培養出來的行政管理人員，他們不需要也不能有自己的主體意識，只是執行各種法律法令的工具。如《管子·明法》云：「奉主法，治境內，使強不淩弱，眾不暴寡，萬民歡，盡其力而奉養其主，此吏之所以爲功也。」〔註18〕《韓非子·五蠹》說：「明主之國，無書簡之文，以法爲教；無先王之語，以吏爲師。」〔註19〕戰國時荀子入秦看到的秦吏「出於其門，入於公門，出於公門，歸於其家無有私事。不比周，不朋黨。」〔註20〕可見，文吏只有執行的義務，沒有參政議政的權力，屬於工具而已。

作爲「文章法律之吏」，文吏熟悉各種法律條令、薄書故事，能夠得心應手地處理各種繁雜的公文、公務，這對提高封建國家的行政管理非常有意義。如王充在《論衡·程材》中說：「文吏理事，必問法家」〔註21〕，「非文吏，憂不除，非文吏，患不救。」〔註22〕再如《漢書·路溫舒傳》記載：「溫舒取澤中蒲，截以爲牒，編用寫書。稍習善，求爲獄小吏，因學律令，轉爲獄吏，縣中疑事皆問焉。」〔註23〕路溫舒由於精通律令，別人遇到棘手不能處理的

〔註18〕《管子·明法解》謝浩範、朱迎平譯注：《管子全譯》，貴州人民出版社1996年版，第826頁。
〔註19〕《韓非子·五蠹》第452頁。
〔註20〕《荀子·去強》第303頁。
〔註21〕〔漢〕王充著：《論衡·程材》，上海人民出版社1974年版，第190頁。版本下同。
〔註22〕《論衡·程材》第188頁。
〔註23〕《漢書·路溫舒傳》第2367頁。

事情都不得不求助於他。「吏道以法令爲師。」〔註24〕文吏所奉行的準則是堅決擁護君主的統治，嚴格按照法令辦事，不崇拜其它任何權威。如《漢書‧杜周傳》載：「周少言重遲，而內深次骨。宣爲左內史，周爲廷尉，其治大抵放張湯，而善候司。上所欲擠者，因而陷之；上所欲釋，久繫待問而微見其冤狀。客有謂周曰：『君爲天下決平，不循三尺法，專以人主意指爲獄，獄者固如是乎？』又載杜周言：『三尺安出哉？前主所是著爲律，後主所是疏爲令；當時爲是，何古之法乎！』」〔註25〕文吏能夠完全忠實執行封建君主的旨意，善於處理各種事務，這對古代君主加強中央集權，提高行政管理，維護封建中央專制主義的統治是具有重要意義的。

雖然任用文吏具有以上統治作用，但弊端也十分突出，文吏以吏爲師，刻薄寡恩，容易導致社會矛盾激化。秦時以法爲教，以吏爲師，就是典型的文吏政治，然而「秦以任刀筆之吏，爭以亟疾苛察相高，……陵夷至於二世，天下土崩。」〔註26〕文吏的嚴厲苛刻，刻薄寡恩，使社會矛盾嚴重激化，導致秦朝滅亡。由於任用文吏對維護封建統治有重要作用，但鑒於秦時純粹任用文吏而迅速滅亡的教訓。因此，西漢初年，西漢統治者開始調整官吏選拔制度，吸收儒生參政，來淡化純粹任用文吏的弊端，採取文吏、儒生並用的方針。

儒生是指因通經而入仕的儒學化官員。儒生在西漢時得以參政是有原因的：第一、儒生的參政是與西漢時期儒學的發展密切相關的。西漢時經叔孫通、賈誼、陸賈，特別是董仲舒的改造後，儒學改變了先秦「累世不能禪其學，當年不能究其禮」〔註27〕以及法古而非今的弊端，變得既重古又重今，既重理論又重實踐，如韓嬰推崇的大儒是「其言有類、其行有禮，其舉事無悔，其持檢應變相當，與時遷徙，與時偃仰」〔註28〕。同時，儒家理論所強調的等級、貴賤、禮儀等內容對加強封建中央集權的統治具有重要作用。第二、儒生以儒家思想爲治世理念，在政治上強調德治，認爲政治統治不僅只是治獄聽訟、收稅徵賦等事務，而且還有導民、廣教化、移風易俗等。第三、

〔註24〕 《漢書‧薛宣傳》第 3397 頁。
〔註25〕 《漢書‧杜周傳》第 2659 頁。
〔註26〕 《漢書‧張釋之傳》第 2308 頁。
〔註27〕 《史記‧孔子世家》1911
〔註28〕 〔漢〕韓嬰撰，許維遹校釋：《韓詩外傳集釋‧卷五第五章》，中華書局 1980 年版，第 171 頁。

與非人格化的文吏不同，儒生重視自身的人格獨立，不僅把自身視爲統治者的工具，也在一定程度上視自身爲社會利益和傳統道德的代表。所以，儒生不像文吏一樣，奉行絕對權威和唯法至上。再如西漢谷永「敢越郡吏之職，陳累年之憂」〔註29〕，認爲「天下乃天下之天下，非一人之天下也。」〔註30〕儘管有上述優點，但儒生任吏也是有其弊端的。如「口能言治亂，而無能以行之」，「儒者不知治世而善訾議」等。

從上可見，文吏和儒生對維護封建統治都有重要作用，但二者也皆有弊端。對此，王充在《論衡·程材》論述道：

> 夫文吏能破堅理煩，不能守身，不能守身則亦不能輔將。儒生不習於職，長於匡救，將相傾側，諫難不懼。案世間能建蹇蹇之節，成三諫之議，令將檢身自敕，不敢邪曲者，率多儒生。阿意苟取榮幸，將欲放失，低嘿不言者，率多文吏。文吏以事勝，以忠負；儒生以節優，以職劣。二者長短，各有所宜；世之將相，各有所取。取儒生者，必軌德立化者也；取文吏者，必優事理亂者也。〔註31〕

綜上所述，儘管文吏爲政酷烈，但離開優於理事的文吏，無法使封建中央專制主義集權國家各項政策法令得到有效地執行，無法保證封建政權的正常運轉。儘管儒生爲政「口能言治亂，而無能以行之」，但儒生的以德教化等也同樣是封建統治所不可缺少的工具。漢宣帝曾說：「漢家自有制度，本以霸王道雜之。」〔註32〕「霸道」即用文吏實現，「王道」即由儒生完成。但對統治者來說，具有兼容文吏和儒生特點的治世人才，對治理國家，維護統治則最爲有用。

王粲在《儒吏論》中曾說：

> 執法之吏不窺先王之典，縉紳之儒不同律令之要。彼刀筆之吏，豈生而察刻哉！起於几案之下，長於官曹之間，無溫裕文雅以自潤，雖欲無察刻，弗能得矣。竹帛之儒，棄生而迂緩也！起於講堂之上，遊於鄉校之中，無嚴猛斷割以自裁，雖欲不迂緩，弗能得矣……吏服雅馴，儒通文法，故能寬猛相濟，剛柔自克也。〔註33〕

〔註29〕《漢書·谷永傳》第 3467 頁。
〔註30〕《漢書·谷永傳》第 3467 頁。
〔註31〕王充《論衡·程材》第 188 頁。
〔註32〕《漢書·元帝紀》第 277 頁。
〔註33〕〔魏〕王粲撰：《王粲集·儒吏論》，中華書局 1980 版，第 40 頁。

西漢時，伴隨著儒生和文吏的並用，逐漸出現了「吏服雅馴，儒通文法」的趨勢，即儒生由習吏職向文吏轉化，文吏由習經術向儒生轉化。在儒生由習吏職向文吏轉化方面，西漢公孫弘就是儒生向文吏轉化的先驅，《漢書·公孫弘傳》記載：「（弘）習文法吏事，緣飾以儒術。」〔註34〕此後儒生兼通文法逐漸增多，如《漢書·孔光傳》記載：「（光）以高第爲尚書，觀故事品式，數歲明習漢制及法令。」〔註35〕董仲舒則「以《春秋》決獄」，將儒學與現實理政充分結合。在文吏向儒生轉化方面，如《漢書·丙吉傳》記載：「（吉）本起獄法小吏。後學《詩》、《禮》，皆通大義。」〔註36〕《漢書·于定國傳》記載：「（國）少學法於父……乃迎師學《春秋》，身執經，北面備弟子禮，爲人謙恭，尤重經術士。」〔註37〕《漢書·薛宣傳》記載：「（宣）其法律任廷尉有餘，經術文雅足以謀王體，斷國論。」〔註38〕等等。可見，西漢時期在採用文吏、儒生兼用方針的同時，也出現了文吏與儒生結合的狀況。

東漢建立後，劉秀繼續採用文吏與儒生並用的方針，並且更重用兼通儒法的人。從范曄《後漢書》中就能看出，在《後漢書》中，有《酷吏傳》、《儒林傳》、《循吏傳》。《酷吏傳》中記載的都是以文吏爲政的人，《儒林傳》中記載的都是以儒生爲政的人，而《循吏傳》中記載的大都是兼通儒法的人。

東漢建立後，劉秀採取「退功臣而進文吏」的方略，在剝奪廣大軍功人員的官職後，所引進的「文吏」就是指文吏、儒生、儒法兼通的這三種人。在意識形態領域以德教化方面多任用儒生，在政治法律方面多任用文吏，在國家和地方郡國治理上則大量任用儒法兼通者。

第二節 「進文吏」的方略

東漢初年，劉秀採取「退功臣而進文吏」的統治方略，就是爲了鞏固發展文官制度，發揮文官制度的統治功能，以鞏固東漢政權的統治。東漢建立後，劉秀在承襲西漢文官制度的基礎上，對中央官制和地方官制進行了一系列改革，把中國古代的文官制度推向了一個新的階段。在中樞機構，劉秀爲

〔註34〕 《漢書·公孫弘傳》第 2618 頁。
〔註35〕 《漢書·孔光傳》第 3353 頁。
〔註36〕 《漢書·丙吉傳》第 3145 頁。
〔註37〕 《漢書·于定國傳》第 3041 頁。
〔註38〕 《漢書·薛宣傳》第 3392 頁

削弱三公的權力，加強皇權，「雖置三公，事歸臺閣」；在監察方面，劉秀在西漢監察制度的基礎上，建立從中央到地方，包括御史中丞、司隸校尉和州刺史的嚴密監察制度；在官吏的選拔上，劉秀採取「退功臣而進文吏」的方略，剝奪了廣大功臣的官職，同時選拔任用了大量的特別是儒法兼通的人爲「文吏」，以彌補功臣退出官職後的空缺。

一、鞏固文官選拔制度

官員選拔制度作爲中國古代文官制度的重要組成部分，在中國古代封建社會，對維護封建統治，發揮文官制度的統治功能，具有十分重要的作用。《冊府元龜》中說：「銓選之任，衡鑒是司，歷史以來，資地尤重。」〔註39〕「論辯多士，總校群材，爲治亂之本源，實幫國之大計。」〔註40〕東漢建立後，劉秀在承襲西漢官員選拔制度的基礎上，對文官的選拔制度又進行了一定鞏固與發展。

（一）西漢時期文官選拔制度

西漢時期的官員選拔主要是以察舉爲主體，包括闢除、徵召、私人舉薦、博士弟子課試、任子、納貲等方式。

西漢初年，官吏大多數爲跟隨劉邦打天下的武力功臣。根據《漢書‧百官公卿表上》統計，西漢初年「吏員自佐史至丞相十二萬二百八十五人」〔註41〕。除了任用軍功吏外，西漢初年，統治者還採取了其它多種官員選拔方式，如察舉、徵召、任子等。

察舉制度作爲漢代選拔官員最基本的一種制度，在漢初只是臨時性的，並沒形成常規化。例如，在西漢武帝以前，僅在惠帝四年和呂后元年兩次選舉過孝廉，在文帝二年和十五年兩次詔舉賢良。徵召制度是指朝廷對社會賢達、隱居高士以及特殊人才的直接聘請任用，徵召制度分爲二途：一是官途，直接徵召入朝爲官，即採用特徵與聘招的方式，選拔某些有名望或品學兼優的人士。如《漢書‧儒林傳》載：「武帝初即位，……使使者束帛加璧，安車以蒲裹輪，駕馴迎申公，弟子二人，乘招傳從。」〔註42〕二是吏途，公府與

〔註39〕　《冊府元龜‧卷六二九‧銓選部‧總序》〔北宋〕王若欽等編《冊府元龜》，中華書局 1966 年版，第 7538 頁。版本下同。
〔註40〕　《冊府元龜‧卷六五一‧貢舉部‧謬濫》第 7801 頁。
〔註41〕　《漢書‧百官公卿表上》第 743 頁。
〔註42〕　《漢書‧申公傳》第 3608 頁。

州郡闢除，即由各級官署長官自己徵召辟用為吏，作為自己的掾屬即幫辦人員，包括中央政府各部門的掾屬和地方郡縣的掾屬。如《後漢書‧百官志一》記載：「漢初掾史辟皆上言之，故有秩命士，其所不言，則為百石屬。其後皆自辟除，故通為百石云。」〔註43〕

任子制是指兩千石以上的官員，為官三年以上，就可以送子弟一人入中央為郎，包括議郎、中郎、侍郎、郎中等。郎官的職責是守衛宮殿和做皇帝隨從，經過一段時間，中央和地方官有缺額，即可由郎官選用。漢初，朝廷各部門和郡縣的各級官員、征邊將帥多由郎官出任，可以說郎官是中高級官員的必需資歷和出身，所以董仲舒說：「夫長吏多出於郎中、中郎。」〔註44〕

納貲制實際上就是賣官，即用資財和金錢買官。在漢初，以貲買官十分普遍。如張釋之「以貲為騎郎、事文帝」〔註45〕；司馬相如「以貲為郎、事孝景帝」〔註46〕；黃霸「武帝末以侍詔入錢賞官，補侍郎謁者，坐同產有罪劾免，後復入穀沈黎郡，補左馮翊二百石卒史」〔註47〕。

除了上述這四種選官方式外，西漢初年還有以計吏拜官、材力拜官、方伎拜官、私人薦舉等。漢初制度草創，儘管有這麼多的選官制度，但只有察舉和徵召制度是選舉賢能，任子、納貲等都是選貴、選富。任用功臣為吏、以及選貴、選富為吏雖然也曾選拔出像汲黯、袁盎等優秀官員，但總體來說這些選拔方式難免弊端累累，亂象叢生，以致董仲舒說「長吏多出於郎中、中郎、吏二千石子弟選郎吏，又以高貲，未必賢也。是以廉恥貿亂，賢不肖渾淆，未得其真」〔註48〕。

西漢到武帝時，封建地主階級的統治已得到鞏固，漢武帝為了進一步的鞏固統治，加強集權，在官員選拔制度上又進行了一定的改革。漢武帝在繼續漢初的察舉、徵召、任子、納貲等制度的同時，又增加了太學養士制、公車上書自薦制。太學養士制是指漢武帝興建太學，立《五經》博士，通過考試在博士子弟中選補官吏；公車上書自薦是指吏民可以乘公車到闕下直接向朝廷言事議政，朝廷從中發現人才，不次擢用或試用，有特殊才能的也可上書自薦，如漢武帝時的東方朔、主父偃、朱買臣等都是自薦為官的。

〔註43〕《後漢書‧百官志一》第 3558～3559 頁
〔註44〕《漢書‧董仲舒傳》第 2512 頁。
〔註45〕《漢書‧張釋之傳》第 2307 頁。
〔註46〕《漢書‧司馬相如傳》第 2529 頁。
〔註47〕《漢書‧黃霸傳》第 3627～3628 頁。
〔註48〕《漢書‧董仲舒傳》第 2512～2513 頁。

　　西漢到武帝時，選官制度趨於定型，以選舉賢能人才的察舉制和太學養士製成爲武帝及以後西漢的兩大基本選官制度，任子和納貲制等地位大大下降，以功臣爲吏則完全衰退，這樣選舉與教育逐漸結合起來。

　　在上述兩大基本選舉制度中，雖然選拔官員的程序上有所不同，但卻使西漢的官員選拔制度更加嚴密完善。在察舉制中，賢良一科，是由皇帝下詔「制選」，然後經「鄉舉里選」即察選，送上朝廷，再經御前統一考試，拜授官職，察舉中的賢良茂才等大多能夠直接進入政府做官。而察舉中的舉孝廉等則大多爲郎。在太學養士制度中，太常府每年在全國選拔年滿十八歲儀表端莊的優秀青年進入太學成爲太學生，太學生在太學學習一年後，經過畢業考試，成績優異的爲甲科，直接進入朗署爲郎，成績次等爲乙科，通常補文學掌故或到地方爲吏。西漢官員的選拔通常是按照吏、郎、官三級漸進向上的程序實現的。因此可見，西漢武帝後，在察舉制和太學養士製成爲兩大基本選官制度後，除了賢良和茂才等可以直接進階爲官外，其它的人在當官前，往往都要經過吏，以及郎這一級的鍛鍊。

　　察舉制和太學養士制兩大基本選舉制度，使大批具有文化知識，特別是精通儒家經典，且具有一定實踐能力的人走上仕途，爲西漢政府所用。通過這兩種基本制度選拔的優秀人才不僅具有相當的文化水平與實際技能，而且經過儒家思想薰陶的許多知識分子都具有忠君愛國、廉潔自愛的道德操守，這對提高西漢政府的行政效率，維護西漢中央集權統治具有非常重要的作用。

　　自武帝以後，西漢政府每年都有一定數目的優秀太學生走出太學，進入政府爲吏或爲郎。太學生人數由武帝最初的每年三百五十人，經過昭、宣、元帝的不斷擴招，到西漢成帝時已達到三千多人，至西漢平帝時全國的郎吏幾乎全部來自太學生。因此，西漢中後期以後，公卿朝士名儒輩出，宣帝以後爲相者，幾乎皆爲名家大儒。這樣以察舉制和太學養士制兩大選舉制度爲基本的官員選拔制度逐漸完成了西漢政府由貴族軍人政府向文官政府的轉變，這對推動我國古代文官制度的完善與發展也是起到了非常積極的作用的。

　　西漢自元帝以後，「孝宣之業衰焉」，〔註49〕吏治越來越腐敗，如元帝時「天下俗財賤義……綱紀失序，疏者逾內，親戚之恩薄，婚姻之黨隆，苟合僥倖，以身設利」〔註50〕。成帝時政治更加腐敗，外戚專權「王氏一姓乘朱

〔註49〕《漢書·元帝紀》第 299 頁。
〔註50〕《漢書·匡衡傳》第 3333〜3334 頁。

輪華穀者二十三人……尚書九卿皆出其門，篤執樞機，朋黨比周，稱譽者登進，忤恨者誅傷，遊談者助之悅，執政者為之言」〔註51〕。至平帝時，政治更加腐敗，「百官群職曠廢，姦軌放縱。」〔註52〕自西漢中後期，中央由於外戚、宦官迭相專權，地方由於貪官污吏橫行不法，任人唯親，以及賣官買官等現象十分嚴重，以察舉制和太學養士制為基本選舉制度的官員選拔制度遭到了巨大破壞。

（二）鞏固文官選拔制度

1、恢復西漢時的文官選拔制度

東漢建立後，以西漢王朝正統繼承人自居的劉秀，為了維護東漢政權的長治久安，除了對西漢中後期以來龐大的政府機構進行了並省精簡外，還對以察舉制和太學養士制為基本的選舉制度重進行了一定程度的鞏固與發展。

《東漢會要》中，關於東漢選舉的方式載有賢良方正直言極諫、博士弟子甲乙科、孝廉（廉吏）、至孝、有道、敦厚質直、仁賢、茂才四行、明經、計偕、將帥、耆儒、試尚書、試博士、童子、任子（公孫）、公府選舉、公府闢除、州郡闢除、郡吏、上計吏、聘處士、宣陵孝子等二十二種。其中，劉秀在位期間所用的方式有：

第一、賢良方正

建武六年冬十月丁丑，詔曰：「吾德薄不明，寇賊為害，強弱相陵，元元失所。……其敕公卿舉賢良、方正各一人。」〔註53〕

建武七年四月壬午，詔曰：「公、卿、司隸、州牧舉賢良、方正各一人，遣詣公車，朕將覽試焉。」〔註54〕

第二、博士弟子甲乙科

「光武中興……立《五經》博士，各以家法教授，《易》有施、孟、梁丘、京氏，《尚書》歐陽、大小夏侯，《詩》齊、魯、韓，《禮》大小戴，《春秋》嚴、顏、凡十四博士，太常差次總領焉。建武五年，乃修起太學，稽式古典，籩豆干戚之容，備之於列，服方領習矩步者，委它乎其中。」〔註55〕

〔註51〕 《漢書・楚元王傳》第 1960 頁。
〔註52〕 《漢書・孔光傳》第 3358 頁。
〔註53〕 《後漢書・光武帝紀第一下》第 50 頁。
〔註54〕 《後漢書・光武帝紀第一下》第 52 頁。
〔註55〕 《後漢書・儒林傳》第 2545 頁。

第三、孝廉（廉吏）

「建武十二年，詔三公舉廉吏各二人，光祿歲察廉吏三人，中兩千石歲察廉吏各一人，廷尉、大司農各二人，將兵將軍歲察廉吏各二人。」〔註56〕

第四、茂才四行

「建武十二年，詔三公舉茂才各一人，光祿功歲舉茂才四行各一人，監察御史、司隸、州牧歲舉茂才各一人。」〔註57〕

第五、試博士

「建武中，太常選博士十四人，陳元爲第一。」〔註58〕

第六、公府選舉

「建武二年，（衛颯）辟大司徒鄧禹府。舉能案劇，除侍御史。」〔註59〕

第七、公府闢除

「（牟長）少習《歐陽尚書》，不仕王莽世。建武二年，大司空（宋）弘特闢。」〔註60〕

第八、州郡闢除

「太守歐陽歙（郅惲）請爲功曹。」〔註61〕

第九、聘處士

「建武中，徵爲議郎，以病去職，遂將妻子居黽池。復被徵，不得已，乃著短布單衣，穀皮綃頭，待見尚書。及光武引見，黨伏而不謁，自陳願守所志，帝乃許焉。」〔註62〕

可見，根據《東漢會要》的記載，在東漢王朝二十二種選舉方式中，其中在劉秀朝有九種。這九種方式幾乎涵蓋了西漢武帝以後察舉制和太學養士制兩大基本選舉制度中的官員選拔方式。也就是說，東漢建立後，劉秀基本上恢復了西漢時期的官員選拔制度。

2、改革文官選拔制度

除恢復了西漢時期的官員選拔制度外，劉秀還進行了一定的改革，對官

〔註56〕《東漢會要‧選舉上》第 387 頁。
〔註57〕《東漢會要‧選舉上》第 393 頁。
〔註58〕《東漢會要‧選舉上》第 396 頁。
〔註59〕《後漢書‧衛颯傳》第 2459 頁。
〔註60〕《後漢書‧牟長傳》第 2557 頁。
〔註61〕《後漢書‧郅惲傳》第 1027 頁。
〔註62〕《後漢書‧周黨傳》第 2761 頁。

員選拔制度加以鞏固。《後漢書・百官志一》注引《漢官目錄》曰：

> 建武十二年八月乙未詔書：三公茂才各一人，廉吏各二人；光祿歲舉茂才四行各一人，察廉吏三人；中兩千石歲察廉吏各一人，廷尉、大司農各二人。將兵將軍歲察廉吏各二人；監察御史、司隸、州牧歲舉茂才各一人。〔註63〕

孝廉在西漢武帝時就已經成為歲舉，但是自漢武帝後，終西漢一代，茂才一直屬於特舉，沒有形成嚴格的制度，劉秀則將茂才定為歲舉，一年由州進行一次。這樣茂才和孝廉一樣就成為了東漢各級官員的重要來源。

3、嚴格文官選拔制度

除恢復了西漢時期的文官選拔制度，並進行了一定改革外，劉秀還嚴格了文官選拔的程序和內容。《文獻通考》記載：

> 世祖詔：「方今選舉，賢佞朱紫錯用。丞相故事，四科取士：一曰德行高妙，志節清白；二曰學通行修，經中博士；三曰明達法令，足以決疑，能按章覆問，文中御史；四曰剛毅多略，遭事不惑，明足以決，才任三輔令，皆有孝悌廉公之行。自今以後，審四科辟召，及刺史、二千石察茂才尤異孝廉之吏，務盡實錄，選擇英俊、賢行、廉潔、平端於縣邑，務授試以職。有非其人，臨計過署，不便習官事，書疏不端正，不如詔書，有司奏罪名，並正舉者。」〔註64〕

從上可見，被察舉為「孝廉」者，要經過嚴密的程序，要經過是否是「英俊、賢行、廉潔、平端」的選擇，顯然是對是否是孝廉的審核。而經過這一選擇之後，還要「授試以職」，用實際工作能力來檢驗。這種檢驗是要選擇德、行兼優的官吏，並且相當嚴格，連「書疏不端正」，都要奏罪，還要處置推舉人。東漢初年，許多大臣也都因為選舉不實或不當而受到懲罰，例如《後漢書・馮勤傳》記載：「司徒侯霸薦前梁令閻楊。楊素有譏議，帝常嫌之，既見霸奏，疑其有姦，大怒，賜霸璽書曰：『崇山、幽都何可偶，黃鉞一下無處所。欲以身試法邪？將殺身以成仁邪？』」再如，《後漢書・竇融傳》記載：建武二十年，「大司徒戴涉坐所舉人盜金下獄，帝以三公參職，不得已乃策免融。」可以看到，因所舉薦的人有問題，侯霸受到殺頭警告，戴涉直接被革職，並且連累三公中其它二人。

〔註63〕《後漢書・百官志一》第3559頁。
〔註64〕《文獻通考・選舉考》第367頁。

綜上所述，東漢初年，劉秀重新恢復鞏固了西漢自武帝以來形成的完整嚴密的官員選拔制度，並且對官員的選拔嚴格監察，力革西漢中後期以來在官員選拔制度上存在的各種弊端，以保證選拔出德才兼備，高質量的官員。劉秀對官員選拔制度的恢復鞏固和嚴格監察不僅選拔出來許多優秀的官員，爲東漢初年經濟社會的恢復與穩定奠定了堅實的基礎，而且所選撥出來的這些優秀官員，成功彌補了劉秀剝奪功臣官職後所形成的官職空缺，保證了政權的健康穩定有序運行。

二、發展教育培養後備「文吏」

東漢初年，劉秀除了鞏固文官選拔制度外，還大力發展教育，以培養後備文官，爲「退功臣」後，能夠引進大量受過儒家思想薰陶，且具有文化知識的「文吏」奠定了基礎。

（一）倡導經學

自漢武帝實行「罷黜百家，獨尊儒術」的思想文化政策以來，儒家思想就成爲了中國古代封建社會的指導思想，經學也就成爲了官方學術，經學在國家的政治、社會生活中也發揮著越來越重要的作用。所謂以「《禹貢》治河，以《洪範》察變，以《春秋》決獄，以三百篇（《詩》）諫書」〔註65〕就是經學治國的寫照。東漢建立後，劉秀對經學也十分倡導。

與漢高祖劉邦「居馬上而得之，安事《詩》《書》」〔註66〕，輕視文化相比，劉秀本人十分熱愛學習，有較深的文化知識，對經學和讀書人也十分重視。劉秀「年九歲，而南頓君卒，隨其叔父在蕭，入小學。後之長安，受《尚書》於中大夫廬江許子威」〔註67〕「略通大義」〔註68〕。劉秀稱帝後，儘管戰事頻繁，但仍然重視學習經學，《東觀漢記》記載：「當此之時，賊檄日以百數，憂不可勝，上猶以餘間講經藝。」〔註69〕建武四年，馬援見到劉秀後，對劉秀的印象是「經學博覽，政事文辯，前世無比」〔註70〕。《後漢書·光武帝紀第一下》記載：「每旦視朝，日仄乃罷。數引公卿、郎、將講論經理，

〔註65〕 〔清〕皮錫瑞注，周予同注釋：《經學歷史》，中華書局2004年版，第56頁。
〔註66〕 《史記·酈生陸賈列傳》第2699頁。
〔註67〕 《東觀漢記·世祖光武皇帝》第1頁。
〔註68〕 《後漢書·光武帝紀第一上》第2頁。
〔註69〕 《東觀漢記·世祖光武皇帝》第8頁。
〔註70〕 《後漢書·馬援傳》第831頁。

夜分乃寐。皇太子見帝勤勞不怠，承間諫曰：『陛下有禹、湯之明，而失黃、老養性之福，願頤愛精神，優遊自寧。』帝曰：『我自樂此，不為疲也。』」〔註71〕可見，劉秀不僅具有一定的經學知識，而且對經學的學習是十分熱愛的，且自始至終，持之以恒。

（二）發展教育

除了自己熱愛學習外，劉秀對發展教育也是十分重視的，這在中國古代開國帝王中是非常突出的。

西漢時期，漢武帝「立《五經》博士，開弟子員，設科射策，勸以官祿」，〔註72〕並在長安城外設立太學，作為博士官的培養機構，之後，經學教育便迅速發展起來。到西漢宣、元時期，已發展到了所謂十四博士之學，平帝時王莽進奏章：「……立官稷及學官。郡國稱學，縣、道、邑稱校。校、學設置經師一人。鄉稱庠，村莊聚點稱序。序、庠設置《孝經》師一人。」〔註73〕可見，自武帝後，直到西漢末年，經學都是十分昌盛的。但到新莽末年，因為戰亂，經學遭到很大破壞，《後漢書・儒林傳》記載：「昔王莽、更始之際，天下散亂，禮樂分崩，典文殘落。」〔註74〕

在國家的治理方向上，劉秀比漢高祖劉邦高明，他一開始就懂得天下可居馬上得之，而不可居馬上治之的道理，知道發展鞏固文官制度才是維護東漢政權長治久安之策。因此，東漢初年，儘管戰事頻繁，劉秀還是採取了一系列措施來發展教育，以培養後備文官。《後漢書・儒林傳》記載：「及光武中興，愛好經術，未及下車，而先訪儒雅，採求闕文，補綴漏逸。」〔註75〕早在建武元年，「光武遷還洛陽，其經牒秘書載之二千餘兩。」〔註76〕就為復興和發展經學教育準備了條件。

劉秀發展教育的第一件大事就是恢復設置太學。早在建武五年，關東大局已定，但戰事尚未結束之時，劉秀就迫不及待地恢復西漢時的太學。建武五年春正月，劉秀封殷後孔安為殷紹嘉公。同年十月，劉秀「幸魯」，使大司空祠孔子，為發展儒家思想和設太學，做了鋪墊。同月，「乃修起太學，稽式

〔註71〕《後漢書・光武帝紀第一下》第 85 頁。
〔註72〕《漢書・儒林列傳》第 3620 頁。
〔註73〕《漢書・平帝紀》第 355 頁。
〔註74〕《後漢書・儒林傳》第 2545 頁。
〔註75〕《後漢書・儒林傳》第 2545 頁。
〔註76〕《後漢書・儒林傳》第 2548 頁。

古典，籩豆干戚之容，備之於列，服方領習矩步者，委它乎其中」〔註77〕。
「修明禮樂，煥然文物可觀矣」〔註78〕。東漢太學在建起的當年就「諸生
橫巷」，學習人數空前。《後漢書‧光武帝紀（上）》載：「（建武五年）冬十
月……耿弇等與張步戰於臨淄，大破之。帝幸臨淄，進幸劇。張步斬蘇茂以
降，齊地平。初起太學。車駕還宮，幸太學，賜博士弟子各有差。」〔註79〕
劉秀自齊回京的第一件事就是「幸太學，賜博士弟子各有差」。可見，劉秀
對恢復設置太學，發展儒家教育的重視。

劉秀在設置太學的同時，還積極訪求經師，招攬逸士，於是「四方學士
多懷協圖書，遁逃林藪。自是莫不抱負墳策，雲會京師，范升、陳元、鄭興、
杜林、衛宏、劉昆、桓榮之徒，繼踵而集」〔註80〕。

在設置太學，訪求經師的同時，劉秀還恢復了西漢時期的十四博士之
學。《後漢書‧百官志二》載：

> 博士十四人，比六百石。本注曰：《易》四，施、孟、梁丘、
> 京氏。《尚書》三，歐陽、大小夏侯氏。《詩》三，魯、齊、韓氏。《禮》
> 二，大小戴氏。《春秋》二，《公羊》嚴、顏氏。掌教弟子。國有疑
> 事，掌承問對。本四百石，宣帝增秩。〔註81〕

從博士「掌教弟子；國有疑事，掌承問對」的職責可以看出，博士不僅
要教育教學，還負責皇帝顧問，隨時答問，其政治地位較高。根據《後漢書》
統計，東漢光武朝，所立的經學博士有十二人。

《孟氏易》博士：窪丹。

《梁丘易》博士：（先後）范升、張興。

《歐陽尚書》博士：（先後）牟長、桓榮。

《魯詩》博士：高詡。

《齊詩》博士：伏恭。

《韓詩》博士：薛漢。

《顏氏春秋》博士：張玄。

《嚴氏春秋》博士：（先後）甄宇、丁恭、周澤。

〔註77〕《後漢書‧儒林傳》第2545頁。
〔註78〕《資治通鑒‧卷四十一‧建武五年》第1335頁。
〔註79〕《後漢書‧光武帝紀第一上》第40頁。
〔註80〕《後漢書‧儒林傳》第2545頁。
〔註81〕《後漢書‧百官志二》第3572頁。

對於《施氏易》、《京氏易》及大小戴《禮》博士爲何人，史料沒有記載。

此外，根據《後漢書·曹褒傳》記載，曹褒的父親曹充「持《慶氏禮》，建武中爲博士」。如果此記載屬實的話，那麼在東漢劉秀朝，應當是十五博士之學。

東漢初年，劉秀對博士的選拔也十分嚴格的，基本是按照品學兼優標準，通過考試的方式選拔。如《齊詩》博士伏恭，「性孝，事所繼母甚謹，少傳黯學，以任爲郎。建武四年，除劇令。視事十三年，以惠政公廉聞。青州舉爲尤異，太常試經第一，拜博士」〔註82〕。《顏氏春秋》博士張玄，「舉孝廉，除爲郎。會《顏氏》博士缺，玄試策第一，拜爲博士」〔註83〕。

東漢初年，在劉秀的大力推動下，不僅京都洛陽建立了太學，而且一些地方官員也主動辦學以興教化。如寇恂爲汝南太守，「乃修鄉校，教生徒，聘能爲《左氏春秋》者，親受學焉」〔註84〕。李忠遷丹陽太守，「以丹陽越俗不好學，嫁娶禮儀，衰於中國，乃爲起學校，習禮容，春秋鄉飲，選用明經，郡中嚮慕之」〔註85〕。衛颯遷桂陽太守，「郡與交州接境，頗染其俗，不知禮則。颯下車，修庠序之教，設婚姻之禮。期年間，邦俗從化」〔註86〕。任延爲武威太后，「造立校官，自掾史子孫，皆令詣學受業，復其徭役」〔註87〕。

太學和這些地方官創辦的學校爲官學。而由一些碩學大儒或其它經師通過立舍授徒的方式進行的教育教學被稱爲私學。在劉秀對教育的支持下，東漢初年，私學也紛紛興起。《歐陽尚書》博士牟長，「及在河內，諸生講學者常有千餘人，著錄前後萬人」〔註88〕。歐陽歙爲汝南太守時，「教授數百人」，後爲大司徒，「坐在汝南臧罪千餘萬發覺下獄。諸生守闕爲歙求哀者千餘人。」〔註89〕《嚴氏春秋》博士丁恭，「學義精明，教授常數百人，州郡請召不應。建武初，爲諫議大夫、博士，封關內侯。十一年，遷少府。諸生自遠方至者，著錄數千人，當世稱爲大儒」〔註90〕。范曄在《後漢書·儒林傳》中評論道：

〔註82〕《後漢書·伏恭傳》第 2571 頁。
〔註83〕《後漢書·張玄傳》第 2581 頁。
〔註84〕《後漢書·寇恂傳》第 624 頁。
〔註85〕《後漢書·李忠傳》第 756 頁。
〔註86〕《後漢書·衛颯傳》第 2459 頁。
〔註87〕《後漢書·任延傳》第 2463 頁。
〔註88〕《後漢書·牟長傳》第 2557 頁。
〔註89〕《後漢書·歐陽歙傳》第 2556 頁。
〔註90〕《後漢書·丁恭傳》第 2578 頁。

自光武中年以後，干戈稍戢，專事經學，自是其風世篤焉。其
服儒衣，稱先王，遊庠序，聚橫塾者，蓋布之於邦域矣。若乃經生
所處，不遠萬里之路，精廬暫建，贏糧動有千百，其耆名高義開門
受徒者，編牒不下萬人，皆專相傳祖，莫或訛雜。〔註91〕

可見，東漢初年，私學教育是十分繁盛的，私學的這種繁盛景況，也爲
經學最後能夠走出經院，而普及到民間是起到極大作用的。

總之，東漢初年，在劉秀的倡導之下，新莽末年遭到破壞的文化教育，
又得到了恢復與發展，並呈現出繁榮昌盛的景象。經學是中國封建文化的主
體，是中國封建社會意識形態的核心，劉秀對經學教育的大力推崇，其政治
意圖也很明顯。一方面，統一統治階級內部的意識形態，發揮儒家思想的思
想統治功能，以維護統治秩序；另一方面，通過發展經學教育，培養和選拔
受到儒家思想薰陶，忠君愛國的官吏，以鞏固發展文官制度，加強皇權，使
東漢王朝的統治能夠長治久安。在《後漢書·儒林傳》「論」中范曄言：

故楊雄曰『今之學者，非獨爲之華藻，又從而繡其鞶帨。』夫
書理無二，義歸有宗，而碩學之徒，莫之或徙，故通人鄙其固焉，
又雄所謂『譊譊之學，各習其師』也。且觀成名高第，終能遠至者，
蓋亦寡焉，而迂滯若是矣。然所談者仁義，所傳者聖法也。故人識
君臣父子之綱，家知違邪歸正之路。〔註92〕

「然所談者仁義，所傳者聖法也。故人識君臣父子之綱，家知違邪歸正
之路。」這句話深刻地說明了劉秀對發展教育的目的，即是宣揚三綱五常，
強調封建倫理道德，強化文官制度，維護統治秩序，鞏固東漢王朝統治。

三、引進「文吏」

東漢初年，劉秀爲了鞏固發展文官制度，「退功臣而進文吏」，將東漢中
央、州、郡、縣各級機構中軍功人員的官職基本剝奪乾淨。爲保證政權的正
常運行，劉秀在「退功臣」的同時，又引進了大量「文吏」。對劉秀「退功臣
而進文吏」所引進的「文吏」，前文也已論述，包括三種人：儒生、文吏、儒
法兼通的人。下面將東漢初年劉秀「進文吏」的情況做一下分析。

〔註91〕《後漢書·儒林傳》第 3588 頁。
〔註92〕《後漢書·儒林傳》第 3588～3589 頁。

（一）引進替代功臣職位的文官

建武十三年以前，在東漢中央機構任職的功臣，主要是雲臺二十八將當中的功臣，這部分功臣因戰功較大，職務也較高。建武十三年，劉秀基本上是將這部分功臣的官職剝奪去的。劉秀在引進替代這些功臣的文官時，主要是通過徵召在社會上有聲望的前朝退職文官，特別是那些不仕王莽，保持節操的隱人逸士，以及學識著於鄉里的名儒。這部分文官也大多屬於儒法兼通的人，因此受到劉秀的重用，官職也較高。下面主要根據劉秀時期三公中大司徒、大司空〔註93〕的任職情況，對劉秀引進的的文官進行分析。

表 3-1　東漢劉秀朝大司徒列表

姓　名	任職時間	文　化　背　景	能　力　情　況
鄧禹	建武元年	年十三，能誦詩，受業長安	劉秀常宿（禹）止於中，與定計議。且有戰功
伏湛	建武三年	父理，為當世名儒，以《詩》授成帝。湛性孝友，少傳父業，教授數百人。成帝時，以父任為博士弟子	成帝時，以父任為博士弟子。五遷，至王莽時為繡衣執法，使督大姦，遷後隊屬正
侯霸	建武五年	霸篤志好學，師事九江太守房元，治《穀梁春秋》，為元都講	王莽初，遷隨宰，再遷為執法刺姦，糾案勢位者，無所疑憚。後為淮平大尹，政理有能名。
韓歆	建武十三年	歆素有重名	以從攻伐有功，封扶陽侯。
歐陽歙	建武十四年	自歐陽生傳《伏生尚書》，至歙八世，皆為博士歙在郡，教授數百人	建武六年，拜揚州牧，遷汝南太守。推用賢俊，政稱異跡。
戴涉	建武十五年	不詳	
蔡茂	建武二十年	哀、平間以儒學顯，徵試博士，對策陳災異，以高等擢拜議郎，遷侍中	後與（竇）融俱徵，復拜議郎，再遷廣漢太守，有政績稱。
玉況	建武二十三年	代為三輔名祖，該統五經，志節高亮	曾為陳留太守。性聰敏，善行德政
馮勤	建武二十七年		初為太守銚期功曹，有高能稱。在事精勤，遂見親識。

從表 3-1 看到，建武三年劉秀是用伏湛替代鄧禹為大司徒。《後漢書·百官志一》載：「司徒，公一人。本注曰：掌人民事。凡教民孝悌、遜順、謙儉，

〔註93〕劉秀時大司徒因一直由吳漢、劉隆、趙熹擔任，故在此不作列表。

養生送死之事，則議其制，建其度。凡四方民事功課，歲盡則奏其殿最而行賞罰。凡郊祀之事，掌省牲視翟，大喪則掌奉安梓宮。凡國有大疑大事，與太尉同。」〔註94〕《後漢書·仲長統傳》載：「光武皇帝慍數世之失權，忿強臣之竊命，矯枉過直，政不任下，雖置三公，事歸臺閣。」〔註95〕東漢初年，劉秀「雖置三公，事歸臺閣」，削弱了三公的權力，加強了尚書的權力。但這不是一蹴而就的，而有一個過程。例如《後漢書·伏湛傳》載：「建武即位，知湛名儒舊臣，欲令幹任內職，徵拜尚書，使典定舊制。時，大司徒鄧禹西征關中，帝以湛才任宰相，拜爲司直，行大司徒事。車駕每出征伐，常留鎮守，總攝群司。」〔註96〕從「總攝群司」可以看出，劉秀稱帝後，大司徒所掌握的權力還是相當大的。從上表可以看出，建武三年伏湛之所以能夠替代鄧禹任大司徒是具有三個基本條件的。

第一、伏湛爲西漢舊臣。劉秀之所以用西漢舊臣是有其原因的。西漢末年，「漢再受命」理論、「讖緯」神學，以及「人心思漢」等現象在社會上十分泛濫。因此，各地割據軍閥都利用這些思想，紛紛打出「擁劉」旗幟，以在廣泛的社會領域樹立自己正統權威地位，從而爭取民心，增加自己的軍事、政治力量。同時，運用社會輿論，美化自己，仇視敵方。如綠林軍擁戴劉玄爲皇帝，建立仍然稱作漢朝的更始政權；赤眉軍則推戴漢景王之後的牧牛娃劉盆子爲皇帝；梁王劉永是西漢梁孝王八世孫；盧芳則詐稱漢成帝之孫劉文伯，被匈奴立爲「漢帝」；王朗則詐稱漢成帝之子劉子輿；隗囂則「承天順民，輔漢而起」〔註97〕；公孫述割據之初則「假輔漢將軍、蜀郡太守兼益州牧印綬」〔註98〕。劉秀在打天下的過程中，爲了樹立自己西漢皇室正統繼承人的身份，也借助和運用了這些思想理論，但爲了與其它軍閥區別，以顯示自己是眞正「立高祖之業，救萬民之命」，他在運用上述思想的同時，還採取了一系列具體的措施。如「建武元年八月壬子，祭社稷。癸丑，祠高祖、太宗、世宗於懷宮」。〔註99〕「建武二年正月壬子，起高廟，建社稷於洛陽，立郊兆於城南，始正火德，色尚赤。」〔註100〕「建武三年二月己未，

〔註94〕《後漢書·百官志一》第 3560 頁。
〔註95〕《後漢書·仲長統傳》第 1657 頁。
〔註96〕《後漢書·伏湛傳》第 894 頁。
〔註97〕《後漢書·隗囂傳》第 514 頁。
〔註98〕《後漢書·公孫述傳》第 534 頁。
〔註99〕《後漢書·光武帝紀第一上》第 24 頁。
〔註100〕《後漢書·光武帝紀第一上》第 27 頁。

祠高廟，受傳國璽。」〔註101〕等等。可見，劉秀任用前朝舊臣也有迎合當時社會思想，樹立自己正統權威的目的。此外，劉秀任用前朝德高望重的舊臣，也有爭取人心的目的。例如范曄曾對劉秀重用和賞賜卓茂一事進行評論：

> 建武之初，雄豪方擾，虓呼者連響，嬰城者相望，斯固倥傯不暇給之日。卓茂斷斷小宰，無它庸能，時已七十餘矣，而首加聘命，優辭重禮，其與周、燕之君表閭立館何異哉？於是蘊憤歸道之賓，越關阻，捐宗族，以排金門者眾矣。夫厚性寬中近於仁，犯而不校鄰於恕，率斯道也，怨悔曷其至乎！〔註102〕

從范曄的評論當中，可以看出，劉秀給予卓茂的榮譽賞賜，在知識分子中產生了很大反響，在當時天下大勢尚未明朗時，這對於能夠引誘更多知識分子前來投奔東漢政權是有積極作用的。因此劉秀用西漢舊臣，有樹立自己正統權威爭，取人心的目的，起到了招攬人才的作用。

第二、伏湛爲名儒。《後漢書・伏湛傳》載：「伏湛字惠公，琅邪東武人也。九世祖勝，字子賤，所謂濟南伏生者也。湛高祖父孺，武帝時，客授東武，因家焉。父理，爲當世名儒，以《詩》授成帝，爲高密太傅，別自名學。湛性孝友，少傳父業，教授數百人。」〔註103〕

第三、伏湛有豐富的行政經驗。伏湛在成帝時，以父任爲博士弟子。五次陞遷，至王莽時爲繡衣執法，使督大姦，又遷後隊屬正。更始立，以爲平原太守。劉秀稱帝後，先後任尙書大司徒司直，鄧禹西征關中時，代行大司徒事。由於伏湛不僅爲前朝舊臣，而且儒法兼通，建武三年，劉秀才用其替代鄧禹爲大司徒。

從上表看，在鄧禹以後，劉秀再也沒有任用過功臣爲大司徒。但在伏湛以後的七位大司徒中，侯霸、蔡茂都爲前朝舊臣，且儒法兼通；歐陽歙爲前朝博士，也儒法兼通；玉況除爲名儒外，曾爲陳留太守，同樣儒法兼通；戴涉情況不詳；韓歆因攻伐有功；馮勤則因在事精於任職。

下面再根據劉秀時期大司空的任職情況列表，對劉秀引進的文官進行分析。

〔註101〕《後漢書・光武帝紀第一上》第 33 頁。
〔註102〕《後漢書・卓茂傳》第 872 頁。
〔註103〕《後漢書・伏湛傳》第 893 頁。

表 3-2　東漢劉秀朝大司空列表

姓名	任職時間	文　化　水　平	能　力　情　況
王梁	建武元年		屬功臣
宋弘	建武二年	不仕赤眉有骨節	哀、平間作侍中，王莽時爲共工。
李通	建武七年		劉秀妹夫，其父爲王莽宗卿師，通亦爲五威將軍從事，出補巫丞，有能名。
竇融	建武十三年	事母兄，養弱弟，內修行義	王莽居攝中，爲強弩將軍司馬，以軍功封建武男。
朱浮	建武二十年		年少有才能
杜林	建武二十二年	少好學沉深，家既多書，博洽多聞，時稱通儒	建武十一年爲光祿勳，內奉宿衛，外總三署，周密敬慎，選舉稱平。
張純	建武二十四年	建武初，舊章多闕，每有疑議，輒以訪純，自郊廟婚冠喪紀禮儀義，多所正定。	在朝歷世，明習故事。

　　從表 3-2 可以看出，東漢劉秀時期有七位大司空。其中王梁爲雲臺二十八將之一；李通爲劉秀妹夫，曾有過軍功；竇融爲劉秀親家，且爲新臣，也有過軍功；朱浮也有軍功；只有宋弘、杜林、張純完全爲引進的新官。

　　《後漢書・百官志一》記載：「司空，公一人。本注曰：掌水土事。凡營城起邑、濬溝洫、修墳防之事，則議其利，建其功。凡四方水土功課，歲盡則奏其殿最而行賞罰。凡郊祀之事，掌掃除、樂器，大喪則掌將校復土。凡國有大造大疑，諫爭，與太尉同。」〔註104〕如前所述，東漢初年劉秀「雖置三公，事歸臺閣」是一個過程。因而，在建武二年這個時候，大司空是有相當大的權勢的。

　　建武二年，劉秀用宋弘替代王梁爲大司空主要有以下幾個原因：

　　第一、宋弘爲前朝舊臣，且有氣節。《後漢書・宋弘傳》載：「宋弘字仲子，京兆長安人也。父尚，成帝時至少府。哀帝立，以不附董賢，違忤抵罪。弘少而溫順，哀、平間作侍中，王莽時爲共工。赤眉入長安，遣使征弘，逼迫不得已，行至渭橋，自投於水，家人救得出，因佯死獲免。」〔註105〕

〔註104〕《後漢書・百官志一》第 3561～3562 頁。
〔註105〕《後漢書・宋弘傳》第 903 頁。

第二、宋弘具有一定的學識。《後漢書・宋弘傳》載：「帝嘗問弘通博之士，弘乃薦沛國醒譚才學洽聞，幾能及楊雄、劉向父子？」〔註106〕儘管傳中沒有宋弘文化學識的確切記載，但從上面這句話可以看出，宋弘應是有一定的學識水平的，否則就不會對通博之士有較深瞭解的。

第三、宋弘有豐富的行政經驗。西漢哀、平間作過侍中，王莽時爲共工。劉秀稱帝後，徵拜爲太中大夫，並且以清行致稱。

可見，由於宋弘不僅爲前朝舊臣，具有一定的氣節，而且也是儒法兼通。建武三年劉秀才用其替代王梁爲大司空的。

從表3-2看出，杜林是在建武二十二年任大司空的，張純在建武二十四年任大司空的，這兩人都一樣，不僅都爲名儒，而且都有理政之能，可謂儒法兼通。除此之外，杜林爲西漢舊臣之後，其父成、哀間曾爲涼州刺史，張純西漢哀、平間曾爲侍中。

從劉秀時期大司徒、大司空的任職情況可以看出，東漢初年劉秀在中央機構「退功臣」後，基本上是通過徵召那些既是前朝舊臣，又是儒法兼通的人爲官的。引進這些人爲官，既可以起到爲劉秀樹立形象，爭取人心，招攬人才的作用，又可以起到引導意識形態，理政治民的作用。

（二）引進其它文官

在許多人的通常意識下，認爲劉秀「退功臣而進文吏」當中的「文吏」，只是指劉秀引進的那些替代功臣的文官，這是不恰當的。

第一、東漢建立後，所有的官職並非全由功臣能擔任得了的，功臣只是擔任了部分官職。因此，還需要引進其它文官充實到各級政府機構使政權能夠正常運行。

第二、從統治方略上看，引進其它的文官與功臣同時任行政官職，可以牽制功臣，起到抑制功臣權勢增長的目的。

第三、從統治方略上看，劉秀「退功臣而進文吏」的眞正用意是鞏固發展文官制度，以維護統治，加強集權。鞏固完善文官制度不僅需要大量的文官來充實各級行政機構，而且文官制度中的考覈、監察、選拔等制度決定了一個職務上的文官是會經常更替的。

因此，東漢初年，劉秀除了引進替代功臣官職的那部分文官外，還引進

〔註106〕《後漢書・宋弘傳》第904頁。

了大量非替代功臣官職的文官。

1、引進名儒

由於儒生的理想主義，以德教化等是封建統治所不可缺少的工具。因此，在一些需要德化教育的位子上劉秀也引進了一些名碩大儒。例如，在太傅一職上，劉秀就引進了卓茂。《後漢書‧百官志一》載：「太傅，上公一人。本注曰：掌以善導，無常職。」注引《大戴記》曰：「傅，傅之德義也。」〔註107〕可見，太傅一職其職責德化教人，樹立德義，這一職位只能由名碩大儒來擔任。《後漢書‧卓茂傳》記載：

> 茂，元帝時學於長安，事博士江生，習《詩》、《禮》及曆算。
> 究極師法，稱為通儒。性寬仁恭愛。鄉黨故舊，雖行能與茂不同，
> 而皆愛慕欣欣焉。……後以儒術舉為侍郎，給事黃門，遷密令。勞
> 心諄諄，視人如子，舉善而教，口無惡言，吏人親愛而不忍欺之。

此傳還記載了這樣一件事：

> 初闢丞相府史，事孔光，光稱為長者。時嘗出行，有人認其
> 馬。茂問曰：『子亡馬幾何時？』對曰：『月餘日矣。』茂有馬數年，
> 心知其謬，嘿解與之，輓車而去，顧曰：『若非公馬，幸至丞相府
> 歸我。』他日馬主別得亡者，乃詣府送馬，叩頭謝之。茂性不好爭
> 如此。〔註108〕

可見，卓茂不僅在學問上為名儒，而且在處事行為上也是有名儒風範，由此人任太傅可謂非常合適。此外，教授太子學習的太子少傅一職上劉秀就引進了桓榮。《後漢書‧百官志四》載：「太子少傅，二千石。本注曰：亦以輔導為職，悉主太子官屬。」〔註109〕可見，太子少傅這一職位專門是輔導太子讀書的，其人選當然也必須是名碩大儒。《後漢書‧桓榮傳》載：「（榮）少學長安，習《歐陽尚書》，事博士九江朱普。貧窶無資，常客傭以自給，精力不倦，十五年不窺家園。」〔註110〕此傳還載一件事：

> 車駕幸大學，會諸博士論難於前，榮被服儒衣，溫恭有蘊藉，
> 辯明經義，每以禮讓相厭，不以辭長勝人，儒者莫之及，特加賞賜。
> 又詔諸生雅吹擊磬，盡日乃罷。後榮入會庭中，詔賜奇果，受者皆

〔註107〕《後漢書‧百官志一》第3556頁。
〔註108〕《後漢書‧卓茂傳》第869頁。
〔註109〕《後漢書‧百官志四》第3608頁。
〔註110〕《後漢書‧桓榮傳》第1249頁。

懷之，榮獨舉手捧之以拜。帝笑指之曰：「此眞儒生也。」〔註111〕

正如范曄對劉秀用卓茂所作的評論：「夫厚性寬中近於仁，犯而不校鄰於恕，率斯道也，怨悔曷其至乎！」〔註112〕劉秀引進這名碩大儒就是爲「率斯道也」，引導全社會意識形態，以加強在思想領域的統治，發揮文官制度的統治功能。

2、引進文吏

光引導不行，還需要管理。劉秀在引進名碩大儒的同時，還引進了一些文吏來加強吏治管理。例如，《後漢書·宣秉傳》載：「（秉）少修高節，顯名三輔。哀、平際，見王氏據權專政，侵削宗室，有逆亂萌，遂隱遁深山，州郡連召，常稱疾不仕。王莽爲宰衡，辟命不應。及莽篡位，又遣使者徵之，秉固稱疾病。更始即位，徵爲侍中。建武元年，拜御史中丞。……。明年，遷司隸校尉。務舉大綱，簡略苛細，百僚敬之。」〔註113〕再如《後漢書·樊曄傳》載：「樊曄字仲華，南陽新野人也。與光武少游舊。建武初，徵爲侍御史，遷河東都尉，引見雲臺。……及至郡，誅討大姓馬適匡等。盜賊清，吏人畏之。……政嚴猛，好申法、韓法、善惡立斷。」〔註114〕《後漢書·循吏傳序》載：「……廣求民瘼，觀納風謠。故能內外匪懈，百姓寬息。自臨宰邦邑者，競能其官。」〔註115〕此外，徐天麟在《東漢會要》中說：「東京入仕之途雖不一，然由儒科而進者，其選亦甚難，故才智之士，多由郡吏入仕。」〔註116〕由於通過讀書入仕的人太多，競爭非常激烈。因此，東漢初年，也有一些人，文化水平雖不高，而因善於理政在各級政府中任職，甚至被逐漸提拔到中央機構任職。例如，馮勤就是最初被辟爲魏郡太守銚期功曹，因爲有較高的才能，在事精勤，受到賞識，最終當上大司徒的。這些人也大多是通過察舉的選拔方式，不斷晉級的。

3、引進兼通儒法的人

引用兼通儒法的人，不僅能夠以德教化，而且能夠理政治世。東漢初年，劉秀引進了許多這樣的人才。這些人因儒法兼通，往往具有更大發展前景，經

〔註111〕《後漢書·桓榮傳》第 1250 頁。
〔註112〕《後漢書·卓茂傳》第 872 頁。
〔註113〕《後漢書·宣秉傳》第 927 頁。
〔註114〕《後漢書·樊曄傳》第 2491 頁。
〔註115〕《後漢書·循吏傳序》第 2457 頁。
〔註116〕《東漢會要·選舉下》第 405 頁。

過地方鍛鍊以後，許多人都能到朝廷爲官，甚至官任三公。例如《後漢書・牟融傳》載：「（融）少博學，以《大夏侯尚書》教授，門徒數百人，名稱州里。以司徒茂才爲豐令，視事三年，縣無獄訟，爲州郡最。」〔註117〕牟融因儒法兼通，且政績突出，到明帝時官至司空、太尉參錄尚書事。《後漢書・郭丹傳》載：「既至京師，常爲都講，諸儒咸敬重之。……十三年，大司馬吳漢辟舉高第，再遷并州牧，有清平稱。轉使匈奴中郎將，遷左馮翊。永平三年，代李䜣爲司徒。在朝廉直公正，與侯霸、杜林、張湛、郭伋齊名相善。」〔註118〕等等。

　　綜上所述，劉秀除了引進替代功臣官職的文官外，還引其它大量的文官。劉秀通過「進文吏」，特別是通過引進了大量兼通儒法的文官，不僅提高了官員的文化素養，還提高了行政效率。這對鞏固發展文官制度，維護東漢政權的統治是非常重要的。

（三）引進公府州郡掾屬

　　根據漢代的徵召制度，各級官署長官自己可以徵召辟用屬吏，作爲自己的掾屬即幫辦人員，包括中央政府各部門的掾屬和地方郡縣的掾屬。如《後漢書・百官志一》載：「漢初掾史辟皆上言之，故有秩命士，其所不言，則爲百石屬。其後皆自辟除，故通爲百石云。」〔註119〕《後漢書・張楷傳》載：張楷「五府連辟，舉賢良、方正，不就。」李賢注言：「五府，太傅、太尉、司徒、司空、大將軍。」〔註120〕《後漢書・虞詡傳》載：「誠宜令四府九卿，各辟彼州數人。」李賢注言：「四府謂太傅、太尉、司徒、司空府也。九卿謂太常、光祿、衛尉廷尉、太僕、大鴻臚、宗正、大司農、少府等也。」〔註121〕《後漢書・百官志（五）》載：「刺史皆有從事史、假佐。」〔註122〕「郡守皆置諸曹掾史。」〔註123〕《後漢書・鄭均傳》載：「（鄭均）好義篤實，養寡嫂孤兒，恩禮敦至。常稱病家庭，不應州郡辟召。」〔註124〕可見，東漢時期中央機構和地方州郡的長官都可以自己辟除屬吏。東漢初年，劉秀引進新官後，由於這些新官沒有參加過戰爭，他們在辟除自己的屬吏時，一般不會辟除軍

〔註117〕《後漢書・牟融傳》第 915 頁。
〔註118〕《後漢書・郭丹傳》第 940 頁。
〔註119〕《後漢書・百官志一》第 3558 頁。
〔註120〕《後漢書・張霸傳》第 1243 頁。
〔註121〕《後漢書・虞詡傳》第 1867 頁。
〔註122〕《後漢書・百官志五》第 3619 頁。
〔註123〕《後漢書・百官志五》第 3621 頁。
〔註124〕《後漢書・鄭均傳》第 946 頁。

功人員爲屬吏的，他們所闢除的屬吏往往或是儒生，或是文吏，或是儒法兼通的人。

1、引進儒生為掾屬

東漢初年，劉秀爲發揮文官制度的統治，對儒家教育十分推崇，經學得到長足發展。士人的經學研習狀況，就成爲檢驗士人文化和道德水準的重要標準。《東漢會要》載：「世祖詔：『方今選舉，賢佞朱紫錯用。丞相故事，四科取士：一曰德行高妙，志節清白；二曰學通行修，經中博士；三曰明達法令，足以決疑，能按章覆問，文中御史；四曰剛毅多略。」〔註125〕因此，「經明行修」的儒生就受到了東漢各級政府機構行政長官的重視和任用。如《後漢書・董鈞傳》載：「董鈞……習《慶氏禮》，……，建武中，舉孝廉，辟司徒府。」〔註126〕《後漢書・張興傳》載：「（張興）習《梁丘易》以教授。建武中，舉孝廉爲郎，謝病去，後歸聚徒。後辟司徒馮勤府，勤舉爲孝廉，稍遷博士。」〔註127〕《後漢書・牟長傳》載：「長少習《歐陽尙書》，不仕王莽世。建武二年，大司空（宋）弘特闢。」〔註128〕《後漢書・尹敏傳》載：「初習《歐陽尙書》，後受古文，兼善《毛詩》、《穀梁》、《左氏春期》，建武二年，……辟大司空府。」〔註129〕《後漢書・張純傳》載：「（建武）二十三年，代杜林爲大司空。在位慕曹參之跡，選辟掾史，皆知名大儒。」〔註130〕等等。此外，當時按照規定，不僅太學的博士弟子員畢業後可以爲郎或爲吏，州郡官學的學生成績優異者也可以補吏，如任延任武威太守時，「造立學校，自掾立史子孫，皆令詣學受業，復其徭役。章句既通，悉顯拔榮進之」〔註131〕此外，私學受業的大量知識分子，也可以通過明經入仕。因而，大量儒生進入東漢各級政權各級機構爲吏。中央機構和地方州郡長官闢除儒生，除了儒生「經明行修」，「志節清白」外，也有借助這些儒生的影響來提高他們的聲望。徐天麟在《東漢會要》中評論道：「然東漢之世，公卿尤以辟士相高……往往名公拒卿，以能致賢才爲高而英才俊士，以得所依

〔註125〕《東漢會要・選舉下》第401頁。
〔註126〕《後漢書・董鈞傳》第2576頁。
〔註127〕《後漢書・張興傳》第2552頁。
〔註128〕《後漢書・牟長傳》第2557頁。
〔註129〕《後漢書・尹敏傳》第2558頁。
〔註130〕《後漢書・張純傳》第1195頁。
〔註131〕《後漢書・任延傳》第2463頁。

秉爲重。是以譽望日隆，名節日著，而一洗末世苟合輕就之風。」〔註132〕

2、引進文吏為掾屬

儒生雖然「經明行修」，對引導意識形態，激勵氣節，樹立士風有一定的作用，但「口能言治亂，而無能以行之」，封建國家各項政策法令有效的執行，還需要「明達法令，足以決疑，能按章覆問，文中御史」〔註133〕的文吏。東漢初年，劉秀引進新官後，他們在闢除自己的屬吏時，往往還要闢除一些優於理政的文吏。例如，《後漢書·董宣傳》載：「（董宣）初爲司徒侯霸所辟。」《後漢書·蔡茂傳》載建武二年，司徒蔡茂便辟舉廣漢郡主薄郭賀作掾吏：「賀能明法，……曉習故事，多所匡益。」〔註134〕《後漢書·郭丹傳》載：「（丹）建武二年，太守杜詩請爲功曹，但薦鄉人長者自代而去。」〔註135〕《後漢書·虞延傳》載：「建武初，仕執金吾府，除細陽令。……後去官還鄉里，太守富宗聞延名，召署功曹……二十三年，司徒玉況辟焉。」〔註136〕《後漢書·鄭弘傳》載：「太守第五倫行春，見而深奇之，詔署督郵。」〔註137〕等等。從上可以看出，郭賀、虞延被辟爲大司徒掾屬前，都曾任過州郡屬吏，有處理地方具體事務的經驗，將他們辟爲屬吏有利於提高各官府的辦事效率。

3、引進儒法兼通的人為掾屬

儒法兼通的人，不但「經明行修」，具有一定的學識素養，而且還「曉習故事」，善於理政，是各級行政長官最願闢除爲掾屬的。例如《後漢書·第五倫傳》載：「倫後爲鄉嗇夫，平徭賦，理怨結，得人歡心。……數年，鮮于褒薦之於京兆尹閻興，興即召倫爲主簿。……建武二十七年，舉孝廉，補淮陽國醫工長，隨王之國。」〔註138〕從「平徭賦，理怨結」、「舉孝廉」可以看出，第五倫是儒法兼通的人。《後漢書·鍾離意傳》載：「少爲郡督郵。時部縣亭長有受人酒禮者，府下記案考之。意封還記，入言於太守曰：『《春秋》先內後外，《詩》云『刑於寡妻，以御於家邦』，明政化之本，由近及遠。今宜先

〔註132〕《東漢會要·選舉下》第 404 頁。
〔註133〕《後漢書·董宣傳》第 2489 頁。
〔註134〕《後漢書· 蔡茂傳》第 908 頁。
〔註135〕《後漢書·郭丹傳》第 940 頁。
〔註136〕《後漢書·虞延傳》第 1150～1152 頁。
〔註137〕《後漢書·鄭弘傳》第 1154 頁。
〔註138〕《後漢書·第五倫傳》第 1396 頁。

清府內，且闊略遠縣細微之愆。』太守甚賢之，遂任以縣事。建武十四年，
……舉孝廉，再遷，辟大司徒侯霸府。」〔註139〕從鍾離意通《春秋》、《詩》
和舉孝廉，以及「任以縣事」可以看出鍾離意也是儒法兼通的人。從上可以
看出，第五倫、虞延都有一定的文化素養和理政能力。他們被辟爲掾屬前，
對於提高各官府的人才素質和辦事效率有積極意義。

　　綜上所述，東漢初年，劉秀從鞏固發展文官制度的統治方略出發「退功
臣而進文吏」。在剝奪功臣官職的同時，將大批地主階級的優秀知識分子吸引
到統治階級內部，成爲東漢政權各級政府機構官吏的主要部分。這部分人大
多都具有較高的文化素養，並且不少人都有過在前朝中央，以及地方基層小
吏的工作經驗，對理政比較熟悉，有助於東漢各級行政體系的有序運行。

〔註139〕《後漢書・鍾離意傳》第 1406 頁。

第四章　軍功專制主義到宗法專制主義的轉變

第一節　宗法制的形成和職能

　　原始社會末期，氏族實行以家長制爲核心的父權制度，到了周代，父權家長制演變成爲一種宗法制度。這種宗法制度以血緣爲紐帶，以嫡長子繼承制爲中心，依靠禮儀制度來維護。它解決了周代職權和財產分配的問題，保護了貴族的政治特權和財產權，穩定了當時的社會秩序，不但形成了「溥天之下，莫非王土；率土之濱；莫非王臣」〔註1〕的政治架構，而且成爲一種根深蒂固的文化基因，影響了此後幾千年的中國。

一、宗法制的形成

　　宗法制度以血緣的親疏爲紐帶，以此來界定家族成員的輩份關係，從而維護家長統治權。這和我國古代地理環境有很大關係，中國地域廣闊，東有大洋，背靠沙漠，形成了一個相對封閉的空間，人們聚族而居，自然按照血緣關係結合爲一個個的氏族部落，譬如黃河、長江流域的半坡和河姆渡部落。面對惡劣的生存環境，他們團結起來，發揮集體的力量與自然作鬥爭，逐漸形成了以定居式的農業爲主的社會形態。「勞動愈不發展，勞動產品的

〔註1〕　《詩經‧小雅‧北山》，程俊英：《詩經譯注》，上海古籍出版社 1985 年版，第 416 頁。版本下同。

數量、從而社會的財富愈受限制,社會制度就愈在較大程度上受血族關係的支配。」〔註2〕可以說,農業型的自然經濟是血緣紐帶無法割斷的根本原因。經歷了母系、父系氏族,在家族內部形成了若干個個體家庭,其所包含的個體家庭或多或少,但都持有同姓家族的觀念,「宗,尊,宗廟也」,共同祭祀一個祖先,有血緣聯繫的稱爲宗族。宗族通過血緣關係增強了內部的凝聚力,以姻親關係加強內部團結,而家族中擁有父權和夫權的家長,擁有掌握家族所有財產和支配家族所有成員的絕對權利。

周代確立了宗法制度,周王自稱天子,周朝王位的傳遞實行嫡長子繼承制。《春秋公羊傳》隱公元年說:「立嫡以長不以賢,立子以貴不以長。」〔註3〕與商代「父子相承」、「兄弟相及」的王位傳遞形式有著明顯的差別,傳嫡不傳賢的方式,遏止了一般王室成員對王位的覬覦。

宗法制與分封制是緊密聯繫在一起的,分封制以宗法制的「親親」關係爲原則,周王稱爲天下的大宗,是同姓貴族的最高家長,也是政治上的共主,掌握著國家的政權與軍權,天子諸侯卿大夫和士之間既有宗法隸屬關係,也有君臣統屬關係,君統和宗統緊密地連結起來。大宗的嫡長子是宗子,繼承王位,其它兒子是庶子,被分封爲諸侯,《禮記·喪服小記》記載:「別子爲祖,繼別爲宗,繼禰者爲小宗,有五世而遷之宗,其繼高祖者也,是故祖遷於上,宗易於下,敬宗所以尊祖禰也。」〔註4〕宗法分封制下,各級貴族一代代的繼承爵位,「大邦維屏,大宗維翰,懷德維寧,宗子維城」〔註5〕,周初「立七十一國,姬姓獨居五十三人焉;周之子孫苟不狂惑者,莫不爲天下之顯諸侯」〔註6〕,因此,商周時期的政權形式就是家族宗法的組織形式,「我們中國古時候的所謂國,其實僅僅是一個大宗或小宗,所以動輒便稱萬國萬邦」〔註7〕。

宗法制度的保障是禮樂制度,對於祭祀、宴享、朝聘、婚冠、喪葬等宗教和政治活動時,有著嚴格的規定,《禮記·曲禮》云:「夫禮者,所以定親

〔註2〕 《家庭私有制和國家起源》〔德〕恩格斯著,中共中央馬克思·列寧·恩格斯·斯大林著作編譯局:《馬克思、恩格斯選集》第4卷,人民出版社1974年版,第2頁。

〔註3〕 《春秋公羊傳·隱公元年》第1頁。

〔註4〕 《禮記·喪服小記》第867~868頁。

〔註5〕 《詩經·大雅·板》第556頁。

〔註6〕 《荀子·儒效》第134頁。

〔註7〕 郭沫若:《中國古代社會研究》,人民出版社1964年,第38頁。

疏，決嫌疑，別同異，明是非也。」〔註8〕又云：「君臣、上下、父子、兄弟，非禮不定。」〔註9〕《荀子‧禮論篇》說：「禮有三本：天地者，生之本也；先祖者，類（族類）之本也；君師者，治之本也。」〔註10〕「上事天，下事地，尊先祖而隆君師，是禮之三本也。」〔註11〕其核心就是尊祖敬宗，維護宗法制度和君權、夫權、族權，鞏固家族本位。

　　春秋時期禮崩樂壞，分封制走向瓦解，季孫氏僭越皇家禮儀，「八佾舞於庭」，孔子大怒「是可忍也，孰不可忍也」！然而，歷史前進的洪流阻擋不了宗法制演變的步伐，春秋時期已經出現了與分封制並存的地方郡縣機構，秦朝統一之後廢除了分封制，將郡縣制度推向全國。到了西漢，劉邦實行郡國並行制，分封劉氏子弟爲諸侯王。隨著漢景帝、武帝的打壓，諸侯國的勢力已經大爲削弱。到了東漢，宗法製作爲一種曾經實施的制度似乎即將成爲歷史，但宗族已經成爲了一種社會生活組織形式，以血緣關係爲紐帶的宗族觀念也越來越鞏固，在家族內部體現尊卑的觀念也具有了持久的生命力，其政治功能非但沒有削弱反而更加強化，宗族形態也日益表現爲強宗大族，並在魏晉時期發展爲士族門閥，重視血統和家世。門閥制是以各大家族爲中心的地方性組織，是等級制度落實到宗族家庭中的表現。秦漢以後，宗法作爲傳統社會的基層組織形式，一直存在下去，對傳統文化特質有著深刻的影響，這也是中國古代社會長期延續的重要原因。

　　首先，宗法制塑造出傳統社會生活倫理化特質。在日常生活中，由於重視宗法的維繫和延續，因此，格外重視家庭和睦、個人道德的追求和實現，如果要「齊家」，必須以仁義禮智信爲信仰，標榜忠孝義節，追求個人的自我提升和道德皈依，「吾日三省吾身，爲人謀而不忠乎？與朋友交而不信乎？傳不習乎？」〔註12〕人要自我反省，長輩要言傳身教，做出榜樣，子弟要懂得孝悌之道和禮義廉恥，要以父父子子作爲家庭、宗族、社會上的交往準則，要做到「父子有親，君臣有義，夫婦有別，長幼有序，朋友有信」〔註13〕，在國家統治過程中，要明確「道之以政，齊之以刑，民免而無恥；道之以德，

〔註8〕　《禮記‧曲禮上》第6頁。
〔註9〕　《禮記‧曲禮上》第8頁。
〔註10〕　《荀子‧禮論》第349頁。
〔註11〕　《荀子‧禮論》第349頁。
〔註12〕　《論語‧學而》第3頁。
〔註13〕　《孟子‧滕文公上》第125頁。

齊之以禮，有恥且格」〔註14〕。道德治國逐漸成爲施政的綱領，並且隨著儒學化的加深，三綱五常的理念滲透，對道德倫理的政治化要求日趨明顯，家族族長的權威日益被神化，父權、夫權像君權一樣神聖不可侵犯，道德要求和國家法律法規相互結合起來，成爲維護政權穩固的手段。

其次，宗法制塑造出傳統社會重視群體的特性。爲了維護宗族的內部穩定，傳統社會重視個人的道德要求，卻忽視了個人的個性展示，譬如婚姻的本質不在於情感，而在於家族的結合和延續，「婚禮者，將合二姓之好，上以事宗廟，而下以繼後世」〔註15〕。在家長、族長的帶領下，維護的是整個家族的利益和族長的權威，重視的是家族內部人際的和諧，人和社會、自然的和諧，個體背負著「一榮俱榮，一損俱損」，「一子悟道，九族昇天」的家族壓力，無法施展出個體的價值和特性。從名教自然的爭辯到宋明理學對於天理人欲的討論，對於個體的欲望都呈現越來越否定和壓制的趨勢，這種重視家族利益，忽視個體價值的特點可以稱之爲宗法式的集體主義。

最後，宗法制塑造出傳統社會重視血緣、地緣的特性。宗法制是以血緣爲前提的，按照血緣遠近劃分長幼親疏，進而區分社會等級，因此，傳統社會非常重視「血濃於水」的血親維繫，重視慎終追遠的敬祖尊親。譬如在喪葬禮儀中，根據和死者血緣關係的親疏，劃分爲斬衰、齊衰、大功、小功、緦麻五個等級，被稱爲五服，五服之外不算親屬，「六世，親屬竭矣」〔註16〕。一個家族往往世世代代生活在固定的區域中，形成了諸多累世同居共財的大家族，因此，一個地域也就是一個家族，一個家族也就代表了這片土地。

二、宗法制的職能

血緣是宗法制度的前提，宗法則是對血緣關係中社會角色的定位，何茲全先生講：「受民受疆土，是周代氏族貴族長的物質基礎；宗法制度，是周代氏族貴族長地位的保障，是血緣基礎。」〔註17〕每個社會成員依據先天的血緣關係確定在宗族中的地位，宗法制中的血緣關係不只是單純的自然人際屬性，它被賦予了政治生命，具有強大的社會意義。

〔註14〕 《論語・爲政》第 12 頁。
〔註15〕 《禮記・昏義》第 1416 頁。
〔註16〕 《禮記・大傳》第 909 頁。
〔註17〕 何茲全：《西周春秋時期的貴族和國人》，轉引自人大複印資料《先秦・秦漢史》，1991 年第 2 期。

首先，宗法制度建立並鞏固統治者的合法地位和政治權威。以禮樂制度爲保障，構建了一系列嚴格的血統等級，天子、諸侯、卿、大夫、士，天子是國家最高統治者，是上天派來統治百姓的，他的血統是最尊貴的，尊嚴具有不可冒犯的至高無上性。任何對其質疑，都是名不正言不順，都是覬覦和僭越，王國維說：「制度典禮以治天子諸侯卿大夫士，使有恩以相洽，有義以相分，而國家之基定，爭奪之禍泯焉。」〔註18〕以嫡長子繼承制爲核心的宗法制度維護了政權的延續性和穩定性。

其次，宗法制度是維繫君主專制的基礎。宗法制度是鞏固專制政權的重要手段，「克明俊德，以親九族，九族既睦，平章百姓，百姓昭明，協和萬邦，黎民於變時雍」〔註19〕。它是一條強有力的紐帶，將具有血緣關係的宗族強有力的凝結在一起，有著共同的利害關係，「文王孫子，本支百世，凡周之士，不顯亦世」〔註20〕，宗法等級和政治關係相互一致，血緣親疏決定等級、爵祿、官階的高低，目的都是爲了「封建親戚，以藩屏周」。春秋時期禮崩樂壞，分封制走向瓦解，宗法制有一定的演變。首先，統治集團上層仍按血統親疏承襲特權，皇位的繼承以嫡長子繼承制爲原則。其次宗法制與禮教倫常思想相結合，依靠血脈聯繫的凝聚力，以及宗族觀念的傳承，宗法制具有強有力的統治功能，作用於權力、財產的再分配，其影響延及後世，有學者將秦漢至明清可以稱作「宗法專制帝制社會」。〔註21〕

再次，宗法制維護了社會基層的穩定和延續。所謂「宗法者，佐國家養民、教民之原本也。」〔註22〕王朝更迭，基層的宗法組織在性質上卻沒有改變，成爲社會結構的基本細胞，譬如秦漢在鄉間設有教化百姓的三老，管理賦稅和獄訟的嗇夫以及負責治安的遊徼，而這些基層官吏則一般由宗族家長或族長等德高望重的人充任，在軍事編制上如部曲家兵制度以及府兵、鄉兵制度都是以宗法結構爲基礎建立的，「鄰里鄉黨之制，所由來久。欲使風教易周，家至日見，以大督小，從近及遠，如身之使手，幹之總條。」〔註23〕宗

〔註18〕姚淦銘、王燕編：《王國維文集》（第四卷），中國文史出版社1997年版，第54頁。

〔註19〕《尚書‧堯典》，〔漢〕孔安國撰，〔唐〕孔穎達正義，黃懷信整理：《尚書正義》（十三經注疏），上海古籍出版社2007年版，第36～37頁。

〔註20〕《詩經‧大雅‧文王》第487～488頁。

〔註21〕馮天瑜：《史學術語「封建」誤植考辨》，《學術月刊》2005年第3期，第10頁。

〔註22〕馮桂芬：《校邠廬抗議‧復宗法議》，上海書店出版社2002年版，第83頁。

〔註23〕《魏書‧食貨志》，〔北齊〕魏收撰：《魏書》，中華書局1974年版，第2855

法制度起到了維護基層穩固的作用，基層穩定了，國家才能長治久安，「且如公卿，一日崛起於貧困之中，以至公相，宗法不立，既死，遂族散，其家不傳⋯⋯如此則家且不能保，又安能保國家。」〔註24〕「若宗子法立，則人知遵祖重本。人既重本，則朝廷之勢自尊。」〔註25〕宗族通過族規、家譜來維繫家族的延續，一般來說，只要「宗祚不斷」，宗族就不會受到破壞，宗法結構就會一直延續下，形成了很多累世同財共居的大家族。如「李幾，博陵安平人也，七世共居同財，家有二十二房，一百九十八口，長幼濟濟，風禮著聞，至於作役，卑幼競進」〔註26〕，「義興陳玄子四世同居，一百七口。武陵邵榮興、文獻叔並八世同居。東海徐生之、武陵范安祖、李聖伯、范道根，並五世同居」〔註27〕。這些累世的豪家大姓被表彰為義門：「陳氏《禮書》言：『周之盛時，宗族之法行，故得以此繫民，而民不散。及秦用商君之法，富民有子則分居，貧民有子則出贅，由是其流及上，雖王公大人亦莫知有敬宗之道。浸淫後世，習以為俗。而時君所以統馭之者，特服紀之律而已。間有糾合宗族，一再傳而不散者，則人異之，以為義門，豈非名生於不足歟？』」〔註28〕但是由於宗法的維繫，強烈的人身依附性造成了精神上的奴化，如果社會變動，宗族往往傾巢而出，難免形成一股股強大的割據勢力。

最後，父子、君臣關係為理想人格的倫理——政治系統的構建。宗法制形成了「溥天之下，莫非王土；率土之濱；莫非王臣」〔註29〕的政治架構，構造了傳統社會的基礎組織形式，郭沫若曾經講過：「從那時候一直到最近百年，中國儘管在改朝換代，但是生產的方法沒有發生過變革，所以社會的組織依然是舊態依然，沉滯了差不多將近二千年的光景」〔註30〕。不僅如此，宗法成為一種根深蒂固的文化基因也影響了此後幾千年的中國文明，最明顯的就是忠孝、禮教綱常等家族觀念的滲透以及鄉約、家譜、族規、祠規的制

～2856頁。版本下同。
〔註24〕《張子全書·宗法》，〔北宋〕張載撰，〔南宋〕朱熹注：《張子全書》，商務印書館1935年版，第92頁。
〔註25〕《二程集·河南程氏遺書》，〔宋〕程顥、程顥著，王孝魚點較：《二程集》，中華書局1981年版，第242頁。
〔註26〕《魏書·節義》第1896頁。
〔註27〕《南史·孝義上》〔唐〕李延壽撰：《南史》，中華書局1975年版，第1825頁。
〔註28〕《日知錄·分居》〔清〕顧炎武著，〔清〕黃汝成集釋，樂保群、呂宗力校點《日知錄集釋》，上海古籍出版社2006年版，第811頁。
〔註29〕《詩經·小雅》第416頁。
〔註30〕郭沫若：《中國古代社會研究》，科學出版社1960年版，第18頁。

定，仍然影響著當代社會。

正如嚴復所說的：

> 自唐虞以訖於周，中間二千餘年，皆封建之時代；而所謂宗法
> 亦於此時最備。其聖人，宗法社會之聖人也；其制度典籍，宗法社
> 會之制度典籍也。物窮則必變，商君、始皇帝、李斯起，而郡縣封
> 域，阡陌土田，燔詩書，坑儒士，其法欲國主而外無咫尺之勢。此
> 稽其所爲，非將轉宗法之故，以爲軍國社會者歟。乃由秦以至於今，
> 又二千餘歲矣，君此土者不一家，其中之一治一亂常自若。獨自今
> 籀其政法，審其風俗，與其秀桀之民所言議思惟者，則猶然一宗法
> 之民而已矣〔註31〕。

宗法是個歷史的概念，它以親親、尊尊爲原則，親親、尊尊以嫡長子繼
承制爲核心，親其所親，尊其所尊。宗法不但是一種制度，而且被歷代詳加
闡發，形成了以孝悌爲核心的宗族觀念和倫理。

第二節　漢代宗法制統治功能的加強

一、分封制瓦解下的宗法形態

經過春秋戰國的混戰，宗法秩序日趨瓦解，漢高祖劉邦總結秦亡的經驗
教訓，認爲是沒有分封同姓子弟導致孤立而亡，因此漢朝建立後，劉邦陸續
分封了九個劉氏子弟爲諸侯王，諸侯王勢力做大，日益不受中央掌控，官制
如同京師，自爲法令，擬於天子，嚴重威脅著中央集權。漢景帝接受晁錯建
議削藩，終於引發了吳楚七國之亂，中央用了三個月時間平息了叛亂，漢景
帝取消了諸侯國任命官吏和徵收賦稅的特權，漢武帝時期實行「推恩令」進
一步解決諸侯國問題。

隨著分封制的瓦解，諸侯王的勢力逐漸不能與中央抗衡，然而，宗法組
織形式卻並未消亡，鄉、裏、邑、閭等編制以及里正、父老、嗇夫、遊徼等
基層小吏，依舊存在，更重要的是，宗法制的觀念日益深入人心，譬如家庭
爵位繼承被日益重視，「立嗣必子，所從來遠矣……子孫繼嗣，世世弗絕，天
下之大義也。」〔註32〕家庭倫理日益籠罩在宗法體系之下，宗法制的核心嫡

〔註31〕嚴復：《嚴復集》（第1卷），中華書局1986年版，第136頁。
〔註32〕《史記·孝文本紀》第419頁。

長子繼承制得到了公認，漢景帝想要傳位給弟弟梁孝王，竇嬰強烈反對：「漢法之約，傳子適孫，今帝何以得傳弟，擅亂高帝約乎？」〔註33〕漢成帝時期榮平侯趙岑「坐父欽詐以長安女子王君俠爲嗣，免」〔註34〕；還有漢平帝時期，平周侯丁滿「坐非正免」〔註35〕。雖然還沒有嚴苛，但是宗法倫理卻日益不容混淆，嫡長子繼承製成爲時人的共識。

二、漢朝儒學對宗法制的發揮

（一）家族觀念和倫理的深化

漢武帝之時，隨著黃老之學無爲而治越來越不適合社會發展，儒學勢力逐漸抬頭，董仲舒在漢武帝的授意下，上書《天人三策》，建議儒學獨尊，「《春秋》大一統者，天地之常經，古今之通誼也。……臣愚以爲諸不在六藝之科孔子之術者，皆絕其道，勿使並進。邪辟之說滅息，然後統紀可一而法度可明，民知所從矣」〔註36〕。這體現在兩方面，一方面是集權，董仲舒倡導春秋大一統，皇帝是天子，有著絕對權威，「王承天意，以成民之性爲任者也」〔註37〕。另一方面，是倫理觀念的加強，進一步宣揚了三綱，「君臣父子夫婦之義，皆與諸陰陽之道。君爲陽，臣爲陰，父爲陽，子爲陰，夫爲陽，妻爲陰……王道之三綱，可求於天。」〔註38〕「三綱」說雖然荀子、韓非早就已經提出，但是還沒有成爲一種政治倫理思想，到了董仲舒這裏，他通過陰陽五行的附會，把三綱推廣至社會基層。

董仲舒提倡的三綱倫理，到了東漢《白虎通》的編纂，得到了更加明確的闡釋，「三綱者何謂也？謂君臣、父子、夫婦也。六紀者，謂諸父、兄弟、族人、諸舅、師長、朋友也。故《含文嘉》曰：'君爲臣綱，父爲子綱，夫爲妻綱。'……人皆懷五常之性，有親愛之心，是以綱紀爲化，若羅網之有紀綱而萬目張也」〔註39〕，並對「三綱」與「六紀」之間的關係作了說明，指出：「六紀者，爲三綱之紀者也。師長，君臣之紀也，以其皆成己也；諸父兄弟，

〔註33〕《史記‧梁孝王世家》第 2090 頁。
〔註34〕《漢書‧外戚恩澤侯表》第 694 頁。
〔註35〕《漢書‧外戚恩澤侯表》第 711 頁。
〔註36〕《漢書‧董仲舒傳》第 2523 頁。
〔註37〕《春秋繁露‧深察名號》第 368 頁。
〔註38〕《春秋繁露‧基義》第 432～433 頁。
〔註39〕〔清〕陳立撰，吳則虞點校：《白虎通疏證‧三綱六紀》，中華書局 1994 年版，第 373～374 頁。版本下同。

父子之紀也，以其有親恩連也；諸舅朋友，夫婦之紀也，以其皆有同志爲紀助也。」〔註40〕將本來毫無血緣關係的師長、君臣、夫婦、朋友等都設定了必要的利害關係，宗法觀念的範疇隨之擴大。

這樣，漢代就形成了以家族爲本位的人倫關係，三綱五常成爲處理人倫關係的準則，逐漸發展出人倫十義：父慈、子孝、兄良、弟悌、夫義、婦聽、長惠、幼順、君仁、臣忠。家族本位演化爲根深蒂固的普遍意識，家族觀念是人際倫理的核心觀念，而家族觀念則以血緣爲基礎，重視鞏固血緣聯繫、維護世系血緣純度，重視香火的延續，仰賴祠堂、家譜、族田，形成了「萬世一系」的血緣觀念。在此基礎上，漢代慢慢衍生出門第觀念，出現了高低貴賤之別的世族顯貴之家和寒門卑庶之家，門第觀念進而滲透到政治生活和社會交往中，彰顯了貴族門閥的特權。

以血緣關係上爲前提，宗族倫理具有更加有效的感染作用，宗族勢力日益龐大，在基層社會上體現了強有力的威懾作用，譬如東漢末年的部曲，近乎承擔起了地方政權的職能，事實上形成了一個個獨立的自治鄉土機構。

（二）移孝作忠

《說文解字‧老部》解釋說：「孝，善事父母者。從老省，從子，子承老也。」〔註41〕孝是依託於血緣親情發展出來的觀念和行爲，從血緣上說，子女是「身體髮膚，受之父母」；從情感上說，父母子女朝夕相處，父母將子女養大成人，自然產生濃厚的情感，「父兮生我，母兮鞠我，拊我蓄我，長我育我，顧我復我，出入腹我。欲報之德，昊天罔極。」〔註42〕子女對父母有著濃厚的依戀和報恩之情，這是非常自然的。「這種親子間表示相互的熱烈的愛，本是人類社會自然的產物」〔註43〕。

宗法制度的確立，使得孝逐漸儒家化，成爲一種道德準則和規範，它維繫了宗族關係，穩定了社會秩序，如諸多學者認爲的孝「是殷周奴隸社會用

〔註40〕《白虎通疏證‧三綱六紀》，第375頁。

〔註41〕《說文解字‧老部》〔漢〕許慎撰，〔清〕段玉裁注：《說文解字注》，上海古籍出版社1981年版，第398頁。

〔註42〕《詩經‧小雅‧蓼莪》第406頁。

〔註43〕周予同：《「孝」與生殖器崇拜》，《古史辨》第二冊上，海古籍出版社1982年版，第232頁。有學者認爲這是一種「撫育——贍養型」、「回饋式」模式，即「甲代撫育乙代，乙代撫育丙代，丙代贍養乙代」。見費孝通：《家庭結構變動中的老年贍養問題——再論中國家庭結構的變動》，《費孝通社會學文集》，天津人民出版社1985年版，第86頁。

於維繫奴隸主宗族關係的思想武器」〔註44〕,「是維繫宗法秩序的奴隸社會道德的主要標誌」〔註45〕。不過,先秦時期的孝倫理還不是一項強制性的法規,孝還是一種需要自覺履行的行為,它的社會功能並沒有充分體現,而漢代統治思想的儒學化的加深,更促使孝的政治化愈發明顯,宗法化和政治化緊密相融起來。

首先是經學大師董仲舒的提倡,將孝昇華到天經地義的角度,給孝倫理增添了神秘色彩。他說:

> 天地之數,不能獨以寒暑成歲,必有春夏秋冬;聖人之道,不能獨以威勢成政,必有教化。故曰:先之以博愛,教以仁也。難得者,君子不貴,教以義也;雖天子必有尊也,教以孝也;必有先也,教以弟也。此威勢之不足獨特,而教化之功不大乎。〔註46〕

沒有孝悌之道,社會將無法維持,「無孝悌則亡其所以生,無衣食則亡其所以養,無禮樂則亡其所以成也。三者皆亡,則……父不能使子,君不能使臣,雖有城郭,名曰虛邑」〔註47〕。

董仲舒將孝和天地陰陽五行結合起來,論證孝是符合天地之道的:河間獻王問溫城董君曰:

> 「《孝經》曰:夫孝,天之經,地之義,何謂也?」對曰:「天有五行,木火土金水是也。木生火,火生土,土生金,金生水。水為冬,金為秋,土為季夏,木為春。春主生,夏主長,季夏主養,秋主收,冬主藏。藏,冬之所成也。是故父之所生,其子長之;父之所長,其子養之;父之所養,其子成之。諸父所為,其子皆奉承而續行之,不敢不致如父之意,盡為人之道也。故五行者,五行也。由此觀之,父授之,子受之,乃天之道也。故曰:夫孝者,天之經也。此之謂也。」王曰:「善哉。天經既得聞之矣,願聞地之義。」對曰:「地出雲為雨,起氣為風。風雨者,地之所為。地不敢有其功名,必上之於天。命若從天氣者,故曰天風天雨也,莫曰地風地雨也。勤勞在地,名一歸於天,非至有義,其孰能行此?故下事上,

---

〔註44〕李裕民:《殷周金文中的「孝」和孔丘「孝道」的反動本質》,《考古學報》,1974年第2期。

〔註45〕李奇:《論孝與忠的社會基礎》,《孔子研究》,1990年第4期。

〔註46〕《春秋繁露・為人者天》第387頁。

〔註47〕《春秋繁露・立元神》第209頁。

如地事天也，可謂大忠矣。土者，火之子也。五行莫貴於土。土之
於四時無所命者，不與火分功名。木名春，火名夏，金名秋，水名
冬。忠臣之義，孝子之行，取之土。土者，五行最貴者也，其義不
可以加矣。五聲莫貴於宮，五味莫美於甘，五色莫盛於黃，此謂孝
者地之義也。」王曰：「善哉！」〔註48〕

君臣關係本來沒有先天的維繫基礎，「事君以敬、事父以孝」，臣對君沒
有孝的要求，甚至如「君之視臣如土芥，則臣視君如寇讎」〔註49〕，這更是
一種建立在利益關係上的平衡。董仲舒打破了這種平衡，以儒家思想爲指
導，將君、父、夫放在絕對主宰和支配的地位，「君臣父子夫妻之義，皆與
諸陰陽之道。君爲陽，臣爲陰；父爲陽，子爲陰；夫爲陽，妻爲陰。王道之
三綱，可求於天」〔註50〕。董仲舒用五行相生相剋來附會人際倫常，認爲孝
悌之道是天道，而「忠臣之義，孝子之行，取之土」〔註51〕，這樣將同屬於
屬性陽的君和父聯結起來。

漢章帝建初四年，白虎觀會議召開，確立了三綱六紀是施政綱領：「『三
綱』者何謂也？謂君臣、父子、夫婦也。『六紀』者，謂諸父、兄弟、族人、
諸舅、師長、朋友也。故君爲臣綱、父爲子綱、夫爲妻綱。」〔註52〕將五常
之道概括爲：明三綱，正六紀，人與人之間相處要做到「諸舅有義，族人有
序，昆弟有親，師長有尊，朋友有舊」〔註53〕。《白虎通德論》繼而成爲此
後各朝代處理人倫關係的禮俗規範。

《論語・學而》上記載：「其爲人也孝悌，而好犯上者，鮮矣；不好犯
上，而好作亂者，未之有也。君子務本，本立而道生。孝悌也者，其爲仁之
本與！」〔註54〕《孝經》記載：「君子之事親孝，故忠可移於君；事兄悌，
故順可移於長；居家理，故治可移於官。是以行成於內，而名立於後世矣。」
〔註55〕通過董仲舒的改造以及白虎觀會議的召開，孔子孝悌的思想得到了充

〔註48〕《春秋繁露・五行對》第 380～382 頁。
〔註49〕《孟子・離婁章句下》第 186 頁。
〔註50〕《春秋繁露・基義》第 432～433 頁。
〔註51〕《春秋繁露・五行對》第 382 頁。
〔註52〕《白虎通疏證・三綱六紀》第 373～374 頁。
〔註53〕《白虎通德論・三綱六紀》第 374 頁。
〔註54〕《論語・學而》第 2 頁。
〔註55〕《孝經・廣揚名章》胡平生譯注：《孝經譯注》，中華書局 1999 年版，第 31
　　　　頁。版本下同。

分的闡發，孝的範圍從家庭擴大到宗族、社會，從父子延伸到了君臣，孝不僅是一種情感，而是一種染上了政治色彩的倫理，君被無條件地視爲臣民敬仰和膜拜的對象，移孝而作忠、由孝而勸忠，孝成了忠的前提，忠是孝的最終目的。

漢代移孝作忠的具體的措施如漢高祖下詔說：「人之至親，莫親於父子，故父有天下傳歸於子，子有天下尊歸於父，此人道之極也。……今上尊太公曰太上皇。」〔註56〕從惠帝開始，漢王朝還在選舉制度上設置了「孝悌力田」科。《漢書・惠帝紀》載，四年「春正月，舉民孝悌力田者復其身」〔註57〕。《漢書・高后紀》載，元年春正月，「初置孝悌力田二千石者一人」〔註58〕。《漢書・惠帝紀》注云：「孝子善述父之志，故漢家之諡，自惠帝已下皆稱孝也。」〔註59〕「爲親而出，爲親而處。出不負君，移孝作忠。處不負親，忠籍孝崇。」〔註60〕爲了更好貫徹「導民以孝，則天下順」〔註61〕的思想，在高祖之後，漢家皇帝（光武帝除外）的諡號也都被冠以「孝」字。

在機構設置上，提倡禮樂教化，鞏固以孝爲核心的統治，「鄉有三老、有秩嗇夫、遊徼，三老掌教化，嗇夫職聽訟，收賦稅，遊徼徼循禁盜賊」〔註62〕。在鄉設置三老等教化百姓，「凡有孝子順孫，貞女義婦，讓財救患，及學士爲民法式者，皆扁表其門，以興善行。」〔註63〕漢昭帝下詔：「朕閔勞以官職之事，其務修孝悌以教鄉里。」〔註64〕

在法制建設上，將不孝入律，如「有生父而弗食三日，吏且何以論子？廷尉等曰：當棄市」〔註65〕。此外，漢代大興學校，講太學，教化子弟，這樣，學生經過「八歲入小學，學六甲、五方、書計之事，始知室家長幼之節；十五入大學，學先升禮樂，而知朝廷君臣之禮」〔註66〕。學生入學始，就被

〔註56〕 《漢書・高帝紀下》第62頁。
〔註57〕 《漢書・惠帝紀》第90頁。
〔註58〕 《漢書・高后紀》第96頁。
〔註59〕 《漢書・惠帝紀》第86頁。
〔註60〕 明　袁可立《張家瑞墓誌銘》
〔註61〕 《漢書・宣帝紀》第250頁。
〔註62〕 《漢書・百官公卿表上》第742頁。
〔註63〕 《後漢書・百官五・亭里》第3624頁。
〔註64〕 《漢書・昭帝紀》第225頁。
〔註65〕 《二年律令・奏讞書》，張家山二四七號漢墓竹簡整理小組：《張家山漢墓竹簡》（釋文修訂本），文物出版社2006年版，第108頁。
〔註66〕 《漢書・食貨志上》第1122頁。

灌輸了孝道的思想，培養忠君的情感。

通過漢代一系列移孝作忠的措施，孝不再是單純的自覺性個體情感和家庭倫理，更是一種沉重的強制性的法規，是一種維護階級統治的工具。

（三）家國同構的形成

在宗法制的統領下，一個家庭、家族儼然一個小的朝廷，家長、族長的地位儼然一個國家的皇帝，「家人有嚴君焉，父母之謂也」〔註67〕，這就逐漸塑造出了家國同構的特質，即國是家的放大，家是國的縮影，這種特質表現在倫理中，忠和孝被緊密捆綁在一起，對父母盡孝，也要對君主盡忠，「君子之事親孝，故忠可移於君」〔註68〕，家庭、家族和國家在組織結構方面的共同性，「家國同構」，「忠孝同義」，形成了古代社會秦漢以來家國同構的特質，家與國的組織系統與權力配置都是嚴格的父家長制。

這樣，「宗族稱孝焉，鄉黨稱弟焉」〔註69〕。族權與政權結合，族權在宣揚三綱五常、禮義廉恥等方面，與國家政權有著共同的目標；政權也以宗法精神統治百姓，維護社會秩序，這就是「君父一體」。雖然商周時期的宗法制不存，但是宗法以另外的形態依舊影響著古代社會，「吾中國社會之組織，以家族為單位，不以個人為單位，所謂家齊而後國治是也。周代宗法之制，在今日其形式雖廢，其精神猶存也。」〔註70〕在宗法觀念的灌輸下，「在農民的心目中，理想的國家政治關係成了家族關係的自然放大，官吏被稱為『父母官』，理想的皇帝就是『愛民如子』的慈父」〔註71〕。這種宗法同構的觀念，保證了皇權政治的穩固，有效地維持了專制統治秩序，保護了專制政體和等級關係。

漢代的家國同構的特徵表現如下：

首先，如前所述，移孝作忠，忠和孝緊密地聯繫在一起，政治化倫理化加強

其次，宗族的等級特徵明顯，族長起著支配作用。有了宗族，就有了血

〔註67〕《周易‧家人》〔清〕李道平撰，潘雨廷點校：《周易集解篡疏》（十三經清人注疏），中華書局 1994 年版，第 350 頁。

〔註68〕《孝經‧廣揚名章》第 31 頁。

〔註69〕《論語‧子路》第 140 頁。

〔註70〕《梁啟超選集‧新大陸遊記》，梁啟超：《梁啟超選集》，上海人民出版社 1984 年版，第 432 頁。

〔註71〕馮崇義：《農民意識與中國》，中華書局（香港）有限公司 1989 年版，第 10 ～16 頁。

統差別，也就有了關係親疏，因此，宗族內部不可能平等相處，在漢代，族長有很大的控制權和支配權，《東觀漢紀・耿純傳》記載：「耿純率宗族歸光武，時郡國多降邯鄲，純兄歸燒宗家廬舍。上以問純，純曰：『恐宗人賓客，卒有不同，故焚燒廬舍，絕其反顧之望。』」〔註72〕可見族長對族人財產的支配作用。宗族用禮制來維護尊卑貴賤、長幼有序的等級制度，具體表現就是族規的建立。如田疇率族聚居，「乃爲約束相殺傷、犯盜、諍訟之法，法重者至死，其次抵罪，二十餘條。又制爲婚姻嫁娶之禮」〔註73〕。漢代，許多家庭嚴格禮制規範來約束宗族成員言行舉止，如樊宏家族「子孫朝夕禮敬，常若公家」，《漢書・石奮傳》記載石奮官居內史的兒子石慶深夜喝醉回家，「入外門不下車。萬石君（石奮）聞之，不食。慶恐，肉袒謝請罪，不許。舉宗及兄建肉袒，萬石君讓曰：『內史貴人，入閭里，里中長老皆走匿，而內史坐車中自如，固當！』」〔註74〕因爲兒子不尊宗族之禮，打擾了族人而加以斥責。

再次，宗族有著崇敬祖先傳統。漢代特別重視「愼終追遠」，對於喪葬、祭祀都有嚴格的禮制規定，務求「愼終者喪盡其哀，追遠者祭盡其敬」〔註75〕。如「正月之旦，是謂正日。躬率妻孥，潔祀祖禰前期三日，家長及執事，皆致齊焉。及祀日，進酒降神。畢，乃家室尊卑，無大無小，以次列於先祖之前；子、婦、孫、曾，各上椒酒於其家長，稱觴舉壽，欣欣如也」〔註76〕。《潛夫論・浮侈篇》記載：「今京師貴戚，郡縣豪家，……造起大冢，廣種松柏，廬舍祠堂，務崇華侈。」〔註77〕宗族對於崇敬祖先有著共識，因爲這是家族凝聚力的表現。如果對於宗祠寺廟的焚毀，則是非常重大的事故，《東觀漢紀・鄧晨傳》記載：「鄧晨，南陽人。與上起兵，新野吏乃燒晨先祖祠堂，污池室宅，焚其冢墓。宗族皆怒，曰：『家自富足，何故隨婦家人入湯鑊中？』」〔註78〕族人「皆怒」，是因爲先祖祠堂代表的是整個宗族的傳承，是宗族情感的寄託。此外，宗族還經常舉行聚會，增進感情和聯繫，《禮記・文王世子》

〔註72〕 《東觀漢紀・耿純傳》第 400 頁。
〔註73〕 《三國志・田疇傳》，〔晉〕陳壽撰，〔劉宋〕裴松之注：《三國志》，中華書局 1964 年版。第 341 頁。
〔註74〕 《漢書・石奮傳》第 2196 頁。
〔註75〕 〔魏〕何晏撰：《論語集解・學而篇》，中華書局 1998 年版，第 8 頁。
〔註76〕 〔漢〕崔寔撰，石聲漢校注：《四民月令》，中華書局 1965 年版，第 1 頁。版本下同。
〔註77〕 《後漢書・王府傳》第 1637 頁。
〔註78〕 《東觀漢紀・鄧晨傳》第 285 頁。

孔穎達正義記載：「假如本是齊衰一年四會食，若大功則一年三會食，小功則一年再會食，總麻則一年一會食也」〔註79〕。從零星文獻的記載中可以看到宗族經常舉行大型宴飲活動，如《東觀漢紀・張表傳》記載張表因為父親去世，「宗人親厚節會飲食宴，為其不復設樂」〔註80〕。

　　最後，由於豪強地主勢力的龐大，宗族的社會功能凸顯出來，宗族成員之間在族長的領導下要重視和睦，遇到災荒、疾病、貧困時相互照應，共渡難關。

　　第一，經濟撫恤賑濟功能。宗族內部對於鰥寡孤獨都有一定的撫恤措施，對於衣食無著、無錢喪葬的同族都給予幫助，顯露出一定的人情味。如《四民月令》的記載：「多穀或盡，椹麥未熟；乃順陽布德，振贍匱乏，務先九族，自親者始。」〔註81〕日常生活中，族長「存問九族，孤、寡、老、病不能自存者。分厚徹重，以救其寒」〔註82〕，在喪葬等事宜上「親疏貧富為差，正心平斂，毋或逾越」〔註83〕。「五穀既登，家備儲蓄，乃順時令，敕喪紀，同宗有貧窶久喪不堪葬者，則糾合宗人，共與舉之，以親疏貧富為差」〔註84〕。漢代宗族內部互相賑濟的事例不一而足，如大司空宋弘「所得租奉分贍九族，家無資產，以清行致稱」〔註85〕。張奮「節儉行義，常分損租奉，贍恤宗親，雖至傾匱，而施與不怠」〔註86〕。宣秉「所得祿俸，輒以收養親族，其孤弱者，分與田地，自無擔石之儲」〔註87〕。劉翊家鄉災荒，「救給乏絕，資其食者數百人。鄉族貧者，死亡則為具殯葬，嫠獨則助營妻娶」〔註88〕。如遇到水旱之災，這種家族的力量更加凸顯出來，朱暉「自去臨淮，屏居野澤，布衣蔬食，不與邑里通，鄉黨譏其介」〔註89〕。後來，家鄉遇到災荒，朱暉「盡散其家資，以分宗裏故舊之貧羸者，鄉族皆歸焉」。〔註90〕第二，養育族中孤

〔註79〕　《禮記・文王世子》第 571 頁。
〔註80〕　《東觀漢紀・張表傳》第 736～737 頁。
〔註81〕　《四民月令》第 28 頁。
〔註82〕　《四民月令》第 65 頁。
〔註83〕　《四民月令》第 68 頁。
〔註84〕　《四民月令》第 68 頁。
〔註85〕　《後漢書・宋弘傳》第 903～904 頁。
〔註86〕　《後漢書・張奮傳》第 1198 頁。
〔註87〕　《後漢書・宣秉傳》第 928 頁。
〔註88〕　《後漢書・獨行列傳・劉翊傳》第 2696 頁。
〔註89〕　《後漢書・朱暉傳》第 1459 頁。
〔註90〕　《後漢書・朱暉傳》第 1459 頁。

弱，維持宗族延續。如《後漢書・文苑列傳》記載侯瑾「少孤貧，依宗人居」。
〔註91〕《後漢書・逸民列傳》記載周黨「少孤，爲宗人所養」〔註92〕。第三，
維護地方治安和穩定。宗族豢養大量的部曲賓客，組成私人武裝，修築塢壁
自保，這既是和中央集權抗衡的潛在力量，也一定程度上維持了地方治安。
如「更始立，欲以樊宏爲將，宏叩頭辭曰：『書生不習兵事』。竟得免歸，與
宗族親屬作營塹自守，老弱歸之者千餘家」〔註93〕。「更始新立，三輔連被兵
寇，百姓震駭，強宗右姓，各擁眾保營，莫肯先附」〔註94〕。宋弘，建武二
年爲大司空，「所得租奉分贍九族」〔註95〕。

　　《禮記・大傳》：「親親故尊祖，尊祖故敬宗，敬宗故收族，收族故宗廟
嚴。」〔註96〕宗族的社會功能也是它「收族」作用的體現，宗族憑藉其社會
功能的施展，加強了凝聚力，保持了延續性和擴展性，在人情的維繫下，宗
族勢力日益膨脹，到了東漢末年最終發展成爲獨霸地方的割據勢力。

三、對儒家思想的重視

（一）推崇儒學教育

　　具有深厚儒學修養的劉秀深知儒學的統治功能。在其尚未登上皇帝位
時，便依照儒學之「圖讖」來營造自己受命於天的形象。《東觀漢記》記載：
「時傳聞不見赤伏符文軍中所，上未信，到鄗，上所與在長安同舍諸生強華
自長安奉赤伏符詣鄗，與上會。群臣復固請，上奏世祖曰：『符瑞之應，昭
然著聞矣。』乃命有司設壇於鄗南千秋亭五成陌。六月己未，即皇帝位。」
〔註97〕《赤伏符》的內容爲：「劉秀發兵捕不道，四夷雲集龍鬥野，四七之
際火爲主。」〔註98〕注曰：「四七，二十八也。自高祖至光武初起，合二百
二十八年，即四七之際也。漢火德，故火爲主也。」〔註99〕劉秀對圖讖的
應用幾乎到了入迷的程度。周天遊之《八家後漢書輯注・華嶠漢後書卷二》

〔註91〕　《後漢書・文苑列傳・侯瑾傳》第 2649 頁。
〔註92〕　《後漢書・逸民列傳・周黨傳》第 2761 頁。
〔註93〕　《後漢書・樊宏傳》第 1120 頁。
〔註94〕　《後漢書・郭伋傳》第 1091 頁。
〔註95〕　《後漢書・宋弘傳》第 903～904 頁。
〔註96〕　《禮記・大傳》第 100 頁。
〔註97〕　《東觀漢記・帝紀一・世祖光武皇帝》第 7 頁。
〔註98〕　《後漢書・光武帝紀第一上》第 21 頁。
〔註99〕　《後漢書・光武帝紀第一上》第 22 頁。

載：「自光武爲布衣時，數言此，及後終爲天子，故甚信其書。」〔註 100〕因此，當鄭興對圖讖表示懷疑的時候，便引起劉秀的反感。《東觀漢記・鄭興傳》記載：「光武帝問郊記事，鄭興曰：『臣不爲讖。』上曰：『卿之不學，非之耶？』興曰：『臣於書有所未學，無所非之也。』」〔註 101〕桓譚甚至爲此差點丟了性命。《後漢書・桓譚傳》記載，桓譚譏訕圖讖：「有詔會議靈臺所處，帝謂桓譚曰：『吾欲以讖決之，何如？』譚默然良久，曰：『臣不讀讖。』上問其故，譚復極言讖之非經。帝大怒曰：『桓譚非聖無法，將下斬之。』譚叩頭流血，良久乃得解。出爲六安郡丞，意忽忽不樂，道病卒，時年七十餘。」〔註 102〕

此後，如前所述劉秀又在洛陽修建太學，設立五經博士，恢復西漢時期的十四博士之學。而且難能可貴的是還經常到太學巡視，並與學生進行親切交談。如「建武五年，初起太學，諸生吏子弟及民以義助作。上自齊歸，幸太學，賜博士弟子有差。」〔註 103〕

在劉秀的提倡下，從中央到地方建立一系列的教育機構，像中央之太學、宮邸學，地方之郡國學，而且民間還出現了很多私學。「東漢私學之盛行，在中國歷史上是極爲少見的。據《後漢書》的記載和統計，從事過私人講學的入傳人物和涉及到講學者名字的共有 138 位，未曾入傳而『耆名高義開門授徒者，編牒不下萬人』。而讀私學的，『遊庠序，聚橫塾者，蓋布之於邦域矣』」〔註 104〕。

光武帝劉秀還通過褒獎孔子後人，來崇儒，倡導儒學。《後漢書・光武帝紀第一上》載：「（建武五年）冬十月，還，幸魯，使大司空祠孔子。」〔註 105〕後來，又封孔子後裔孔志爲褒成侯。「（建武）十四年，封孔子後孔志爲褒成侯。」〔註 106〕對儒家後人的尊崇是歷代皇帝的一貫政策，這對崇尚儒學有著極爲重大的示範效應。

光武帝劉秀得這些由裏到外的措施極大地鼓舞了士人讀經崇儒的興趣，

〔註 100〕周天遊輯注：《八家後漢書輯注・華嶠漢後書卷二》，上海古籍出版社 1986
　　　　年版，第 534 頁。版本下同。
〔註 101〕《東觀漢記・鄭興傳》第 623 頁。
〔註 102〕《後漢書・桓譚傳》第 961 頁。
〔註 103〕《東觀漢記・帝紀一・世祖光武皇帝》第 9 頁。
〔註 104〕朱廣賢：《東漢盛行的私學》，《中州古今》，1994 年第 4 期。
〔註 105〕《後漢書・光武帝紀第一上》第 40 頁。
〔註 106〕《東觀漢記・帝紀一・世祖光武皇帝》第 11 頁。

使得東漢儒學大興，儒家倫理進一步深化。

（二）加強地方教化

除了提倡儒家倫理，劉秀還大力扶持地方宗法勢力來，加強對基礎的統治，鞏固封建中央專制主義的統治，保證東漢政權的正常運行。

西漢時，統治者爲了加強對農民階級的統治，除了採用「教化」的方式「化民成俗」外，還採用政、教配合的手段，利用當時最基層的鄉里組織中的三老、父老等緊密配合政府官吏對人民進行統治。例如，《漢書·百官公卿表》記載：「鄉有三老、有秩、嗇夫、游徼。三老掌教化。嗇夫職聽訟，收賦稅。游徼徼循禁賊盜。」〔註107〕《後漢書·百官志》裏說：「三老掌教化。凡有孝子順孫貞女義婦，讓財救患，及學士爲民法式者，皆扁表其門，以興善行。」〔註108〕這些鄉里的三老、有秩、嗇夫、游徼們都是鄉里有「頭面」人物，大都屬於中小地主。西漢政府官吏就是利用這些鄉里的三老、有秩、嗇夫、游徼的「頭面」人物來加強對基層民眾的教化與管理的。對這些掌管教化的三老，以及負責管理的有秩、嗇夫、游徼們，西漢統治者也是十分重視的，採用各種方式對他們加以賞賜，甚至通過察舉的方式將他們吸收到統治階級內部來。如《漢書·高帝紀上》記載，二年二月詔曰：「舉民年五十以上，有修行，能帥眾爲善，置以爲三老，鄉一人。擇鄉三老一人爲縣三老，與縣令垂尉以事相教」〔註109〕。《漢書·惠帝紀》記載：「春正月，舉民孝悌力田者復其身」〔註110〕。《漢書·高后紀》記載，元年春正月，「初置孝悌力田二千石者一人」〔註111〕。《漢書·文帝紀》記載：「十二年三月又詔曰：孝悌，天下之大順也。力田，爲生之本也。三老，眾民之師也。廉吏，民之表也。朕甚嘉此二三大夫之行。今萬家之縣，云無應令，豈實人情？是吏舉賢之道未備也。其遣謁者勞賜三老、孝者帛人五匹，悌者、力田二匹，廉吏二百石以上率百石者三匹。及問民所不便安，而以戶口率置三老孝悌力田常員，令各率其意以道民焉。」〔註112〕《漢書·武帝紀》記載：「朕嘉孝悌力田，哀夫老眊孤寡鰥獨或匱於衣食，甚憐愍焉。其遣謁者巡行天下，存問致賜。曰：

〔註107〕《漢書·百官公卿表上》第 742 頁。
〔註108〕《後漢書·百官五·亭里》第 3624 頁。
〔註109〕《漢書·高帝紀上》第 33～34 頁。
〔註110〕《漢書·惠帝紀》第 90 頁。
〔註111〕《漢書·高后紀》第 96 頁。
〔註112〕《漢書·文帝紀》第 105 頁。

『皇帝使謁者賜縣三老、孝者帛，人五匹；鄉三老、弟者、力田帛，人三匹。」
〔註113〕《漢書・昭帝紀》記載：「詔曰：『朕閔勞以官職之事，其務修孝悌
以教鄉里。』」〔註114〕以後的宣帝、元帝成帝等各帝都有賞賜三老、孝悌、
力田的詔書。漢代統治者三老、孝悌、力田等的如此重視，熊鐵基先生有評
論說道：

> 正如馬克思所說，封建統治者是知道農業重要的，中國封建統
> 治者一道強調的是「洪範八政，以食爲首」，所以漢代的皇帝「寵其
> 強力」設力田「令與孝悌同科」。三老更不必說，因爲他是「眾民之
> 師」，在漢代鄉、縣乃至郡、國設置三老成爲定制。一句話，設立並
> 且非常重視這些三老、孝錦、力田，是爲了對人民實行「教化」，即
> 直接加強對人民的思想束縛。以便鞏固地主階級的統治。〔註115〕

可見，西漢歷代統治者對地方宗法勢力是十分重視的。鑒於宗法制度的
重要的統治功能，東漢建立後，劉秀對地方宗法勢力也是大力扶持。

早在更始元年，劉秀受更始政權委派，持節北度河北，鎮慰州郡。劉秀
就「所到部縣，輒見二千石、長吏、三老、官屬，下至佐史，考察黜陟，如
州牧行部事。」〔註116〕建武七年春又詔曰：「世以厚葬爲德，薄終爲鄙，至
於富者奢僭，貧者單財，法令不能禁，禮義不能止，倉卒乃知其咎。其布告
天下，令知忠臣、孝子、慈兄、悌弟薄葬送終之義。」〔註117〕除此之外，
劉秀還跟西漢統治者一樣，積極選拔基礎地主的優秀分子進入各級政府機構
任官職，以加強對地方宗法地主的扶持力度。如建武六年冬十月丁丑，詔曰：
「吾德薄不明，寇賊爲害，強弱相陵，元元失所。……其敕公卿舉賢良、方
正各一人。」〔註118〕建武十二年八月乙未詔書：三公茂才各一人，廉吏各
二人；光祿歲舉茂才四行各一人，察廉吏三人；中兩千石歲察廉吏各一人，
廷尉、大司農各二人。將兵將軍歲察廉吏各二人；監察御史、司隸、州牧歲
舉茂才各一人。〔註119〕當然，「在『茂材異等』，『孝悌力田』中也會有一些

〔註113〕《漢書・武帝紀》第 174 頁。
〔註114〕《漢書・昭帝紀》第 225 頁。
〔註115〕熊鐵基：《秦漢時期的統治思想和思想統治》，華中師範大學學報（哲社版），
　　　　1987 年第 2 期。
〔註116〕《後漢書・光武帝紀第一上》第 10 頁。
〔註117〕《後漢書・光武帝紀第一上》第 51 頁。
〔註118〕《後漢書・光武帝紀第一下》第 50 頁。
〔註119〕《後漢書・百官志一》注引《漢官目錄》第 3559 頁。

人民的知識分子。那麼就正如馬克思所說：『一個統治階級越是能吸收被統治階級中最優秀的分子，它的統治就越是鞏固，越是危險。』」〔註120〕可見，東漢初年，劉秀繼承了西漢統治者的統治思想，大力扶持宗法地主勢力，在加強對基層普通民眾的思想統治的同時，加強對基礎民眾的管理，從而維護東漢王封建專制主義的統治。

總之，東漢初年，劉秀為了鞏固統治，大力提倡儒家理論，並扶持宗法地主的勢力，這對維護東漢的統治，是有一定的作用的。但大量提倡和扶持的結果，又使事情朝著另一端發展。劉秀對儒家理論的大力提倡，對宗法地主勢力的大力扶持，使西漢中後期以來就已形成的豪強地主階級在東漢一代更加發展壯大了。

第三節　豪強地主〔註121〕的發展壯大

豪強地主早在秦漢之前就存在，就是六國的舊貴族和關東豪傑，秦始皇曾經對他們進行了嚴厲打擊，把他們十二萬戶遷徙到咸陽和巴蜀等地，使其脫離故土根基，「強宗大姓，不得族居」〔註122〕，在監視下生存。劉邦也仿傚秦始皇的做法，把六國舊貴族和其它豪傑名家勢力遷徙到長安附近，使得關東「邑里無營利之家，野澤無兼併之民」〔註123〕。這種舉家遷徙，實際上是通過鄉土的剝離，衝擊其宗法關係，「令百姓遠棄先祖墳墓，破業失產，親戚別離，人懷思慕之心，家有不安之意」〔註124〕。

東漢建立後，由於劉秀的一系列鞏固統治的措施，如分封功臣、引進文官、倡導儒家經學、扶持宗法地主階級等，使豪強地主在東漢又得到了不斷的發展壯大。

一、功臣轉化為豪強地主

東漢政權就是在地主豪強的支持下建立起來的，南陽、潁川、河北等地

〔註120〕熊鐵基：《秦漢時期的統治思想和思想統治》，華中師範大學學報（哲社版），1987 年第 2 期。

〔註121〕　漢代文獻中，「豪強」的同類詞語還有諸如「豪傑」、「豪人」、「豪民」、「豪猾」、「豪右」、「大姓」、「強族」　等等。

〔註122〕《漢書‧鄭弘傳》，注引謝承《後漢書》，第 1155 頁。

〔註123〕《後漢書‧五行三》，注引《東觀記》載杜林上疏，第 3307 頁。

〔註124〕《漢書‧元帝紀》第 292 頁。

的地主勢力是劉秀一族的親信集團。東漢建立後，根據軍功爵制，劉秀給功臣分封了大量爵土。如「雲臺二十八將」、「三百六十五功臣」中的一大批功臣因功受封，「功大者食縣，小者食鄉、亭，得臣其所食吏民」〔註125〕。這些功臣功勳卓著，通過軍功而進入統治階層的世家大族。還有一部分功臣在西漢時就是豪強地主，到了東漢，因軍功，其勢力繼續壯大。如扶風馬援，是戰國趙奢的後代，漢武帝時期曾祖父馬通「以功封重合侯」，王莽時期，馬援一門顯赫，兄弟三人「皆爲二千石」，到了東漢更是「聲騰三輔」，「兄弟貴盛，奴婢各千人已上，資產巨億，皆買京師膏腴美田」〔註126〕。這些功臣們封侯食邑，依靠宗法的維繫，世代因襲，成爲強大的門閥地主階層。如東漢鄧禹、耿弇、寇恂、耿純等都是由軍功地主轉化爲門閥地主。

二、新官僚轉化豪強地主

劉秀稱帝後，爲了迅速的建立起一套完整的行政體制，以及因「退功臣而進文吏」的需要，東漢初年，東漢政權內部又出出現了一批新的官僚地主，這些官僚地主依靠政權的力量，發展爲豪強地主。如扶風魯恭，「其先出於魯頃公，爲楚所滅，遷於下邑，因氏焉。世吏二千石。哀平間，自魯而徙」〔註127〕。到了東漢，魯恭任司徒，弟弟魯丕爲侍中，子孫也都擔任朝廷官職，「兄弟父子並列朝廷」〔註128〕。再如京兆張純，祖先張湯是一名文墨小吏，漢武帝時期任廷尉、御史大夫等，張湯的兒子張安世在漢昭帝時任大司馬衛將軍，封富平侯，張安世的兒子張延壽也是九卿級別，「安世子孫相繼，自宣、元以來爲侍中、中常侍、諸曹散騎、列校尉者凡十餘人」〔註129〕，而到了張純一代，他「少襲爵土，哀平間爲侍中，王莽時至列卿」〔註130〕，其家族長盛不衰，「自昭帝封安世，至吉，傳國八世，經歷篡亂，二百年間未嘗譴黜，封者莫與爲比」〔註131〕。以張純爲代表的新型地主，出身官吏，但憑藉「爲吏者長子孫，居官者以爲姓號」〔註132〕的世襲特點，在「任子」、

〔註125〕《後漢書・百官五》第3630頁。
〔註126〕《後漢書・馬援列傳附子防傳》第857頁。
〔註127〕《後漢書・魯恭傳》第873頁。
〔註128〕《後漢書・魯恭傳》第878頁。
〔註129〕《漢書・張湯傳》第2657頁。
〔註130〕《後漢書・張純傳》第1193頁。
〔註131〕《後漢書・張純傳附子奮傳》第1200頁。
〔註132〕《漢書・食貨志》第1135～1136頁。

「貲選」的庇護下，一代代身處高位，享受政治特權，「身寵而載高位，家溫而食厚祿，因乘富貴之資力，以與民爭利於下」〔註133〕。他們「世爲族姓」〔註134〕，甚至「七世通顯」〔註135〕，日益發展爲勢力強大的新型豪強地主階層。

三、經學世家轉化爲豪強大族

東漢建立後，由於劉秀對經學的大量提倡，一部分經學經學大師受到推崇重用，因而轉化爲豪強大族。如伏湛，是經學大師伏生後代，被劉秀拜爲司直，「行大司徒事。車駕每出征伐，常留鎮守，總攝群司。建武三年，遂代鄧禹爲大司徒，封陽都侯」〔註136〕。《尚書》世家桓榮一門，「自榮至典，世宗其道，父子兄弟代作帝師，受其業者皆至卿相，顯乎當世」〔註137〕。楊震一族世傳歐陽《尚書》，子孫數人官至三公。汝南袁氏一族，世代研究孟氏易學，「諸儒稱其節，多歷顯位」〔註138〕。到袁逢、袁隗一代「貴寵於世；富奢甚，不與它公族同」〔註139〕。

四、富商大賈、地方兼併之家轉化爲豪強地主

西漢末年，許多大商人投奔劉秀，助其建立東漢政權，也因此轉爲官僚商人，如南陽李通，「以貨殖著姓」〔註140〕，和弟弟李鐵投奔劉秀，後被封爲高官，顯赫一時。以他們爲代表的商人階層，逐漸和官僚、地主三位一體化，依靠經濟實力獲得了政治特權，而經濟實力隨之在宗法關係的維繫下迅速膨脹，成爲富甲一方的豪強地主。再如南陽陰識，「其先出自管仲，管仲七世孫修，自齊適楚，爲陰大夫，因而氏焉」〔註141〕。後來劉秀起兵，陰識「牽子弟、宗族、賓客千餘人往詣伯升」〔註142〕。還有扶風法雄，「齊襄

〔註133〕《漢書・董仲舒傳》第 2520 頁。
〔註134〕《後漢書・獨行列傳・陸續傳》第 2682 頁。
〔註135〕《後漢書・應奉傳》第 1615 頁。
〔註136〕《後漢書・伏湛傳》第 894 頁。
〔註137〕《後漢書・桓榮傳》第 1261 頁。
〔註138〕《後漢書・袁安傳》第 1523 頁。
〔註139〕《後漢書・袁安傳》第 1523 頁。
〔註140〕《後漢書・李通傳》第 573 頁。
〔註141〕《後漢書・陰識傳》第 1129 頁。
〔註142〕《後漢書・陰識傳》第 1129 頁。

王法章之後。秦滅齊，子孫不敢稱田姓，故以法爲氏。宣帝時，徙三輔，世爲二千石」〔註143〕。此外還如京兆第五倫、南陽朱暉等等，都是出身名門，家世顯貴。

東漢時期，豪強地主一般都有自己的經濟基礎，他們豢養家臣，修築堡壘，儼然一個個獨立王國，《僮約》記載「犬吠當起，驚告鄰里。桹門柱戶，上樓擊鼓。荷盾曳茅，還落三周」〔註144〕。他們的莊園是農林牧副漁多種經營，如劉秀舅舅南陽樊宏的莊園「東西十里，南北五里」〔註145〕，「營理產業，物無所棄，課役僮隸，各得其宜」〔註146〕，莊園「治田殖，至三百頃。廣起廬舍，高樓連閣，波陂灌注，竹木成林，六畜放牧，魚贏犁果，檀棘桑麻，閉門成市，兵弩器械，貲至百萬」〔註147〕。可以說「池魚牧畜，有求必給」〔註148〕。

豪強地主大量兼併土地，而地方政府則又包庇大姓。《鹽鐵論·未通篇》中曾說：「往者軍陣數起，用度不足，此皆徵賦，常取給冗民，田家又被其勞，故不齊出於南畝也。大抵逋流皆在大家，吏正畏憚，不敢篤責。刻急細民，細民不堪，流亡遠去，中家爲之色出」〔註149〕。東漢時，失去土地的農民只好投靠豪強，變成依附農民，仲長統曾言：「相與爲編戶齊民而以財力相君長者，世無數焉」〔註150〕，「百夫之豪，州以千計」〔註151〕。豪強招攬流民，佔有大量的依附農民，有的甚至「徒附萬計」〔註152〕、「奴客二千」〔註153〕、「僮客萬人」〔註154〕等等，這些依附農民「父子低首，奴事富人；躬帥妻孥，爲之服役」〔註155〕，在監工的皮鞭下勞動，處境悲慘，「稼穡不修，桑果不茂，蓄產不肥，鞭之可也；柂落不完，垣牆不牢，掃除不淨，

〔註143〕《後漢書·法雄傳》第 1276 頁。
〔註144〕《全漢文》第 435 頁。
〔註145〕《後漢書·樊宏傳》注引《水經注》第 1119 頁。
〔註146〕《後漢書·樊宏傳》第 1119 頁。
〔註147〕《八家後漢書輯注·司馬彪續漢書卷三》第 384 頁。
〔註148〕《後漢書·樊宏傳》第 1119 頁。
〔註149〕〔漢〕桓寬著，王利器校注：《鹽鐵論校注》，中華書局出版社 1992 年版（新編諸子集成本），第 191～192 頁。
〔註150〕《後漢書·仲長統傳》第 1648 頁。
〔註151〕〔清〕嚴可均輯，許振生審定：《全後漢文·仲長統三》，商務印書館 1999 年版，第 906 頁。版本下同。
〔註152〕《後漢書·仲長統傳》第 1648 頁。
〔註153〕《三國志·蜀志·糜竺傳》第 996 頁。
〔註154〕《三國志·蜀志·糜竺傳》第 996 頁。
〔註155〕《通典·食貨一》引崔實《政論》第 13 頁。

笞之可也。此督課之方也」〔註156〕。他們平時耕作，戰時作戰，日常則保衛莊園，成為地主的部曲，豪強地主手下還收留大量食客、賓客擔任幕僚，為他們出謀劃策，他們和豪強也有很強的依附關係，如馬援手下數百賓客，「故人賓客皆依援」〔註157〕，賓客的人身自由也是有限的，甚至被當做禮物送人，如麋竺把「奴客二千」〔註158〕送於劉備。豪強地主的依附者除了賓客，更多的是同姓「宗人」，他們一般「將宗親千餘家」〔註159〕，「宗族賓客二千餘人」〔註160〕，族人眾多，形成一股股龐大的家族勢力。

學者勞幹曾言：「漢代豪強往往不只是一兩個人，而是一個宗族的，大致也是出於過去封建時期大夫合族的習慣」〔註161〕。這樣一個個的大家族對於中央集權和地方政治都是潛在的威脅。

第四節　豪強地主階級對皇權的削弱

一、削弱中央集權的統治基礎

西漢建立之初，「秦氏失馭，竟起為亂」〔註162〕的六國的舊貴族和關東豪傑仍然勢力龐大，且大多散佈在關東地區，也就是異姓諸侯王所在地，如果兩者聯合，則是一股強大的地方勢力，威脅著中央集權，為此寢食難安的漢高祖採用婁敬的建議，實行徙豪政策，《漢書·高帝紀》記載，九年冬「十一月，徙齊楚大族昭氏、屈氏、景氏、懷氏、田氏五姓關中，與利田宅」〔註163〕，「以削弱六國強宗。邑無營利之家，野澤無兼併之民，萬里之流，海內賴安。……強幹弱枝，本支百世之要也。」〔註164〕之後，漢景帝、武帝、昭帝、宣帝也都採取遷徙關東豪族往關中的政策，達到強幹弱枝的效果。

〔註156〕〔北魏〕賈思勰著：《齊民要術·序》，商務印書館民國 19 年版（萬有文庫本），第 3 頁。

〔註157〕《後漢書·馬援傳》注引《續漢書》第 828 頁。

〔註158〕《三國志·蜀志·麋竺傳》第 996 頁。

〔註159〕《後漢書·荀彧傳》第 2281 頁。

〔註160〕《後漢書·耿純傳》第 762 頁。

〔註161〕勞幹：《漢代的豪強及其政治上的關係》，《慶祝李濟先生七十歲論文集》，臺北：清華學報社 1965 年版。

〔註162〕《通典》（卷三）引宋孝王，關東風俗傳，第 62 頁。

〔註163〕《漢書·高帝紀下》第 66 頁。

〔註164〕《後漢書·五行三》注引杜林疏，第 3307 頁。

然而，遷徙的豪家勢力仍然膨脹起來，西漢所遷富豪多往長安附近，而王莽時期蜂擁而起的強宗大姓正是在三輔一帶，「郡縣大姓各擁兵眾」〔註165〕，成為關中豪強勢力的集中之地，威脅著中央安全。

漢初郡國並行制，雖然經過漢景帝漢武帝的削藩政策，諸侯國勢力幾乎不能和中央抗衡，但是他們逐漸和地方豪強勢力結合起來，干擾國家經濟，妨礙中央稅收，「古者什一而稅，以為天下之中正也。今漢民或百一而稅，而謂鮮矣。然豪強富人占田逾侈，輸其賦太半。官收百一之稅，民收太半之賦。官家之惠優於三代，豪強之暴酷於亡秦。是上惠不通，威福分於豪強也。今不正其本，而務除租稅，適足以資富強。」〔註166〕

到了西漢中後期，豪強地主勢力迅速壯大，兼併土地，「蠶食亡厭」〔註167〕，師丹、王莽等人限制兼併豪強地主的主張不但沒有取得成效，而且引起了豪強地主的反抗，社會危機越來越嚴重。

東漢建立後，劉秀採取「退功臣而進文吏」的政策，將三百六十多人封為列侯，「封功臣皆為列侯，大國四縣，餘各有差」〔註168〕，他們「以列侯奉朝請」〔註169〕，但不再掌握軍政要權，因此光武帝大為放心，「古之亡國，皆以無道，未嘗聞功臣地多而滅亡者」〔註170〕。但是這些幫助劉秀奪取天下的功臣也並不全都安分守己，有的野心勃勃，對中的擁護並不可靠，桓譚曾進言「臣伏觀陛下用兵，諸所降下，既無重賞以相恩誘，或至虜掠奪其財物，是以兵長渠帥，各生狐疑，黨輩連結，歲月不解。」〔註171〕東漢時期，這些通過軍功，以及那些通過其它方式發展壯大起來的豪強地主，一旦觸及自身利益便會蠢蠢欲動，威脅中央安全。如建武十六年，因抵制朝廷度田，「郡國大姓及兵長、群盜處處並起，攻劫在所，害殺長吏。郡縣追討，到則解散，去復屯結。青、徐、幽、冀四州尤甚。」〔註172〕而且，東漢時期帶有宗法性質的豪強地主，一旦生有異心，宗族上下全體出動，成千上萬族人傾巢而出，

〔註165〕《後漢書·馮異傳》第 645 頁。
〔註166〕《漢紀·孝文皇帝紀下》第 114 頁。
〔註167〕《漢書·鮑宣傳》第 3088 頁。
〔註168〕《後漢書·光武帝紀上》第 26 頁。
〔註169〕《後漢書·耿純傳》第 764 頁。
〔註170〕《後漢書·光武帝紀上》第 26 頁。
〔註171〕《後漢書·桓譚傳》第 960 頁。
〔註172〕《後漢書·光武帝紀下》第 67 頁。

這是一股威脅中央集權的強大勢力，如孫靜追隨孫堅起事「糾合鄉曲及宗室五六百人以爲保障，眾咸附焉」〔註173〕。李典「宗族部曲三千餘家，居乘氏，自請願徙詣魏郡……，遂徙部曲、宗族萬三千餘口居鄴」〔註174〕。

東漢時期的豪強地主在經濟和政治上保持著許多特權。經濟上佔據大量的土地，形成一個個獨立的莊園，豢養部曲，形成地方武裝。政治上，則通過察舉徵辟等選官制度，保持著世代的政治參與特權，當時「天下士有三俗，選士而論族姓閥閱，一俗」〔註175〕。他們累世恩寵，如劉秀的姐夫鄧晨「世吏二千石」〔註176〕，「家自富足」〔註177〕，母舅樊宏有田三百餘頃，「世善農稼，好貨殖」〔註178〕。其它文武大臣基本上出身豪族，如劉植「率宗族賓客，聚兵數千人」〔註179〕；耿純「與從昆弟、宿、植共率宗族賓客二千餘人」〔註180〕。他們大規模聚族而居，形成了豪門閥閱和儒學世家，勢力盤根錯節，日益控制地方政權，最終憑藉強大的政治經濟實力，雄霸地方，成爲威脅中央集權的潛在因素。

二、對地方政權加以控制

在地方上，豪強地主依靠自給自足的莊園制經濟，兼併土地，形成一個個大的阡陌相連的園林式莊園，建立並農合一的塢堡，「強宗右姓各擁眾保營」〔註181〕，閉門成市，是獨立的割據王國，橫行鄉里，威脅地方政權。

首先，豪強地主驕奢淫逸，魚肉鄉民，他們「役財驕溢，或至併兼豪黨之徒以武斷於鄉曲。宗室有土，公卿大夫以下爭於奢侈，室廬車服僭上亡限。物盛而衰，固其變也」〔註182〕。大肆兼併土地，如「西州豪右併兼，吏多姦貪，訴訟日百數」〔註183〕。泰山「郡內豪姓多不法」〔註184〕，「請奪人

〔註173〕《三國志·吳志·孫靜傳》第1205頁。
〔註174〕《三國志·魏志·李典傳》第534頁。
〔註175〕《全後漢文·仲長統三·昌言下》第900頁。
〔註176〕《後漢書·鄧晨傳》第582頁。
〔註177〕《後漢書·鄧晨傳》第583頁。
〔註178〕《後漢書·樊宏傳》第1119頁。
〔註179〕《後漢書·劉植傳》第760頁。
〔註180〕《後漢書·耿純傳》第762頁。
〔註181〕《後漢書·郭伋傳》第1091頁。
〔註182〕《漢書·食貨志上》第1136頁。
〔註183〕《後漢書·陳寵傳》第1553頁。

田宅」〔註185〕。袁紹一族「使豪強擅恣，親戚兼併」〔註186〕。漢章帝外戚竇憲侵奪沁水公主的田地，漢章帝憤慨道：「今貴主尚見枉奪，何況小人哉！」〔註187〕皇帝對於豪強的肆無忌憚都無可奈何，勿論那些無權無勢的中小地主以及平民百姓了。

地方豪強收取大量地租，「今漢民或百一而稅，而謂鮮矣。然豪強富人占田逾侈，輸其賦太半。官收百一之稅，民收太半之賦。官家之惠優於三代，豪強之暴酷於亡秦。是上惠不通，威福分於豪強也」〔註188〕。豪強地主大量放高利貸，擾亂地方經濟，大批農民破產淪為他們的依附農民或奴隸，如樊宏的父親樊重「假貸人間數百萬」〔註189〕，獲利巨豐，奴僕成群，極盡奢華，桓譚曾言：「今富商大賈，多放錢貸，中家子弟，為之保役，趨走與臣僕等勤，收稅與封君比入」〔註190〕。

豪強地主蔭庇豢養大量的「僮客」、「賓客」、「附戶」、「家兵」、「家客」，有著成千上萬的依附人員，他們將部曲賓客裝備成為自己的私人武裝，和地方政府抗衡，橫行無忌，踐踏法律，如蘇不韋「多將賓客奪舅財物」〔註191〕。竇融家族「權貴顯赫，傾動京都。雖俱驕縱，而景為尤甚，奴客緹騎依倚形勢，侵淩小人，強奪財貨，篡取罪人，妻掠婦女。商賈閉塞，如避寇讎。有司畏懦，莫敢舉奏」〔註192〕。有的公然對抗地方政府，如臧霸父親獲罪被押送，臧霸「將客數十人」〔註193〕中途攔截，武威太守任延逮捕大姓田紺，其子竟然「聚輕薄數百人自號將軍，夜來攻郡」〔註194〕；北海相董宣處死公孫丹，其「宗族親黨三十餘人，操兵詣府」〔註195〕。

地方豪強憑藉選官的特權，掌控影響地方行政。有的豪強大家擔任地方

〔註184〕《後漢書‧范康傳》第 2214 頁。
〔註185〕《後漢書‧范康傳》第 2214 頁。
〔註186〕《三國志‧魏志‧武帝紀》注引《魏書》第 26 頁。
〔註187〕《後漢書‧竇融傳附竇憲傳》第 812 頁。
〔註188〕《漢紀‧孝文皇帝紀下》第 114 頁。
〔註189〕《後漢書‧樊宏傳》第 1119 頁。
〔註190〕《後漢書‧桓譚傳》第 958 頁。
〔註191〕《後漢書‧蘇章傳附蘇不韋傳》第 1109 頁。
〔註192〕《後漢書‧竇融傳附竇憲傳》第 819 頁。
〔註193〕《三國志‧魏志‧臧霸傳》第 537 頁。
〔註194〕《後漢書‧任延傳》第 2463 頁。
〔註195〕《後漢書‧董宣傳》第 2489 頁。

功曹佐吏，掌握大權，「其時選舉於郡國屬功曹」〔註196〕，不僅是選舉權，其它日常行政事務，功曹佐吏也有極大權力，漢和帝問陳寵「『在郡何以爲理？』寵頓首謝曰：『臣任功曹王渙以簡賢選能，主簿鐔顯拾遺補闕，臣奉詔書而已……」〔註197〕，可見曹吏的實際權利之大。而地方豪強則充任功曹佐吏，實際掌握地方權力，當時流傳歌謠唱道：「汝南太守范孟博，南陽宗資主畫諾。南陽太守岑公孝，弘農成瑨但坐嘯」〔註198〕。其實，范孟博、岑公孝不過是當地功曹，卻實際掌控地方事務，眞正的太守宗資、成瑨只是虛在其位的擺設而已。潁川太守葛興得病不能理事，地方大姓韓棱本是功曹，代替葛興主事，「出入二年，令無違者」〔註199〕。應劭痛斥這類現象是「政在陪隸」〔註200〕。有的肆意妄爲，置國家法度於不顧，「行苟且以亂執政」〔註201〕，貪贓枉法，行賄受賄，聲名狼藉，如「宛陵大姓羊元群罷北海郡，臧罪狼藉」〔註202〕。有的要挾折辱地方官吏，南陽太守陳球「糾舉豪右，爲勢家所謗，徵詣廷尉抵罪」〔註203〕。并州刺史「以摧折權貴，忤旨，坐免」〔註204〕。種種惡跡罄竹難書。

豪強地主在地方上形成了一個個小朝廷，對於中央的政令充耳不聞，「今典州郡者，自違詔書，縱意出入，每詔書所欲禁絕，雖重懇惻，罵詈極筆，由復廢舍，終無悛意。故里語曰：『州郡記，如霹靂，得詔書，但掛壁』」〔註205〕。

統一的中央集權與分散各地，擁兵自保的豪強地主之間是存在矛盾的，對於地方豪強的威脅，東漢初年劉秀也曾予以應對，經過度田事件以後，東漢政府再也沒有對豪強地主採取過較大的限制措施，此後，豪強地主在東漢一代便無限制的發展起來了。尤其是東漢末年，朝廷日益呈現搖搖欲墜的頹

〔註196〕《通典・選舉一・歷代制上》第 315 頁。
〔註197〕《後漢書・王渙傳》第 2468 頁。
〔註198〕《後漢書・黨錮列傳序》第 2186 頁。
〔註199〕《後漢書・韓棱傳》第 1534 頁。
〔註200〕〔東漢〕應劭撰，王利器校注：《風俗通義校注・過譽》中華書局 1981 年版，第 174 頁。
〔註201〕《通典・食貨一》引崔寔《政論》，第 13 頁。
〔註202〕《後漢書・李膺傳》第 2192 頁。
〔註203〕《後漢書・陳球傳》第 1832 頁。
〔註204〕《後漢書・蘇章傳》第 1107 頁。
〔註205〕《全後漢文・崔寔二・政論》第 471 頁。

勢，豪強地主勢力膨脹起來，逐漸成爲稱霸一方的割據勢力。

三、度田事件

　　公元前 594 年，魯國實行初稅畝，標誌著土地私有化的開始，自此，土地可以私人佔有、轉讓和買賣，以土地爲中心，產生了一系列的社會問題，首先，是加劇了階級分野和貧富差距，貴族顯赫以及軍功地主和官僚者，因爲佔有大量土地而變成了豪強大地主，如漢武帝內史一下「買陂田千餘頃」〔註206〕，丞相張禹「多買田至四百頃，皆涇、渭溉灌，極膏腴上賈」〔註207〕，「太守李尙占墾草田數百頃」〔註208〕，甚至皇帝也「置私田於民間」〔註209〕。與之相對，赤貧者卻得不到絲毫地產，對此，董仲舒刻畫的最爲生動：「至秦則不然，用商鞅之法，改帝王之制，除井田，民得買賣，富者田連阡陌，貧者無立錐之地」〔註210〕，沒有地產，也就無法依靠耕作來擺脫貧困，甚至無法生存，小民只好耕種地主的土地，成爲依附農民，他們「或耕豪民之田，見稅什五」〔註211〕，賦稅繁重，因而只能維持基本生活，「故貧民常衣牛馬之衣，而食犬彘之食」〔註212〕，這樣富者愈富，貧者愈貧，「邑有人君之尊，里有公侯之富，小民安得不困？」〔註 213〕董仲舒針對當時的土地問題，提出了限田的主張，可惜未能實行，漢武帝曾經下令商人不得兼併土地，「賈人有市籍者，及其家屬，皆無得籍名田，以便農。敢犯令，沒入田僮」〔註214〕。然而這項法令卻並沒有多大效果，漢武帝頒布告緡令後，「得民財物以億計，奴婢以千萬數，田大縣數百頃，小縣百餘頃，宅亦如之。於是商賈中家以上大率破」〔註215〕，可見商人是佔有大量土地的。到了西漢末期，土地兼併愈演愈烈，師丹、孔光、何武等人再次提出限田的倡議，「諸侯王、列侯、皆得名田國中。列侯在長安，公主名田縣道，及關內侯、吏民名田、

〔註206〕《史記‧酷吏列傳》第 3135 頁。
〔註207〕《漢書‧張禹傳》第 3349 頁。
〔註208〕《漢書‧孫寶傳》第 3258 頁。
〔註209〕《漢書‧五行志中之上》第 1368 頁。
〔註210〕《漢書‧食貨志上》第 1137 頁。
〔註211〕《漢書‧食貨志上》第 1137 頁。
〔註212〕《漢書‧食貨志上》第 1137 頁。
〔註213〕《漢書‧食貨志上》第 1137 頁。
〔註214〕《史記‧平準書》第 1430 頁。
〔註215〕《史記‧平準書》第 1435 頁。

皆毋過三十頃」〔註216〕，但是因為「丁、傅用事，董賢隆貴，皆不便也。詔書且須後，遂寢不行」〔註217〕土地兼併得不到控制，導致社會矛盾日益尖銳，緊接著王莽當政，提出了「更名天下田曰王田」〔註218〕的主張，如「其男口不滿八，而田過一井者，分餘田與九族鄉黨」〔註219〕。妄圖恢復井田制度，然而「井田雖聖王法，其廢久矣，……今欲違民心，追復千載絕跡，雖堯舜復起，而無百年之漸，弗能行也。」〔註220〕土地問題日益成為嚴重危害政權的社會問題沒能得到解決，反而在長期的戰亂中，豪強大族「起塢壁，繕甲兵」〔註221〕，兼併土地，招攬賓客，招撫流民，建立私人武裝，大肆擴張家族勢力。

東漢建立後，豪強地主繼續發展，這樣更加加劇了西漢以來嚴重的土地問題。如劉秀大力犒賞幫他打天下的功臣勳舊，「諸功臣皆增戶邑」〔註222〕，劉秀舅子陰識的曾祖父一輩就佔地七百多頃，劉秀又大力獎賞，一門封侯，成為豪門大姓。劉秀的岳丈郭昌曾經「讓田宅財產數百萬與異母弟」〔註223〕，出手闊綽。豪強地主的發展壯大威脅了統一的中央集權的統治，為此，劉秀開始採取措施加以限制。建武十五年（公元 39 年），為了限制豪強大家兼併土地和奴役人口的數量，便於國家賦稅徵收。劉秀「詔下州郡核檢墾田頃畝及戶口年紀」〔註224〕，這就是歷史上有名的「度田」。

度田主要是丈量土地和清查戶口。搞清楚私有土地的數量和實際戶口人數，從而增加稅收和徭役，以便於限制豪強地主佔有依附農民的數量。然而，州郡官吏多為豪強地主，不願如實丈量土地，呈報戶口，損害自身的經濟利益。特別是對河南、南陽地區那些「近臣」和「帝親」的豪強地主，度田官更是不敢對之度田。豪強地主，更是憑藉財勢與度田官相勾結，大量隱瞞土地。

「是時，天下墾田多不以實，又戶口年紀互有增減。十五年，詔下州郡

〔註216〕《漢書・食貨志》第 1143 頁。
〔註217〕《漢書・食貨志》第 1143 頁。
〔註218〕《漢書・食貨志》第 1144 頁。
〔註219〕《漢書・食貨志》第 1144 頁。
〔註220〕《漢書・王莽傳中》第 4130 頁。
〔註221〕《後漢書・李章傳》第 2492 頁。
〔註222〕《後漢書・鄧禹傳》第 605 頁。
〔註223〕《後漢書・郭皇后紀》第 402 頁。
〔註224〕《後漢書・光武帝紀第一下》第 66 頁。

檢覈其事，而刺史太守多不平均，或優饒豪右，侵刻羸弱，百姓嗟怨，遮道號呼」〔註225〕。

度田官則借度田之名蹂躪百姓，「刺史太守多為詐巧，不務實核，苟以度田為名，聚人田中，並度廬屋裏落，聚人遮道啼呼」〔註226〕。不僅丈量農民的小塊耕地，而且連住宅村落都丈量在內，把地主的租稅負擔轉嫁到農民頭上，引起農民的反抗。漢光武帝知悉度田不實的情況後，對舞弊官吏進行嚴屬懲罰，（建武）十五年，「又考實二千石長吏阿枉不平者。冬十一月，大司徒歐陽歙下獄死」〔註227〕，「建武十六年……秋九月，河南尹張伋諸郡守十餘人，坐度田不實，皆下獄死。」〔註228〕並重申嚴格檢查田畝和人口。

度田，主要是對豪強地主進行的打擊，因此，隨著度田的進行，豪強地主的利益受到了侵犯，「郡國大姓及兵長、群盜處處並起，攻劫在所，害殺長吏。郡縣追討，到則解散，去復屯結，青、徐、幽、冀四州尤甚」〔註229〕。「郡國大姓」，主要是稱霸地方的豪強地主，他們有著眾多賓客和依附民，有自己的私人武裝，有經濟基礎，因而敢於和中央抗衡，「兵長」，主要是地方掌握兵權的勢力，這些人煽動被侵刻的百姓造反，嚴重威脅東漢王朝的政權。劉秀遣使使其「自相糾摘，五人共斬一人者，除其罪」〔註230〕。慢慢平定了叛亂。而對於捕獲的反叛首領，則「徙其魁帥於它郡，賦田受稟，使安生業」〔註231〕，這就沉重打擊了地方豪強的勢力，

隨著郡國大姓和兵長的利益受到了打擊，部分幫助東漢打天下的功臣勢力也被削弱，由於「河南帝城，多近臣；南陽帝鄉，多近親」〔註232〕，因此漢光武帝劉秀在度田的後期著重處理這兩地的度田，如對於帝城張伋、帝鄉劉隆等人的治罪處理。因此，度田也是針對這些功臣勳舊的打擊，是「退功臣」的後續手段，但對於那些功臣，漢光武帝也網開一面，如劉隆因度田不實而下獄，但「帝以隆功臣，特免為庶人」〔註233〕。

〔註225〕《後漢書・劉隆傳》第780頁。
〔註226〕《後漢書・光武帝紀第一下》注引《東觀紀》第66頁。
〔註227〕《後漢書・光武帝紀第一下》第66頁。
〔註228〕《後漢書・光武帝紀第一下》第66頁。
〔註229〕《後漢書・光武帝紀第一下》第67頁。
〔註230〕《後漢書・光武帝紀第一下》第67頁。
〔註231〕《後漢書・光武帝紀第一下》第67頁。
〔註232〕《後漢書・劉隆傳》第781頁。
〔註233〕《後漢書・劉隆傳》第781頁。

平定了豪強的叛亂之後，「自是牛馬放牧，邑門不閉」〔註234〕，社會矛盾得到了暫時的緩和，「自建武、永平，民亦新免兵革之禍，人有樂生之慮，與高、惠之間同。而政在抑強扶弱，朝無威福之臣，邑無豪桀之俠，以口率計，斷獄少於成、哀之間什八，可謂清矣」〔註235〕。班固這段話重在論述刑法，然而其中「政在抑強扶弱，朝無威福之臣，邑無豪桀之俠」卻也是「度田」的成果體現，度田等措施，開創了「光武中興」的新氣象。〔註236〕

此後，度田在形式上也成爲東漢朝廷的定制，每年由政府重現核查戶口年紀，被稱作「案比」——「案驗以比之，猶今貌閱也」〔註237〕，但是實際效果遠遠不及建武年間的度田。從度田事件中可以看出，東漢政權建立伊始，各地豪族、郡國大姓勢力即十分強大。經過度田事件，不僅擴大了役源，增加了財政收入，而且暫時打擊了豪強的囂張氣焰，加強了中央集權，強化了國家對於地方的控制，鞏固了統治秩序。許多功臣勳舊收斂鋒芒，不敢大肆擴張產業，如南陽鄧禹教育子孫「不修產利」〔註238〕，樊宏「爲人謙柔畏懼，不求苟進」〔註239〕，認爲「保身全己，豈不樂哉」〔註240〕，這恐怕也是光武帝打擊豪強權貴所產生的威懾作用的體現。

第五節　東漢後期封建割據的形成

度田並沒有長期有效的阻擋豪強大家兼并土地的步伐，崔寔曾言「上家累巨億之貲，斥地侔封君之土」〔註241〕，荀悅指出「今豪民占田，或至數百千頃」〔註242〕。他們田宅逾制，無人敢管，竇融家族「一公，兩侯，三公主，四二千石，相與並時。自祖及孫，官府邸第相望京邑，奴婢以千數。於親戚、功臣中莫與爲比」〔註243〕。漢靈帝末年，大將軍何進手下小小侍

〔註234〕《後漢書・光武帝紀第一下》第 67 頁。
〔註235〕《漢書・刑法志》滴 1110 頁。
〔註236〕對於劉秀度田是否取代了成功，史學界一直存在爭議，如，在朱紹侯爲主編，十院校《中國古代史》編寫組編寫的《中國古代史》中，就認爲劉秀的度田是失敗的。
〔註237〕《漢書・江革傳》注，第 1302 頁。
〔註238〕《後漢書・鄧禹傳》第 605 頁。
〔註239〕《後漢書・樊宏傳》第 1121 頁。
〔註240〕《後漢書・樊宏傳》第 1121 頁。
〔註241〕《通典・食貨一》引崔寔《政論》，第 13 頁。
〔註242〕荀悅《漢紀・孝文皇帝紀下》，第 114 頁。
〔註243〕《後漢書・竇憲傳》第 808 頁。

御史鄭太竟然都「家富於財，有田四百頃」〔註244〕。

　　東漢末年，宗族規模不斷擴大，形成了宗族達千家的情形，如「董卓之亂，（荀彧）棄官歸鄉里。同郡韓融時將宗親千餘家，避亂密西山中」〔註245〕。「漢末，（許褚）聚少年及宗族數千家，共堅壁以禦寇」〔註246〕。「典宗族部曲三千餘家，居乘氏」〔註247〕。這樣就形成了地方上的豪門大姓，如《三國志・周群傳》記載：「昔吾居涿縣，特多毛姓，東西南北皆諸毛也，涿令稱曰：『諸毛繞涿居乎』。」〔註248〕他們建造堅固的防禦工事——塢壁，儼然一個個堅固的堡壘，如「董卓「築塢於郿，高厚七丈，號曰『萬歲塢』。積穀爲三十年儲。自云：『事成，雄據天下；不成，守此足以畢志。』嘗至郿行塢，公卿已下祖道於橫門外」〔註249〕。

　　隨著土地兼併的加劇，莊園經濟日益發展，政治上的特權也愈發得到了彰顯，門第觀念日益加重，如《宋書・恩倖》記載漢代「郡縣掾史，並出豪家，負戈宿衛，皆由勢族」〔註250〕。朱穆年少爲南陽郡督郵，迎接他的太守問道「君年少爲督郵，因族勢？爲有令德？」〔註251〕可見族勢的影響力。豪強大姓控制地方官吏，抑或自己充任地方曹掾佐吏，察舉、徵辟制度成爲自家的選拔，「選士而論族姓閥閱」〔註252〕，他們「世仕州郡爲冠蓋」〔註253〕，如鄧禹家族「自中興後，累世寵貴，凡侯者二十九人，公二人，大將軍以下十三人，中二千石十四人，列校二十二人，州牧、郡守四十八人，其餘侍中、將、大夫、郎、謁者不可勝數」〔註254〕。汝南袁氏「四世五公」，弘農楊氏「四世三公」。

　　隨著豪強宗族勢力的膨脹，其對社會的控制力日益增強，對中央集權的威脅日益增大。仲長統指出：「豪人之室，連棟數百，膏田滿野，奴婢千群，

〔註244〕《後漢書・鄭太傳》第2257頁。
〔註245〕《後漢書・荀彧傳》第2281頁。
〔註246〕《三國志・魏書・許褚傳》第542頁。
〔註247〕《三國志・魏書・李典傳》第534頁。
〔註248〕《三國志・蜀書・周群傳》第1021頁。
〔註249〕《後漢書・董卓傳》第2329～3330頁。
〔註250〕〔梁〕沈約撰：《宋書・恩倖傳》，中華書局1974年版，第2301頁。
〔註251〕《後漢書・朱穆傳》注引謝承書，第1463頁。
〔註252〕《全後漢文・仲長統三》第900頁。
〔註253〕《後漢書・王允傳》第2172頁。
〔註254〕《後漢書・鄧禹傳》第2329～3330頁。

徒附萬計」〔註255〕，「田畝連於方國」〔註256〕。他們佔有土地，有獨立的經濟基礎，有大量的依附農民，還有自己的私人武裝，再加上政治上的特權，這些豪強地主勢不可擋的勢頭很快地發展壯大，有的掌控朝廷勢力，如梁氏一門「前後七封侯，三皇后，六貴人，二大將軍，夫人、女食邑稱君者七人，尚公主者三人，其餘卿、將、尹、校五十七人。」〔註257〕梁冀「在位二十餘年，窮極滿盛，威行內外，百僚側目，莫敢違命，天於恭已而不得有所親豫」〔註258〕。東漢豪強地主勢力越來越大，依靠宗法維繫的血緣關係，「競以姓望所出，邑里相矜」〔註259〕，他們強化人身依附關係，發展宗族勢力，聚族而居，培養出自己的武裝勢力和穩固的莊園經濟實體，最終形成了封建割據的局面。如袁紹、袁術、劉虞、劉焉、公孫瓚、孫堅、陶謙等，都是地方豪強大族發展而來的割據勢力。

豪強地主勢力的延續，從本質上是宗法的維繫，因為世代特權的因襲，是以血緣為憑證的，因此，只要有宗法關係具有合法性，加上土地政策、選官制度的維護，他們的政治特權就不會被廢除，依靠政治特權獲得的經濟勢力也不會消亡，到了魏晉時期，「晉主雖有南面之尊，無總御之實，宰輔執重，政出多門，權去公家，遂成習俗」〔註260〕。最終形成了「王與馬，共天下」的士族和皇權的共治政權。

從漢代豪強地主的發展進程可以看出，漢代隨著儒學的進一步滲透，在儒學理念的指導下，宗族的倫理進一步被強化，「非我族類，其心必異」的血親繼統越來越完善，家族也越來越龐大和穩固，家族依靠經濟政治特權，成為世襲性質貴族集團，一個家族構成類似於國家的體制，家是國的縮小，國是家的放大，王權主義和家族本位相結合，構成了宗法專制主義的漢代統治特點，在尊祖敬宗、倫理綱常、等級觀念的糅合下，塑造出烙有王權宗法印記的華夏文化。

〔註255〕《後漢書・仲長統傳》第 1648 頁。
〔註256〕《後漢書・仲長統傳》第 1651 頁。
〔註257〕《後漢書・梁統傳附梁冀傳》第 1185 頁。
〔註258〕《後漢書・梁統傳附梁冀傳》第 1185 頁。
〔註259〕《史通・邑里篇》
〔註260〕〔唐〕房玄齡等撰：《晉書・姚興傳》中華書局 1974 年版，第 2980 頁。

簡單結論

縱觀中國歷史，一些雄才大略的開國皇帝在建立新王朝，天下粗安後，所念茲在茲的，便是如何鞏固已取得的權力、地位，防止王朝的傾覆，把相當的精力放在如何消除內部隱患，防止大權旁落上。他們都從實踐中知道，「馬上得天下者，不能馬上治之」，一般都會在前代官制的基礎上，力圖建立起更有利於自己統治的官僚制度。作為名為中興，實同開創的皇帝，劉秀當然也不例外。東漢初年，劉秀為維護統治，加強集權，「退功臣而進文吏」，在鞏固軍權、政權的一系列措施中，成功剝奪了廣大軍功人員的官職，同時大力發展教育，提倡經學，引進大量優秀知識分子充實到各級政府機構中，較快實現了東漢政權由武官執政到文官執政的轉變。「退功臣而進文吏」是一個歷經近三十年的長期過程，在這一過程中，也充分體現出了劉秀的統治方略，大致可歸結為如下幾個方面：

第一、著眼於鞏固發展文官制度的統治方略

范曄在評價劉秀「退功臣而進文吏」時說，「直繩則虧喪恩舊，橈情則違廢禁典，選德則功不必厚，舉勞則人或未賢，參任則群心難塞，並列則其敝未遠。」許多人和范曄一樣，都認為劉秀「退功臣而進文吏」，一方面是為了避免功臣任職勢大篡權，或功臣任職不當而遭到懲罰，是為了保全功臣；另一方面是為了防止功臣任官職而堵塞進賢之路。其實，這只是從劉秀與功臣關係的角度出發，看到了劉秀「退功臣而進文吏」的外部表象。此外，在中國歷史上，幾乎所有新王朝建立後都有「退功臣」的問題，但有些開國皇帝殺掉功臣或剝奪功臣官職的目的只是為了消除功臣對皇權暫時的威脅而已。而劉秀卻不同，從統治方略上看，劉秀「退功臣而進文吏」是為了鞏固發展文

官制度，發揮文官制度的統治功能，是爲了在全社會普及發展儒家思想，著眼於東漢王朝的長治久安，並不是僅僅爲了剝奪功臣的官職，暫時消除對皇權的威脅。

第二、「以柔道行之」的統治方略

劉秀曾對其宗師諸母說過：「吾理天下，亦欲以柔道行之。」「退功臣而進文吏」也充分的體現了劉秀「以柔道行之」的統治方略。劉秀「退功臣而進文吏」沒有採取簡單、粗暴的方式迅速完事，而是歷經近三十年之久。在這一過程中劉秀沒有像其祖宗劉邦一樣，採取從肉體上直接消滅的方式來剝奪功臣的官職，而是通過對中央和地方的軍權、政權、律令等方面的一系列改革和其它措施，分三個階段最終間接地將東漢中央、州、郡、縣各級政府機構中軍功人員的官職剝奪掉。在「退功臣而進文吏」過程中，劉秀思維愼密，精心謀劃，保證有序進行。在剝奪軍功人員官職的三個階段中，前一個階段往往也是爲下一個階段做好鋪墊，並且每一個階段的實施都是著眼於當時的政治、軍事形勢，整個過程十分的柔順而不是生硬。「退功臣而進文吏」過程中，劉秀也沒有去刻意殺死功臣，也沒有因功臣犯錯而徹底剝奪功臣的爵土，縱觀整個過程，劉秀跟功臣一直「和睦」相處。

第三、「以低制高，任職不加封」的統治方略

中國古代封建社會，君主通常通過對秩級高的官員不授予要職或不授職，對秩級較低的官員授予要職的方式來加強對權力的控制。「退功臣而進文吏」也充分的體現出劉秀「以低制高，任職不加封」的統治方略。典型的就是「雖置三公，事歸臺閣」，不給秩級較高的三公以實權，而將實權授給秩級較低的尚書。「退功臣」上，劉秀對主動請辭的功臣，加大分封規模，予以獎勵；對被剝奪官職的功臣則加封或定封，保證高爵厚祿；對繼續任職的功臣則既不定封，也不加封，以便對他們抑制和控制。劉秀將列侯細分，並定名爲縣侯、鄉侯、亭侯。雖然在食邑戶數上，鄉侯、亭侯不一定比縣侯差，但在名稱上卻是一種大小差別，通過名稱上的差別，在分封中，即能讓沒有軍功，只有事功的文臣感到滿意，又能與功臣侯在爵名上形成差別，讓功臣感到滿意，其統治方略之高明可見一斑。

在當時的社會歷史條件下，劉秀的這些統治方略，穩固了統治，鞏固了政權，爲東漢初年明章之治的出現奠定了堅實的基礎，推動了中國古代歷史的前進。但是，劉秀爲發展文官制度，對儒家教育大力支持，對儒生大量任

用，在使東漢的經學發展達到輝煌頂峰的同時，也產生了許多消極影響，讀書成爲利祿之階的腐朽思想進一步蔓延，士人從政後與各種政治勢力相結合造成一些弊端，強宗大族日益士族化，這些又深深的影響了東漢及東漢以後的中國歷史。

參考文獻

一、經典文獻

1. 〔周〕尉繚著，劉春生譯注：《尉繚子全譯》，貴州人民出版社 1993 年版。
2. 〔春秋〕管子著，謝浩範、朱迎平譯注：《管子全譯》，貴州人民出版社 1996 年版。
3. 〔春秋〕孔子著，楊伯峻譯注：《論語譯注》，中華書局 1980 年版。
4. 〔春秋〕左丘明著：《國語》，齊魯書社 2005 年版。
5. 〔戰國〕商鞅著，蔣禮鴻錐指：《商君書錐指》，中華書局 1986 年版。
6. 〔戰國〕孟子著，楊伯峻譯注：《孟子譯注》，中華書局 1960 年版。
7. 〔戰國〕荀子著，〔清〕王先謙集解，沈嘯寰、王星賢點校：《荀子集解》，中華書局 1988 年版。
8. 〔戰國〕韓非著，〔清〕王先慎集解：《韓非子集解》，中華書局 1998 年版。
9. 〔戰國〕公羊高著，王維堤，唐書文撰：《春秋公羊傳譯注》，上海古籍出版社 2004 年版。
10. 〔漢〕司馬遷著，〔劉宋〕裴駰集解，〔唐〕司馬貞索隱，張守節正義：《史記》，中華書局 1959 年版。
11. 〔漢〕崔寔撰，石聲漢校注：《四民月令》，中華書局 1965 年版。
12. 〔漢〕董仲舒著：《春秋繁露》，中華書局 1975 年版。
13. 〔漢〕劉向撰，楊以漼校注：《說苑》，商務印書館 1985 年版。
14. 〔漢〕劉向集錄：《戰國策》，上海古籍出版社 1985 年版。
15. 〔漢〕王充著：《論衡》，上海人民出版社 1974 年版。
16. 〔漢〕韓嬰撰，許維遹校釋：《韓詩外傳集釋》，中華書局 1980 年版。

17. 〔漢〕應劭著，王利器校注：《風俗通義校注》，中華書局 1981 年版。

18. 〔漢〕班固等撰，王雲五主編《叢書集成初編》本：《東觀漢記》，商務印書館 1985 年版。

19. 〔漢〕許慎撰，〔清〕段玉裁注：《說文解字注》，上海古籍出版社 1981 年版。

20. 〔漢〕揚雄著，〔清末民初〕汪榮寶疏，陳仲夫點校：《法言義疏》，中華書局 1987 年版。

21. 〔漢〕王符著，〔清〕汪繼培箋，彭鐸校正：《潛夫論箋校正》，中華書局 1985 年版。

22. 〔漢〕桓寬著，王利器校注：《鹽鐵論校注》（新編諸子集成本），中華書局出版社 1992 年版。

23. 〔漢〕荀悅著，〔晉〕袁宏著，張烈校點：《兩漢紀》：《漢紀》、《後漢紀》，中華書局 2002 年版。

24. 〔漢〕孔安國撰，〔唐〕孔穎達正義，黃懷信整理：《尚書正義》（十三經注疏），上海古籍出版社 2007 年版。

25. 〔漢〕劉珍等撰，吳樹平校注：《東觀漢記校注》，中華書局 2008 年版。

26. 〔魏〕王粲撰：《王粲集·儒吏論》，中華書局 1980 版。

27. 〔魏〕賈思勰著：《齊民要術》，商務印書館民國 19 年版（萬有文庫本）。

28. 〔魏〕何晏撰：《論語集解》，中華書局 1998 年版。

29. 〔晉〕陳壽撰，〔劉宋〕裴松之注：《三國志》，中華書局 1964 年版。

30. 〔晉〕袁宏撰：周天遊校注：《後漢紀校注》，天津古籍出版社 1987 年版。

31. 〔劉宋〕范曄撰〔唐〕李賢等注：《後漢書》，中華書局 1965 年版。

32. 〔梁〕蕭子顯撰：《南齊書》，中華書局 1972 年版。

33. 〔北魏〕賈思勰著：《齊民要術》，商務印書館民國 19 年版（萬有文庫本）。

34. 〔北齊〕魏收撰：《魏書》，中華書局 1974 年版。

35. 〔唐〕魏徵等：《隋書》，中華書局 1973 年版。

36. 〔唐〕房玄齡等：《晉書》，中華書局 1974 年版。

37. 〔唐〕李延壽撰：《南史》，中華書局 1975 年版。

38. 〔唐〕長孫無忌等撰，王雲五主編《叢書集成初編》本：《唐律疏議》，商務印書館 1985 年版。

39. 〔唐〕杜佑撰，王文錦、王永興等點校：《通典》，中華書局出版社 1988 年版。

40. 〔唐〕李林甫等撰，陳仲夫點校：《唐六典》，中華書局 1992 年版。

41. 〔唐〕徐堅等著：《初學記》，中華書局 1962 年版。

42. 〔唐〕房玄齡等撰：《晉書》中華書局 1974 年版。

43. 〔梁〕沈約撰：《宋書》，中華書局 1974 年版。

44. 〔宋〕程顥、程頤著，王孝魚點較：《二程集》，中華書局 1981 年版。

45. 〔北宋〕張載撰，〔南宋〕朱熹注：《張子全書》，商務印書館 1935 年版。

46. 〔宋〕司馬光編著：〔元〕胡三省音注：《資治通鑒》，中華書局 1956 年版。

47. 〔宋〕鄭樵著：《通志》，中華書局出版社 1987 年版。

48. 〔宋〕王若欽等編《冊府元龜》，中華書局 1966 年版。

49. 〔宋〕熊方等撰，劉祜仁點校：《後漢書三國志補表三十種》，中華書局 1984 年版。

50. 〔宋〕徐天麟撰，子予整理：《東漢會要》，上海古籍出版社 1978 年版。

51. 〔宋〕陳傅良著：《歷代兵制》，道光瓶花書屋本。

52. 〔宋〕陳亮著：《龍川文集》，江蘇廣陵古籍刻印社 1983 年版。

53. 〔宋〕李昉等編：《太平御覽》，中華書局 1960 年版。

54. 〔宋〕葉適：《習學記言序目》，中華書局 1977 年版。

55. 〔元〕馬端臨撰：《文獻通考》，浙江古籍出版社 1988 年版。

56. 〔清〕趙翼撰，王樹民校證：《廿二史札記校證》，中華書局 1984 年版。

57. 〔清〕趙翼著：《陔餘叢考》，商務印書館 1957 年版。

58. 〔清〕嚴可均輯：《全漢文》，中華書局 1958 年版。

59. 〔清〕孫希旦著，沈嘯寰、王星賢點校：《禮記集解》，中華書局 1989 年版。

60. 〔清〕陳立撰，吳則虞點校：《白虎通疏證》，中華書局 1994 年版。

61. 〔清〕顧炎武著，〔清〕黃汝成集釋，欒保群、呂宗力校點《日知錄集釋》，上海古籍出版社 2006 年版。

62. 〔清〕梁啓超：《梁啓超選集》，上海人民出版社 1984 年版。

63. 〔清〕洪亮吉撰，李解民點校：《春秋左傳詁》，中華書局 1987 年版。

64. 〔清〕錢大昕著，陳文和校點：《嘉定錢大昕全集》，江蘇古籍出版社 1997 年版。

65. 〔清〕王夫之：《讀通鑒論》，中華書局 1975 年版。

66. 〔清〕皮錫瑞注，周予同注釋：《經學歷史》，中華書局 2004 年版。

67. 〔清〕王先謙著：《後漢書集解》，中華書局 1984 年版。

68. 〔清〕王先謙著：《漢書補注》，中華書局 1984 年版。

69. 〔清〕汪文臺著，周天遊校注：《七家後漢書》，河北人民出版社 1987 年版。

70. 〔清〕陳立撰，吳則虞點校：《白虎通疏證‧三綱六紀》，中華書局 1994 年版。

71. 〔清〕李道平撰，潘雨廷點校：《周易集解纂疏》（十三經清人注疏），中華書局 1994 年版。

72. 〔清〕嚴可均輯，任雪芳審定：《全漢文》，商務印書館 1999 年版。

73. 〔清〕嚴可均輯，許振生審定：《全後漢文》，商務印書館 1999 年版。

74. 〔清〕顧炎武著，〔清〕黃汝成集釋，欒保群、呂宗力校點《日知錄集釋》，上海古籍出版社 2006 年版。

二、今人專著

1. 侯外廬等：《中國思想通史》，人民出版社 1957 年版。

2. 郭沫若：《中國古代社會研究》，科學出版社 1960 年版。

3. 郭沫若：《中國古代社會研究》，人民出版社 1964 年。

4. 勞幹：《漢代的豪強及其政治上的關係》，《慶祝李濟先生七十歲論文集》，臺北：清華學報社 1965 年版。

5. 〔德〕恩格斯著，中共中央馬克思‧列寧‧恩格斯‧斯大林著作編譯局：《馬克思、恩格斯選集》第 4 卷，人民出版社 1974 年版。

6. 朱維錚編：《周予同經學史論著選集（增訂本）》，上海人民出版社 1976 年版。

7. 徐培根譯注：《太公六韜今注今譯》，臺灣商務印書館 1977 年版。

8. 黃本驥：《歷代職官表「簡釋」》，上海古籍出版社 1980 年版。

9. 程千帆著：《史通箋記》，中華書局 1980 年版。

10. 顧樹森：《兩漢教育制度史資料》，江蘇人民出版社 1981 年版。

11. 顧頡剛主編：《古史辨》，上海古籍出版社 1982 年版。

12. 高敏：《秦漢史論集》，中州書畫社 1982 年版。

13. 周予同：《古史辨》，上海古籍出版社 1982 年版。

14. 譚其驤主編：《中國歷史地圖集》第二冊，地圖出版社 1982 年版。

15. 翦伯贊：《秦漢史》，北京大學出版社 1983 年版，

16. 呂思勉：《秦漢史》，上海古籍出版社 1983 年版。

17. 安作璋、熊鐵基：《秦漢官制史稿》，齊魯書社 1984 年版。

18. 柳春藩：《秦漢封國食邑賜爵制》，遼寧人民出版社 1984 年版。

19. 程俊英：《詩經譯注》，上海古籍出版社 1985 年版。

20. 楊鴻年：《漢魏制度叢考》，武漢大學出版社 1985 年版。

21. 黃留珠：《秦漢仕進制度》，西北大學出版社 1985 年版。

22. 張傳璽：《秦漢問題研究》，北京大學出版社 1985 年版。

23. 朱紹侯：《秦漢土地制度與階級關係》，中州古籍出版社 1985 年版。

24. 熊承滌主編：《秦漢教育論著選》，人民教育出版社，1986 年版。

25. 嚴復：《嚴復集》，中華書局 1986 年版。

26. 周天遊輯注：《八家後漢書輯注》，上海古籍出版社 1986 年版。

27. 俞啟定：《先秦兩漢儒家教育》，齊魯書社 1987 年版。

28. 余英時：《士與中國文化》，上海人民出版社 1987 年版。

29. 張晉藩、王超：《中國政治制度史》，中國政法大學出版社 1987 年版。

30. 馮崇義：《農民意識與中國》，中華書局（香港）有限公司 1989 年版。

31. 林劍鳴：《秦漢史》，上海人民出版社 1989 年版。

32. 李鐵：《中國文官制度》，中國政法大學出版社 1989 年版。

33. 劉修明《從崩潰到中興》，上海古籍出版社 1989 年版。

34. 王清雲《漢唐文官法律責任制度》，中國人民大學出版社 1989 年版。

35. 熊鐵基：《秦漢軍事制度史》，廣西人民出版社 1990 年版。

36. 張啟深：《漢光武帝傳》，天津人民出版社 1990 年版。

37. 白鋼主編：《中國政治制度通史》，人民出版社 1991 年版。

38. 劉澤華：《中國傳統政治思維》，吉林教育出版社 1991 年版。

39. 鍾肇鵬：《讖緯論略》，遼寧教育出版社 1991 年版。

40. 崔瑞德、魯惟一：《劍橋中國秦漢史》，中國社會科學出版社 1992 年版。

41. 張晉藩：《中國官制通史》，中國人民大學出版社 1992 年版。

42. 安作璋、陳乃華：《秦漢官吏法研究》，齊魯書社 1993 年版。

43. 田昌五、安作璋主編：《秦漢史》，人民出版社 1993 年版。

44. 楊生民：《漢代社會性質研究》，北京師範學院出版社 1993 年版。

45. 張鶴泉：《光武帝劉秀傳》，黑龍江人民出版社 1993 年版。

46. 湯志鈞等：《西漢經學與政治》，上海古籍出版社 1994 年版。

47. 王子今：《秦漢交通史稿》，中共中央黨校出版社 1994 年版。

48. 顧頡剛：《漢代學術史略》，東方出版社 1996 年版。

49. 王志民、黃新憲：《中國古代學校教育制度考略》，首都師大出版社 1996 年版。

50. 閻步克：《士大夫政治演生史稿》，北京大學出版社 1996 年版。

51. 金春峰：《漢代思想史（增補版）》，中國社會科學出版社 1997 年版。

52. 姚淦銘、王燕編：《王國維文集》（第四卷），中國文史出版社 1997 年版。

53. 高敏：《秦漢史探討》，中州古籍出版社 1998 年版。

54. 韋慶遠、王德寶：《中國政治制度史》，高等教育出版社 1998 年版。

55. 安作璋、孟祥才：《漢光武帝大傳》，河南人民出版社 1999 年版。

56. 胡平生譯注：《孝經譯注》，中華書局 1999 年版。

57. 林甘泉主編：《中國經濟通史．秦漢卷》（上、下），經濟日報出版社 1999 年版。

58. 汪桂海：《漢代官文書制度》，廣西教育出版社 1999 年版。

59. 熊鐵基：《史家論劉秀略論劉秀統治的指導思想》，中國文聯出版社 1999 年版。

60. 趙山虎：《漢光武帝劉秀》，陝西人民出版社 1999 年版。

61. 于迎春：《秦漢士史》，北京大學出版社 2000 年版。

62. 今言：《秦漢經濟史論考》，中國社會科學出版社 2000 年版。

63. 李開元：《漢帝國的建立與劉邦集團——軍功受益階層研究》，三聯書店 2000 年版。

64. 李小樹：《秦漢魏晉南北朝監察史綱》，社會科學文獻出版社 2000 年版。

65. 馬大正：《中國邊疆經略史》，中州古籍出版社 2000 年版。

66. 馮友蘭：《中國哲學史》，華東師範大學出版社 2000 年版。

67. 信立祥：《漢代畫像石綜合研究》，文物出版社 2000 年版。

68. 俞啓定、施克燦;《中國教育制度通史（先秦秦漢卷)》，山東教育出版社 2000 年版。

69. 于迎春：《秦漢士史》，北京大學出版社 2000 年版。

70. 陳王彥輝：《漢代豪民研究》，東北師範大學出版社 2001 年版。

71. 晉文著：《以經治國與漢代社會》，廣州出版社 2001 年版。

72. 孟祥才：《先秦秦漢史論》，山東大學出版社，2001 年版

73. 蘇俊良：《漢朝典章制度》，吉林文史出版社 2001 年版。

74. 徐復觀：《兩漢思想史》，華東師範大學出版社 2001 年版。

75. 熊鐵基：《秦漢新道家》，上海人民出版社 2001 年版。

76. 張濤：《經學與漢代社會》，河北人民出版社 2001 年版。

77. 曹金華：《漢光武帝劉秀評傳》，江蘇古籍出版社 2002 年版。

78. 丁毅華：《丁毅華史學論文自選集》，湖北人民出版社 2002 年版。

79. 馮桂芬：《校邠廬抗議》，上海書店出版社 2002 年版。

80. 黃留珠：《秦漢歷史文化論稿》，三秦出版社 2002 年版。

81. 劉厚琴：《儒學與漢代社會》，齊魯書社 2002 年版。

82. 馬彪：《秦漢豪族社會研究》，中國書店 2002 年版。

83. 其泰、趙永春：《班固評傳》，南京大學出版社 2002 年版。

84. 趙國華：《趙國華史學論文初編》，湖北人民出版社 2002 年版。

85. 趙化城、高崇文等：《秦漢考古》，文物出版社 2002 年版。

86. 趙沛：《兩漢宗族研究》，山東大學出版社 2002 年版。

87. 黃留珠：《劉秀傳》，人民出版社 2003 年版。

88. 余英時：《士與中國文化》，上海人民出版社 2003 年版。

89. 陳業新：《災害與兩漢社會研究》，上海人民出版社 2004 年版。

90. 錢穆：《秦漢史》，三聯書店 2004 年版。

91. 孫宏年：《四海一家：邊疆治理與民族關係》，長春出版社 2004 年版。

92. 龔鵬程：《漢代思潮》，商務印書館 2005 年版。

93. 錢穆：《國史大綱》，商務印書館 2005 年版。

94. 沈善洪、王鳳賢：《中國倫理思想史》，人民出版社 2005 年版。

95. 王紀波：《先秦至漢代儒學意識形態化歷程批判論綱》，河海大學出版社 2005 年版。

96. 楊鴻年：《漢魏制度叢考》，武漢大學出版社 2005 年版。

97. 崔明德：《兩漢民族關係思想史》，人民出版社 2007 年版。

98. 嚴耕望：《中國地方行政制度史——秦漢地方行政制度》，上海古籍出版社 2007 年版。

99. 熊鐵基，安作璋：《秦漢官制史稿》，齊魯書社 2007 年版。

100. 張樹：《光武帝》，中國社會科學出版社 2007 年版。

101. 廖伯源：《秦漢史論叢（增訂本）》，中華書局 2008 年版。

三、考古資料及出土文獻

1. 學正：《甘谷漢簡考釋》，《漢簡研究文集》，甘肅人民出版社 1984 年版。

2. 陳直：《居延漢簡研究》，天津古籍出版社 1986 年版

3. 謝桂華等：《居延漢簡釋文合校》，文物出版社 1987 年版。

4. 連雲港博物館，《尹灣漢墓簡牘》，中華書局，1997 年版。

5. 甘肅省文物考古研究所等編：《居延新簡》，文物出版社 1990 年版。

6. 江陵張家山漢簡整理小組：《江陵張家山漢簡（奏讞書）釋文》，載《文物》1993 年 8 期、1995 年 3 期。

7. 胡平生、張德芳等：《敦煌懸泉漢簡粹》，上海古籍出版社 2001 年版。

8. 張家山二四七號漢墓竹簡整理小組：《張家山漢墓竹簡》（釋文修訂本），

文物出版社 2006 年版。

四、期刊文章

1. 張鶴泉：《東漢故吏問題探討》，《吉林大學社會科學學報》1959 年第 5 期。

2. 李裕民：《殷周金文中的「孝」和孔丘「孝道」的反動本質》，《考古學報》，1974 年第 2 期。

3. 安作璋：《漢代的選官制度》，《山東師範大學學報》，1981 第 1、2 期。

4. 安作璋：《漢代選官制度 (1-2)》，《山東師院學報》1981 年 1、2 期。

5. 余宗超：《劉秀——農民戰爭的傑出領袖》《江漢論壇》1981 年第 6 期。

6. 趙忠文：《論劉秀用人》，《遼寧師範大學學報 (社會科學版)》1981 年第 6 期。

7. 杜榮峙：《劉秀與雲臺二十八將》，《史學月刊》1982 年第 2 期。

8. 減燦：《上谷漁陽騎兵在劉秀爭戰中的作用》，《河北學刊》1984 年第 3 期。

9. 高景新：《也論劉秀在農民起義中的作用》，《遼寧大學學報》1984 年第 4 期。

10. 趙功興：《劉秀用人的可鑒之處》，《領導科學》1986 年第 2 期。

11. 減雲浦：《東漢初年的改革》，《徐州師範學院》1987 年第 2 期。

12. 熊鐵基：《秦漢事情的統治思想和思想統治》，華中師範大學學報 (哲社版) 1987 年第 2 期。

13. 王俊峰：《劉秀君臣的「儒者氣象」試探》，《中國史研究》1987 年第 4 期。

14. 劉修明;《兩漢的歷史轉摺》，《歷史研究》1987 年第 6 期。

15. 杜榮峙：《劉秀吏治整頓試評》，《河南大學學報 (社會科學版)》1988 年第 1 期。

16. 艾森：《試論漢光武帝用人與治國》，《探索》1988 年第 3 期。

17. 張京華：《漢光武帝對西域屬國的政策》，《理論學刊》1988 年第 5 期。

18. 強學春、劉太祥：《淺談東漢人才管理制度》，《南都學壇》1989 年第 4 期。

19. 周天遊：《東漢門閥形成的上層建築諸因素——東漢門閥問題研究之三》，《學術界》1989 年第 5 期。

20. 周建英：《評兩漢初期對待開國功臣的政策》，《滄州師範專科學校學報》1990 年第 1 期。

21. 李奇：《論孝與忠的社會基礎》，《孔子研究》，1990 年第 4 期。

22. 周天遊：《兩漢復仇盛行的原因》，《歷史研究》1991 年第 1 期。

23. 何茲全：《西周春秋時期的貴族和國人》，轉引自人大複印資料《先秦・秦漢史》，1991 年第 2 期。

24. 李桂海：《劉秀戰勝群雄的心理優勢》，《雲南社會科學》1991 年第 6 期。

25. 趙慶偉：《劉秀人才集團的群體考察》，《中南民族學院學報》1992 年第 2 期。

26. 王健：《略論東漢官吏的組成》，《鄭州大學學報（哲學社會科學版）》1992 年第 5 期。

27. 祝總斌：《馬援的悲劇與漢光武》，《北京大學學報（哲學社會科學版）》1993 年第 2 期。

28. 王忠全、郭瑋：《試論漢光武帝劉秀的治國思想》，《中州大學學報》1993 年第 4 期。

29. 高凱：《略論兩漢時期「門生故吏」制的形成》，《秦漢史論叢》第 6 輯，1994 年。

30. 包隨義：《亂中求治，堅持統一的竇融》，《西北史地》，1994 年第 4 期。

31. 郝建平：《漢代教育特點論略》，《陰山學刊（社會科學版）》1994 年第 4 期。

32. 朱廣賢：《東漢盛行的私學》，《中州古今》，1994 年第 4 期。

33. 於振波：《漢代官吏的考課時間與方式》，《北京大學學報（哲學社會科學版）》1994 年第 5 期。

34. 趙毅、王彥輝：《兩漢之際「人心思漢」思潮評議》，《東北師大學報（哲學社會科學版）》，1994 年第 6 期。

35. 區永沂：《漢光武帝劉秀研究綜述》，《中國史研究動態》1995 年第 1 期。

36. 秦學：《東漢前期的皇權與外戚》，《西南師範大學學報（哲學社會科學版）》1995 年第 1 期。

37. 趙國華：《東漢統一戰爭的戰略考察》，《華中師範大學學報（哲社版）》1995 年第 3 期。

38. 陳勇：《論光武帝「退功臣而進文吏」》，《歷史研究》1995 年第 4 期。

39. 朱紹侯：《劉秀與他的功臣》，《中國史研究》1995 年第 4 期。

40. 黃今言：《東漢中央直轄軍的改革》，《安徽史學》1996 年第 2 期。

41. 黃宛峰：《漢代的太學生與政治》，《南都學壇（哲學社會科學學報）》1996 年第 2 期。

42. 陳恩虎：《兩漢外戚特點比較研究》，《淮北煤師院學報（社會科學版）》1997 年第 1 期。

43. 郭漸強：《儒家道德教化與政治社會化》，《船山學刊》1997 年第 1 期。

44. 劉修明：《兩漢之際的歷史選擇——論劉秀》，《史林》1997 年第 2 期。

45. 減知非：《劉秀「度田」新探》，《蘇州大學學報（哲學社會科學版）》1997 年第 2 期。

46. 楊天宇：《劉秀與經學》，《史學學刊》1997 年第 3 期。

47. 楊德炳：《關於劉秀與新莽末年農民起義的幾個問題》，《河北學刊》1997 年第 5 期。

48. 李小樹：《論東漢道德教化網的形成》，《晉陽學刊》1997 年第 6 期。

49. 周興春：《論光武帝劉秀度田並沒有失敗——兼論東漢初期的土地制度》，《德州師專學報》1998 年第 3 期。

50. 馮輝：《歷代帝王駕馭功臣的策略》，《北方論叢》1998 年第 4 期。

51. 臧嶸：《評東漢光武帝的歷史作用》，《歷史教學》1998 年第 12 期。

52. 李國儒：《劉秀的柔道與光武中興》，《湖北廣播電視大學學報》1999 年第 1 期。

53. 王淩皓、鄭長利：《漢代太學教育管理述評》，《北京科技大學學報（社會科學版）》2000 年第 3 期。

54. 汪清：《王莽時期州制變化兼論都督制的濫觴》，《鄭州大學學報》2000 年第 3 期。

55. 邱劍敏：《劉秀地緣戰略思想述論》，《軍事歷史研究》，2000 年第 4 期。

56. 邱劍敏：《劉秀地緣戰略思想述論》，《地緣戰略研究》，2000 年第 4 期。

57. 周建英：《劉秀的用人之道》，《衡水師專學報》，2000 年第 4 期。

58. 張鶴泉：《東漢辟舉問題探討》，《吉林大學社會科學學報》2000 年第 4 期。

59. 王繼訓：《兩漢之際的士人與士風》，《齊魯學刊》2000 年第 5 期。

60. 李軍：《論東漢士人階層的政治權力基沛出》，《浙江大學學報》，2001 年第 3 期。

61. 崔向東：《河北豪族與兩漢之際的社會政治》，《河北學刊》2002 年第 1 期。

62. 劉厚琴：《東漢道德教化傳統及其歷史效應》，《齊魯學刊》2002 年第 1 期。

63. 張功：《劉永爭霸中的地理因素》，《天水行政學院學報》2002 年第 1 期。

64. 謝仲禮：《東漢時期的災異與朝政》，《中國社會科學院研究生院》2002 年第 2 期。

65. 丁春文：《劉秀軍事藝術淺述》，《浙江工商職業技術學院學報》2002 年第 3 期。

66. 李輝：《試論漢代私學教育的作用》，《長春師範學院學報》2002 年第 3 期。

67. 徐華：《東漢莊園的興起及其文化意蘊》，《南都學壇（人文社會科學學刊）》2002 年第 3 期。

68. 曹影、李秋：《漢代教化的源起及其德育職能》，《北華大學學報（社會科學版）》2002 年第 4 期。

69. 袁士京、張翅：《略論兩漢察舉制度與人才選拔》，《安徽師範大學學報（人文社會科學版）2002 年第 5 期。

70. 劉丁豪：《漢代官吏群體的儒學化及其對漢代社會的影響》，《四川師範學院學報（哲學社會科學版）2003 年第 1 期。

71. 余鵬飛：《論劉秀》，《襄樊學院學報》2003 年第 1 期。

72. 曾昭斌：《論東漢道德教育的途徑》，《河南師範大學學報（哲學社會科學版）》2003 年第 1 期。

73. 減知非：《兩漢之際儒生價值取向探微》，《史學集刊》2003 年第 2 期。

74. 王雲江、謝豔華：《簡論劉秀的人才謀略》，《史學集刊》2003 年第 2 期。

75. 曹金華：《東漢前期統治方略的演變與得失》，《安徽史學》2003 年第 3 期。

76. 田文軍：《劉秀思想簡論》，《南陽師範學院學報（社會科學版）》2003 年第 7 期。

77. 戴開柱：《從劉秀解決奴婢問題看東漢初年的法制建設》，《江西社會科學》2003 年第 8 期。

78. 白華：《漢代儒學官學化的動力及其影響》，《甘肅社會科學》2004 年第 2 期。

79. 呂紅梅、孫燕鵬：《試論兩漢士大夫的忠君觀念和憂患意識》，《河北科技大學學報（哲學社會科學版）》2004 年第 4 期。

80. 吳從祥：《論東漢前期太學衰微的原因》，《船山學刊》2004 年第 4 期。

81. 郝建平：《漢代太學生的干政之舉》，《北方論叢》2004 年第 5 期。

82. 閆秀敏：《劉秀的柔性管理藝術》，《領導科學》2004 年 12 期。

83. 劉能成：《關於光武帝劉秀評價的幾個問題》，《貴州教育學院學報（社會科學）》2005 年第 1 期。

84. 馮天瑜：《史學術語「封建」誤植考辨》，《學術月刊》2005 年第 3 期。

85. 張保同：《東漢的私學與黨人》，《南都學壇》2005 年 3 月。

86. 孫家洲：《論漢代「不奉詔」的類型及其內涵》，《中國人民大學學報》2005 年第 6 期。

87. 黨會先：《隗囂個人性格與隴右集團之失敗》，《河北理工大學學報（社會

科學版)》2006 年第 1 期。

88. 楊權：《光武帝「始正火德」正解──對兩漢五德制度史的一項新闡釋》，《中山大學學報（社會科學版）》2006 年第 1 期。

89. 張保同：《略論東漢士大夫的缺失》，《陝西師範大學學報（哲學社會科學版）》2006 年第 2 期。

90. 張鶴泉：《東漢時期的屯駐營兵》，《史學集刊》2006 年第 3 期。

91. 史建剛：《東漢王朝的建立思漢的社會輿論》，《西安文理學院學報（社會科學版）》2006 年第 6 期。

92. 田文軍、張洪波：《儒家倫理及其現代價值》，《中南財經政法大學學報》2007 年第 3 期。

93. 王健東：《漢倫理政治初探》，《安徽史學》2007 年第 6 期。

94. 閻盛國：《劉秀統一戰爭時期各政治集團招降動態分析》，《河南師範大學學報（哲學社會科學版）》2007 年第 6 期。

95. 許禾鋼：《漢光武帝劉秀的人格魅力》，《文史天地》2007 年第 11 期。

96. 曹金華：《光武帝劉秀研究辨疑》，《南都學壇（人文社會科學學報）》2008 年第 1 期。

97. 黃永君、牛玉偉、金丹，《淺論光武帝劉秀統一天下的幾個因素》，《遼寧行政學院學報》2008 年第 1 期。

98. 孔凡華：《王莽、劉秀的儒家風俗教化措施之比較》，《濟寧學院學報》2008 年第 1 期。

99. 馬豔輝：《劉邦、劉秀之比較──從諸葛亮駁難曹植談起》，《鄭州大學學報（哲學社會科學版）》2008 年第 2 期。

100. 鄒錦良：《關愛下的「籠馭」：劉秀的「善下」藝術》，《貴州文史叢刊》2008 年第 3 期。

101. 臧知非：《「偃武修文」與東漢邊防》，《人文雜誌》2008 年第 4 期。

102. 羅源芳：《先秦至漢代儒家思想意識形態化與思想政治教育》，《法制與社會》2008 年第 9 期。

103. 寧江英：《漢代文吏地位的變遷》，《咸陽師範學院學報》2009 年第 1 期。

104. 張勤東：《東漢時期災異思想的興盛及對當時社會的影響》，《安徽文學》2009 年第 2 期。

105. 折東：《略論隴右與劉秀平隴戰爭》，《西安文理學院學報（社會科學版）》2009 年第 2 期。

106. 張造群：《東漢儒學大眾化的路徑及特質》，《廣東省社會主義學院學報》2009 年第 3 期。

107. 孫家洲：《東漢光武帝平定「彭寵之叛」史實考論》，《河北學刊》2009

年第 4 期。

108. 張樹國：《讖緯神話與東漢國家祭祀體系的構建》,《廣州大學學報（社會科學版）》2009 年第 4 期。

109. 李攀：《論「儒學獨尊」與西漢教育發展的關係》,西安社會科學 2009 年第 5 期。

111. 葉秋菊：《東漢南陽太守述略》,《江漢論壇》2009 年第 11 期。

五、碩博論文

1. 譚浩：《劉秀集團與東漢帝國的建立》,湖南師範大學秦漢史專業 2003 年碩士畢業論文。

2. 樓旭青：《漢光武帝的情感世界》,華中師範大學中國古代史專業 2008 年碩士畢業論文。

致　謝

　　求學於山色與人文交相輝映的華師，倏逾三稔，彈指一揮間，三載時光匆匆而過，回想三年，學習、生活全然浮現於眼前，有歡笑，有淚水，有迷茫，有豪情，高低變換，憂喜疊錯，其間不變的是師長、親人、同學、朋友們之鼓勵、支持與關心，自覺無以為報，唯有一顆感恩之心。

　　入名師雲集、學術濃鬱之百年名校華師求學深造乃我人生之幸運，亦乃我人生旅途一起點。求學華師，仰而望山，桂子山深秀清翠、桂樹林蓊鬱窈然，讓我留戀不止；俯而讀書，名師雲集薈萃，學術博大精深，使我高山仰歎。華師校園，人傑地靈，無不可愛，臨歧之日，戀戀悵悵，感激繫之。

　　感激之最乃我之導師熊鐵基先生。三年之前，有倖進入華師，拜入熊先生門下。早此之前，便聽聞先生乃學術大師，歷史學家，學界泰斗。初拜先生門下，接受先生傳道授業，聆聽先生教誨，先生之超然識度，宏闊視野，精深學術，博大胸懷讓我無比敬畏。三年之際，回憶由最初踏入華師見到先生的那份敬畏至如今學習結束之時的敬愛、敬戴與親切，先生之待人以誠，仁愛關懷，點點滴滴莫不感懷於心。記得三年前，初涉秦漢史，古籍浩繁，彷徨驚怖，鬥志懈怠，先生諄諄告誡：宜從「前四史」著手，居敬持志，涵泳體味，憭然於心；我之畢業論文寫作，先生費盡心思，全局擘劃，無奈學生腹笥儉樸，領會乏力，創新缺失，率爾成文，有負先生之望，無刻不有愧於懷。先生三年之情甚殷，不才學生益將何以報焉？生也有涯，學也無涯，以有涯之生，逐無涯之學，學生今後仍須痛下功夫，刻苦自勵，打實基礎，樹立信心，不懈精進，不負先生之教誨。感謝先生之際，亦難忘師母李雪松老師之關懷，師母為人慷慨大方，矜慈善良，每至先生家，師母無不親切關

懷，關心備至。今年適逢先生八十壽誕之福，在此衷心祝福先生、師母福壽無疆，富貴康寧。

華師求學三年，諸多老師亦給予了我學習上之莫大幫助與指導。感謝趙國華老師，我論文之定題及寫作，趙老師弘獎誘掖，不遺餘力，薰陶煦育，惠我尤多。感謝馬良懷老師、吳琦老師、劉固盛老師、周國林老師、董恩林老師、劉韶軍老師、葉秋菊老師等，各位老師以其深厚之學術功力在論文寫作上給我以指導，以其爲人處世之情操風骨在人生路上給我以鞭策。

感謝謝小東、胡雪濤、劉春輝、程宇昌等同學朋友在我學習、生活、工作之中給予之幫助與支持；感謝師兄賀科偉、師姐馬婷婷、師弟郭俊然等在我學習和論文寫作上之關心；江娜、顧愷、卜祥偉等諸同學，亦助我甚多，謹表謝忱。茫茫人海，相聚是緣；同學情誼，永駐心間。

清初唐甄《潛書·講學篇》云：「學貴得師，亦貴得友。師也者，猶行路之有導也；友也者，猶涉險之有助也。」誠哉斯言！

求學三年，亦離不開親人之關心鼓勵。感謝父母一如既往之期待與關心，感謝妻子鄭迪女士之愛。

路漫漫其修遠兮，吾將上下而求索！

趙瑞軍
2012 年 3 月於華師

附錄一　劉秀退功臣的方式考察

趙瑞軍

　　摘要：劉秀「退功臣而進文吏」是東漢初期政治上的一件大事，它不僅成功的保全了功臣，實現了開國帝王在處置功臣做法上的創新，而且保證了東漢初期政治的穩定，爲東漢初期實行「修養生息」的國策創造了安定團結的良好局面，也爲後來明章之治的出現打下了穩定的基礎。對劉秀「退功臣而進文吏」一事，史家也議論頗多。本文進一步具體考察劉秀退功臣的方式，認爲劉秀很早就注意對功臣加以控制，並在軍事上加強集權，倡導偃武息兵，在經濟上和榮譽上給功臣優厚待遇，通過與功臣的長期相處，最終以主要功臣瞭解劉秀的意圖，表現出遠離權勢的意願，而劉秀瞭解功臣想法，順勢剝奪掉功臣官職的。

　　關鍵詞：劉秀　功臣　默契　互動

　　東漢統一後，劉秀爲避免「執疑則隙生，力侔則亂起」，〔註1〕以及「直繩則虧喪恩舊，橈情則違廢禁典」〔註2〕之事發生，因此「鑒前事之違，存矯枉之志」，〔註3〕最終給予功臣「高秩厚禮」，〔註4〕並以「所加特進、朝請而已」〔註5〕的形式，成功的剝奪功臣的吏職，使廣大功臣「完其封祿，莫不終以功名延慶於後」〔註6〕。從結果上看，劉秀以「高秩厚禮，允答元功」的方式，換取剝奪功臣的官職。而在這件事的實施過程上，劉秀則是經過深思熟慮，長久謀劃，通過循序漸進的方式，逐步實現的。

一、功臣對皇權造成壓力

　　功臣把劉秀擁戴爲皇帝，但他們往往又對皇權有所干預，並表現出一定的獨立性，假如其勢力發展，還有可能直接威脅皇權。

　　首先，功臣影響皇帝決策。尚未統一前，戰爭是國家的首要任務，戰功是決定戰將爵位的重要因素，封土授爵也是激勵戰將取得更多戰功有效手段，因而功臣在政治上憑戰功說話的力量也就比較強，甚至可以改變三公人選。例如《後漢書・卷二十二・景丹傳》記載：「世祖即位，以讖文用平狄將軍孫咸行大司馬，眾咸不悅。詔舉可爲大司馬者，群臣所推惟吳漢及丹。帝曰：『景將軍北州大將，是其人也。然吳將軍有建大策之勳，又誅苗幽州、謝尚書，其功大。舊制驃騎將軍官與大司馬相兼也。』乃以吳漢爲大司馬，而拜丹爲驃騎大將軍。」劉秀在將領們按軍功授官的要求下被迫改變自己的初衷，改任吳漢爲大司馬，可見，戰將在當時的政治上就有較高的話語權，甚至壓過皇帝的聲音，這就對皇權絕對性造成了壓力。

〔註1〕范曄撰，李賢注：《後漢書》，卷二十二・朱景王杜馬劉傅堅馬列傳，中華書局1965年版。
〔註2〕范曄撰，李賢注：《後漢書》，卷二十二・朱景王杜馬劉傅堅馬列傳，中華書局1965年版。
〔註3〕范曄撰，李賢注：《後漢書》，卷二十二・朱景王杜馬劉傅堅馬列傳，中華書局1965年版。
〔註4〕范曄撰，李賢注：《後漢書》，卷二十二・朱景王杜馬劉傅堅馬列傳，中華書局1965年版。
〔註5〕范曄撰，李賢注：《後漢書》，卷二十二・朱景王杜馬劉傅堅馬列傳，中華書局1965年版。
〔註6〕范曄撰，李賢注：《後漢書》，卷二十二・朱景王杜馬劉傅堅馬列傳，中華書局1965年版。

其次，功臣往往不奉詔。例如：《後漢書・卷二十二・王梁傳》記載：「建武二年，（王梁）與大司馬吳漢等俱擊檀鄉，有詔軍事一屬大司馬，而梁輒發野王兵，帝以其不奉詔敕，令止在所縣，而梁復以便宜進軍。帝以梁前後違命，大怒，遣尚書宗廣持節軍中斬梁。廣不忍，乃檻車送京師。既至，赦之」。儘管其它功臣並非像王梁如此肆意妄為，但「將在外，君命有所不受」的情況也時有發生。如：建武二年，劉秀因鄧禹在關中久不進兵，下敕曰：「司徒，堯也；亡賊，桀也。長安吏人，遑遑無所依歸。宜以時進討，鎮慰西京，繫百姓之心。」〔註7〕而鄧禹自我主張，執意不前。此後徵鄧禹還，並敕其「無得復妄進兵」，〔註8〕但鄧禹抗命不遵，最終數以饑卒徼戰，輒不利，獨與二十四騎還詣宜陽。建武四年，「董憲將賁休舉蘭陵城降。憲聞之，自郯圍休。時，（蓋）延及龐萌在楚，請往救之。帝敕曰：『可直往搗郯，則蘭陵必自解』。」〔註9〕而蓋延等抗詔自我主張，結果喪失戰機。以致劉秀責備蓋延：「間欲先赴郯者，以其不意故耳。今既奔走，賊計已立，圍豈可解乎！」〔註10〕建武十一年，劉秀調大將吳漢赴巴蜀前線指揮作戰，吳漢拿下廣都後，兵鋒直指成都，劉秀告誡吳漢：「成都十餘萬眾，不可輕也。但堅據廣都，待其來攻，勿與爭鋒。若不敢來，公轉營迫之，須其力廢，乃可擊也。」〔註11〕但漢未聽劉秀告誡，自我主張，結果戰敗，險些喪命。劉秀責備吳漢：「比敕公千條萬端，何意臨事勃亂！既輕敵深入，又與尚別營，事有緩急，不復相及。賊若出兵綴公，以大眾攻尚，尚破，公即敗矣。幸無它者，急引兵還廣都。」〔註12〕以上情況可以看出，這些在外掌兵的功臣，很容易對皇帝的絕對權威造成衝擊。

再次，功臣勢必坐大，直接威脅皇權。《後漢書・百官志一》記載：「世祖中興，吳漢以大將軍為大司馬。景丹為驃騎大將軍，位在公下。及前、後、左、右雜號將軍眾多，皆主征伐，事訖皆罷」。可事實上，建武十三年以前，東漢功臣任將軍者，並非「事訖皆罷」。例如：「光武即位，拜（耿）弇為建威大將軍」，〔註13〕「（建武）十三年，增弇戶邑，上大將軍印綬」；

〔註7〕 范曄撰，李賢注：《後漢書》，卷十六・鄧禹傳，中華書局1965年版。
〔註8〕 范曄撰，李賢注：《後漢書》，卷十六・鄧禹傳，中華書局1965年版。
〔註9〕 范曄撰，李賢注：《後漢書》，卷十八・蓋延傳，中華書局1965年版。
〔註10〕 范曄撰，李賢注：《後漢書》，卷十八・蓋延傳，中華書局1965年版。
〔註11〕 范曄撰，李賢注：《後漢書》，卷十八・吳漢傳，中華書局1965年版。
〔註12〕 范曄撰，李賢注：《後漢書》，卷十八・吳漢傳，中華書局1965年版。
〔註13〕 范曄撰，李賢注：《後漢書》，卷十九・耿弇傳，中華書局1965年版。

〔註14〕「光武即位，以（蓋）延爲虎牙將軍」，〔註15〕「（建武）十一年，與中郎將來歙攻河池，未克，以病引還，拜爲左馮翊，將軍如故」；〔註16〕建武四年「拜（陳）俊太山太守，行大將軍事」，〔註17〕「（建武五年），琅邪未平，乃徙俊爲琅邪太守，領將軍如故」；〔註18〕「世祖即位，拜（朱祐）爲建義大將軍。」〔註19〕「（建武）十五年，朝京師，上大將軍印綬。」〔註20〕從上可以看出，到建武十三年，一些功臣仍帶將軍號，並非「事訖皆罷」，只要任將軍官，就有領兵權。馬端臨在《通考》中說：「西漢以來，大將軍之官，內秉國政，外則仗鉞專征，其權任出宰相之右。」〔註21〕西漢時大將軍只要能委任領尙書事，就可以參決徵事。如武帝死，「霍光爲大將軍大司馬受遺詔輔少主」〔註22〕，「昭帝年八歲，政事一決於光。」〔註23〕成帝時，王鳳「以（成帝）元舅任大司馬大將軍，領尙書事，」以致「群弟世權，更持國柄」〔註24〕。東漢後來的竇憲、梁冀等都以大將軍決尙書事，威權極大，危害也極大。功臣在十幾年的戰爭中本身就能形成一定的軍事政治勢力，假如再繼續任將軍官，錄尙書事，參與政事，勢必坐大，直接威脅皇權。防止權臣勢大是帝王們的常識，何況像是劉秀這樣創立天下的開國皇帝。

二、採取措施及早的控制功臣

　　早在戰爭時期，劉秀就著眼長遠，在任用戰將上，就採取了一系列措施，對戰將加以控制。

　　第一、在戰爭中對戰將戰功的控制。劉秀在統一戰爭中，有以雲臺二十八將爲核心的一流統兵將領，而在戰爭中遇到的對手也就十餘個，因此劉秀

〔註14〕范曄撰，李賢注：《後漢書》，卷十九‧耿弇傳，中華書局1965年版。
〔註15〕范曄撰，李賢注：《後漢書》，卷十八‧蓋延傳，中華書局1965年版。
〔註16〕范曄撰，李賢注：《後漢書》，卷十八‧蓋延傳，中華書局1965年版。
〔註17〕范曄撰，李賢注：《後漢書》，卷十九‧陳俊傳，中華書局1965年版。
〔註18〕范曄撰，李賢注：《後漢書》，卷十九‧陳俊傳，中華書局1965年版。
〔註19〕范曄撰，李賢注：《後漢書》，卷二十二‧朱祐傳，中華書局1965年版。
〔註20〕范曄撰，李賢注：《後漢書》，卷二十二‧朱祐傳，中華書局1965年版。
〔註21〕馬端臨：《文獻通考》，卷五十九，職官考十三，中華書局，1986年版。
〔註22〕班固：《漢書》，卷七，昭帝本紀，中華書局，1962年版。
〔註23〕班固：《漢書》，卷八十九，霍光傳，中華書局，1962年版。
〔註24〕班固：《漢書》，卷九十八，王鳳，中華書局，1962年版。

就用不同的將領對付不同的對手。當時劉秀的主要對手爲：「梁王劉永擅命睢陽，公孫述稱王巴蜀，李憲自立爲淮南王，秦豐自號楚黎王，張步起琅邪，董憲起東海，延岑起漢中，田戎起夷陵，並置將帥，侵略郡縣。」〔註25〕此外還有一些農民軍隊伍。劉秀在將領上安排如下：鄧禹主要是乘赤眉破長安之機佔領關中，西防隴蜀的隗囂、公孫述，南防漢中延岑；吳漢主要討其它農民軍，伐劉永，討董憲，後滅公孫述；賈復則主要留在劉秀身邊；耿弇則主要是平齊討張步；寇恂則主要是守河內；岑彭主要討秦豐、鄧奉，擊田戎、伐蜀；馮異主要是代鄧禹定關中。以上將領列雲臺二十八將前七，劉秀對戰將的如此安排，就控制了戰將的作戰範圍，使戰將很難形成方面之功。此外，對於戰將戰功的增加，劉秀也及時抑制。《後漢書·卷十七·馮岑賈列傳》記載：「中興將帥立功名者眾矣，惟岑彭、馮異建方面之號」。在雲臺二十八將前七位功臣中，馮異於建武十年病死，岑彭於建武十一年被刺殺；鄧禹因關中一敗，幾乎無戰功可言；吳漢雖「差強人意，隱若一敵國矣！」〔註26〕但在消滅各支農民軍，破劉永，斬董憲後，只是在來歙、岑彭被刺殺後，才有機會平蜀；賈復長期在劉秀身邊，戰功不多；寇恂在守河內建功後，除了在平定隗囂中，拿下高平第一外，再無戰功。耿弇則更爲典型，耿弇佔領臨淄，擊敗張步，平定齊地，劉秀表揚他說：「昔韓信破歷下以開基，今將軍攻祝阿以發跡，此皆齊之西界，功足相方。而韓信襲擊已降，將軍獨拔勁敵，其功乃難於信也。」〔註27〕然而此後，耿弇只是「（建武）六年，西拒隗囂，屯兵於漆。八年，從上隴。明年（九年），與中郎將來歙分部徇安定、北地諸營保。耿弇「凡所平郡四十六，屠城三百，未嘗挫折，」〔註28〕在平齊後再無較大戰功，對此范曄評論道：「耿弇決策河北，定計南陽，亦見光武之業成矣。然弇自克拔全齊，而無復尺寸功。夫豈不懷？」〔註29〕上述情況的出現，說明了劉秀對戰將戰功發展的擔心，因此對戰將戰功加以及早的限制，以免形成尾大不掉之勢。

第二、對有可能形成專權的戰將，婉轉提醒，或柔和協調。西漢初年，劉邦以蕭何守關中，作爲擊楚基地，但又擔心蕭何坐大，數次派人對蕭何「慰

〔註25〕范曄撰，李賢注：《後漢書》，卷一，光武帝紀第一上，中華書局1965年版。
〔註26〕范曄撰，李賢注：《後漢書》，卷十八，吳漢傳，中華書局1965年版。
〔註27〕范曄撰，李賢注：《後漢書》，卷十九，耿弇傳，中華書局1965年版。
〔註28〕范曄撰，李賢注：《後漢書》，卷十九，耿弇傳，中華書局1965年版。
〔註29〕范曄撰，李賢注：《後漢書》，卷十九，耿弇傳，中華書局1965年版。

問勞苦」，〔註30〕爲消除劉邦的猜疑，蕭何聽從幕僚鮑生建議，「遣子孫昆弟能勝兵者悉詣軍所」，〔註31〕劉邦十分高興。東漢初年，類似事情也有發生。例如：大將馮異因久握重兵在外，有人上書說馮異：「專制關中，斬長安令，威權至重，百姓歸心，號爲「咸陽王」，〔註32〕劉秀把此書以示馮異，雖然馮異作出解釋，劉秀也對其表示絕對的信任說：「將軍之於國家，義爲君臣，恩猶父子。何嫌何疑，而有懼意？」〔註33〕但劉秀此舉無疑是對馮異的提醒警示。寇恂因守河內功大，擔心引起猜疑，要求離開河內，雖然劉秀以「河內未可離也」，〔註34〕以示信任，但寇恂仍「遣兄子寇張、姊子谷崇將突騎，願爲軍鋒。帝善之。」〔註35〕耿弇也曾因父子勢大，怕引起劉秀猜疑，不敢領兵出征，上書求詣洛陽，雖然劉秀說：「將軍出身舉宗爲國，所向陷敵，功效尤著，何嫌何疑，而欲求征？且與王常共屯涿郡，勉思方略。」〔註36〕但耿弇之父耿況仍遣其子耿國入侍，劉秀善之。「何嫌何疑」四字，即反映出劉秀與戰將之間的猜疑，但也同時柔和地解決了他們之間的這種猜疑。以上情況說明，在戰爭時期，對有可能形成專權，但又不得不用的戰將，劉秀還是通過這種提醒或君臣較婉互動的方式來加以控制的，以免引起後患。

　　第三、用刺姦將軍或監軍，加強對戰將的監控。在戰爭初期，劉秀除了延用前朝的軍正和軍正丞執掌對軍中將士的監察和執法外，還特派刺姦將軍或刺姦大將軍來加強對戰將的監察與執法，例如：更始二年「拜（岑）彭爲刺姦大將軍，使督察眾營，授以常所持節，從平河北。」〔註37〕劉秀曾以祭遵「爲刺姦將軍。謂諸將曰：「當備祭遵！吾舍中兒犯法尚殺之，必不私諸卿也。」〔註38〕《後漢書‧卷二十二‧朱祐傳》記載：「及世祖爲大司馬，討河北，復以祐爲護軍，常見親幸，舍止於中。祐侍宴，從容曰：『長安政亂，公有日角之相，此天命也。』世祖曰：『召刺姦收護軍！』祐乃不敢復言。」可見劉秀用刺姦將軍或刺姦大將軍主要是用來加強對軍中上層戰將的監察執

〔註30〕司馬遷：《史記》，卷五十三，蕭相國世家，中華書局，1959年版。
〔註31〕司馬遷：《史記》，卷五十三，蕭相國世家，中華書局，1959年版。
〔註32〕范曄撰，李賢注：《後漢書》，卷十七，馮異傳，中華書局1965年版。
〔註33〕范曄撰，李賢注：《後漢書》，卷十七，馮異傳，中華書局1965年版。
〔註34〕范曄撰，李賢注：《後漢書》，卷十六，寇恂傳，中華書局1965年版。
〔註35〕范曄撰，李賢注：《後漢書》，卷十六，寇恂傳，中華書局1965年版。
〔註36〕范曄撰，李賢注：《後漢書》，卷十九，耿弇傳，中華書局1965年版。
〔註37〕范曄撰，李賢注：《後漢書》，卷十七，岑彭傳，中華書局1965年版。
〔註38〕范曄撰，李賢注：《後漢書》，卷十七，祭遵傳，中華書局1965年版。

法。《漢書·卷六十七·胡建傳》記載：「臣謹按軍法：『（軍）正亡屬將軍，將軍有罪以聞，二千石以下行法焉』」。宋人林駉在《古今源流至論續集·兵權》中提到「軍正，次於將軍也，然正不屬於將軍。」〔註39〕可以看出，軍正不屬於將軍管轄，地位小於將軍，其執法的是軍中兩千石以下的軍官。劉秀用比軍正地位更高的刺姦將軍或刺姦大將軍來監察領兵戰將，說明其對戰將的監督控制進一步增強。爲了加強對在外帶兵將領的控制，劉秀往往還臨時派遣親信作爲監軍監督將領〔註40〕。如：建武三年，「拜（鄧晨）光祿大夫，使持節監執金吾（東漢執金吾爲中二千石）賈復等擊平邵陵、新息賊」。〔註41〕建武九年，「遣中郎將來歙監征西大將軍馮異等五將軍討隗純於天水。」〔註42〕

可見，戰爭時期，劉秀就已經採取一系列措施控制戰將的權勢發展，使其能夠處在劉秀的掌控之下。在後來的退功臣中，劉秀能夠夠順利剝奪功臣的官職，沒有發生類似西漢初年的叛亂，並保持君臣和諧相處，是與劉秀上述措施十分有關的。

三、軍事上加強集權，倡導偃武息兵

首先、改革軍制，鞏固統治

漢代軍制，軍隊分爲中央軍和地方軍，地方軍是國家極其重要的軍事力量，可以維護中央統治，也可能成爲的中央的嚴重威脅。早在建武六年，在中原局勢稍作穩定之際，劉秀就開始採取措施來精簡和削弱地方軍，消除地方擁兵自重的危險，以鞏固自身的統治。劉秀第一個廢除的是都試之役，廢除都試之役可以防止軍事將領趁機謀反叛亂，王莽代漢之初，翟義就曾經「以九月都試日，斬觀令，因勒其車騎材官士，募郡中勇敢，部署將帥，」〔註43〕起兵反莽。劉秀也曾經和李通約定利用都試的機會起兵，因而深知都試之役的危險性〔註44〕。因此建武六年，「省諸郡都尉，並職太守，無都試之役。」

〔註39〕 林駉，《古今源流至論續集》，四庫全書：第 942 冊，上海古籍出版社，1987年版，頁 359。
〔註40〕 鄧晨爲劉秀的姐夫，來歙爲劉秀表兄。
〔註41〕 范曄撰，李賢注：《後漢書》，卷十五，鄧晨傳，中華書局 1965 年版。
〔註42〕 范曄撰，李賢注：《後漢書》，卷一，光武帝第一下，中華書局 1965 年版。
〔註43〕 班固：《漢書》，卷八十四·翟方進傳傳，中華書局，1962 年版
〔註44〕 《後漢書·百官志》。按當時兵役制度，所有役齡男子都有服兵役義務，受專門的軍事訓練，於八月舉行大檢閱，既考覈一年的訓練情況，評選優劣，應劭《漢官》云「八月，太守、都尉、令長、相、丞、尉會都試，課殿最」。訓

〔註45〕接著，建武七年「二月辛巳，罷護漕都尉官；三月丁酉，詔曰：「今國有
眾軍，並多精勇，宜且罷輕車、騎士、材官、樓船士及軍假吏，令還復民伍」；
〔註46〕同年，「省長水、射聲二校尉官」；〔註47〕建武九年「省關都尉，復置護
羌校尉官。」〔註48〕劉秀上述消弱地方軍的措施，除了有偃武息兵、休養生息
的目的外，也有使地方軍能處在中央軍的控制之下，鞏固皇權的目的。

　　其次、倡導偃武息兵

　　劉秀從起兵到統一天下歷時十四年，「每一發兵，頭鬚爲白〔註49〕，長期
殘酷的戰爭歲月，已使其有所厭倦，同時爲了鞏固統治和修養生息，在大戰
結束之後，劉秀便極力倡導偃武息兵的思想。

　　早在建武六年，關東平定之際，鑒於隗囂遣子內侍，公孫述遠在巴蜀，
劉秀一方面出於在穩固好東方統治的前提下，以東方爲基地，穩紮穩打，最
終消滅隗囂、公孫述集團的軍事戰略考慮；另一方面出於鞏固其統治和修養
生息的需要。就對隗囂、公孫述採取「且當置此兩子於度外」〔註50〕的策略，
於是「休諸將於洛陽，分軍士於河內」。〔註51〕流露出偃武息兵的思想。建武
十三年，天下統一後，劉秀偃武息兵思想在范曄的《後漢書》和司馬光的《資
治通鑒》中都有相同表述。「初，帝在兵間久，厭武事，且知天下疲耗，思樂
息肩。自隴、蜀平後，非儌急，未嘗復言軍旅。皇太子嘗問攻戰之事，帝曰：
『昔衛靈公問陳，孔子不對，此非爾所及。』……雖身濟大業，兢兢如不及，
故能明愼政體，總攬權綱，量時度力，舉無過事。退功臣而進文吏，戢弓矢
而散馬牛，雖道未方古，斯亦止戈之武焉。」〔註52〕范曄將這段話放在《後
漢書‧光武帝紀》最後，起到對劉秀作總結的作用；《資治通鑒》中，司馬光
將這段話放在建武十三年吳漢自巴蜀凱旋而歸之後，司馬光對劉秀的分析在

　　　練的目的是應付都試，都試結果就是各級軍吏的政績，最者賞，殿者罰。屆
　　　時全郡軍事大集結，各縣令長、丞尉率領全縣士卒集會郡治，郡都尉具體指
　　　揮，接受郡守的檢閱，旌旗獵獵，部伍有序，騎射角力，各有定式，儀式極
　　　爲隆重。如果有人利用都試的機會發動兵變，其後果不可想像。
〔註45〕范曄撰，李賢注：《後漢書》，卷一，光武帝第一下，中華書局 1965 年版。
〔註46〕范曄撰，李賢注：《後漢書》，卷一，光武帝第一下，中華書局 1965 年版。
〔註47〕范曄撰，李賢注：《後漢書》，卷一，光武帝第一下，中華書局 1965 年版。
〔註48〕范曄撰，李賢注：《後漢書》，卷一，光武帝第一下，中華書局 1965 年版。
〔註49〕范曄撰，李賢注：《後漢書》，卷十七，岑彭傳，中華書局 1965 年版。
〔註50〕范曄撰，李賢注：《後漢書》，卷十三，隗囂傳，中華書局 1965 年版。
〔註51〕袁宏撰，張烈校點：《後漢紀》，後漢光武皇帝紀卷第五，中華書局 2002 年版
〔註52〕范曄撰，李賢注：《後漢書》，卷一，光武帝第一下，中華書局 1965 年版。

時間安排上是十分準確的，說明劉秀在天下統一後，其偃武息兵的思想已十分明顯。劉秀偃武息兵的思想也體現在處理民族問題上。如：建武二十七年，臧宮、馬武聯合上書，趁匈奴內困，出擊匈奴，一勞永逸的解決匈奴問題，而詔報曰：「《黃石公記》曰，……今國無善政，災變不息，百姓驚惶，人不自保，而復欲遠事邊外乎？孔子曰：『吾恐季孫之憂，不在顓臾。』……誠能舉天下之半以滅大寇，豈非至願；苟非其時，不如息人。」〔註53〕孔子曾因反對季氏將伐顓臾，批評其學生冉有說「有國有家者，不患寡而患不均，不患貧而患不安。蓋均無貧，和無寡，安無傾。……吾恐季孫之憂，不在顓臾，而在蕭薔之內也」。〔註54〕孔子倡導和與安，極力反對用兵顓臾，劉秀引用孔子的話，明顯的反映出其修養生息，反對用兵匈奴，以免禍起蕭牆的想法，其偃武息兵的思想也已表露無餘；此外，在西域問題上，面對西域各國「皆遣使求內屬，願得都護」的請求，劉秀以「天下初定，未遑外事」〔註55〕爲由加以拒絕；在對待烏桓上，則「以幣帛賂烏桓」〔註56〕的方式招降之，儘量避免使用武力。可見，從建武六年東方穩定，到建武二十七年劉秀晚期，長約二十多年的時間裏，劉秀爲鞏固統治，一直在倡導偃武息兵的思想。

四、經濟、榮譽上給功臣予優厚待遇

根據高祖「非劉氏不王」之約，〔註57〕劉秀沒有像西漢初年那樣對功勞巨大的功臣分封爲王，只是封爲列侯。然而劉秀在建武二年，對功臣的分封也很優厚。《後漢書·光武帝紀第一上》記載：建武二年「庚辰，封功臣皆爲列侯，大國四縣，餘各有差。」對此，「博士丁恭議曰：『古帝王封諸侯不過百里，故利以建侯，取法於雷，強幹弱枝，所以爲治也。今封諸侯四縣，不合法制。』帝曰：『古之亡國，皆以無道，未嘗聞功臣地多而滅亡者。』乃遣

〔註53〕范曄撰，李賢注：《後漢書》，卷十八，臧宮傳，中華書局1965年版。
〔註54〕楊伯俊譯注：《論語譯注》，季氏十六，中華書局。1980年版
〔註55〕范曄撰，李賢注：《後漢書》，卷一百十八，西域傳，中華書局1965年版。
〔註56〕范曄撰，李賢注：《後漢書》，卷一百二十，烏桓傳，中華書局1965年版。
〔註57〕西漢初年，劉邦爲了維護統治，避免再有異姓王叛亂的事情發生，同時因呂后勢力日大，擔憂漢室江山被呂氏奪去，因此在其晚年與群臣定下「白馬之盟」，立下「非劉氏不王」的誓約，作爲鞏固西漢中央政權的輔助手段。終漢之世「非劉氏不王」這個祖訓除了在呂氏擅權、王莽代漢、更始立漢、曹操篡漢四個時期外，都被嚴格地遵守。

謁者即授印綬。」建武十三年，天下統一後，劉秀再次論功行賞，在建武二年的基礎上，功臣元勳要麼更封，要麼定封，但皆增戶邑，其中賈復食邑突破四縣，最終定封爲六縣。可見，東漢功臣們在經過建武二年的初封，再經過建武十三年的增封，其被分封的爵土戶邑已相當可觀了。建武二年，劉秀分封功臣，有激勵功臣作戰，以期早日完成統一天下的目的；建武十三年劉秀再次增封功臣，有在建武二年基礎上遞進增加以顯示前後功勞差別的目的。此外，建武十三年，天下已統一，劉秀便著手開始大規模的退功臣，這次增封也有在剝奪功臣官職的情況下，在物質上給功臣以彌補的目的。元代陳櫟在《歷代通略》中評價說：「西漢功臣如韓彭多以叛誅，皆以封壤太廣啓之，今則高爵厚祿不任以事，雖寇鄧耿賈功分土不過大縣，所加特封朝請，所以保全功臣也」〔註 58〕陳櫟在這裏提到了「高爵厚祿」、「不任以事」兩個詞眼。其實在封建社會，功臣的權勢＝高爵厚祿（爵位、榮譽、土地、戶邑、其它賜予等）＋任事（任將軍、中央或地方政府大員等），因此只要消弱「高爵厚祿」和「任事」中的任意一項，都能起到削弱功臣權勢的作用。劉秀在退功臣中，剝奪了功臣的官職，使功臣不再「任事」，這樣就極大的削弱了功臣的權勢。在「高爵厚祿」上，《東觀漢記》載：「帝以天下即定，思念欲完功臣爵土，不令以吏職爲過，故皆以列侯就第，恩遇甚厚，遠方貢甘珍，必先遍賜列侯，而大官無餘。」〔註 59〕這裏袁宏清楚的強調「思念欲完功臣『爵土』」，而不是「思念欲完功臣『權勢』」。可見，劉秀通過「不任以事」來削弱功臣權勢，而在「高爵厚祿」上對功臣「恩遇甚厚」，這樣就使功臣在被剝奪官職，權勢削弱後，心理上更能容易接受。袁宏在《東觀漢記》中，將上述這段話放在《帝紀一·世祖光武皇帝》的最後總結之處，其實也是對劉秀能夠剝奪功臣官職，並能保持君臣和諧關係的方式總結。

六、君臣默契互動，成功完成「退功臣」

早在建武六年，「吳漢拔朐，獲董憲、龐萌，山東悉平」，〔註 60〕天下大勢已定的情況下，劉秀即遣邳彤和耿純就國，時「（耿）純辭就國，帝曰：『文

〔註 58〕陳櫟：《歷代通略》，四庫全書·第六八八冊·四四六，臺灣商務印書館，1983年版
〔註 59〕班固、劉珍等撰：《東觀漢記》，卷一，世祖光武皇帝，齊魯書社，1998 年版。
〔註 60〕范曄撰，李賢注：《後漢書》，卷一，光武帝紀第一下，中華書局 1965 年版。

帝謂周勃『丞相吾所重，君爲我率諸侯就國』〔註61〕，今亦然也」。〔註62〕劉秀遣邳彤和耿純就國，是在如何安置功臣問題上，邁出的一小步，既可以起到試探功臣反應的作用，又可以爲後來其剝奪其它功臣官職起到引路的作用。

趙翼在《廿二史札記》中寫道：「西漢開國，功臣多出於亡命無賴，至東漢中興，則諸將帥皆有儒者氣象，亦一時風會不同也。」〔註63〕在東漢功臣中，許多都是博古通今，篤信淳備的儒將。他們可謂鑒古明今，西漢初年劉邦君臣之間的殘殺，使他們對「敵國破，謀臣亡」的道理，應該很明白的。東漢統一後，自己將何去何從也應是這些功臣需要思考的問題。作爲長期跟隨劉秀南征北戰的功臣元勳來說，十幾年的長期相處，君臣之間也已經有了很好的彼此瞭解，他們對劉秀加強皇權，不願功臣擁眾京師的想法也有所領會。例如：鄧禹是與劉秀接觸較深的人，劉秀在河北時「常宿止於中，與定計議」，〔註64〕「時任使諸將，多訪於禹，禹每有所舉者，皆當其才，光武以爲知人。」〔註65〕，因此有「鄧生杖策，深陳天人之會，舉才任使，開拓帝王之略」〔註66〕之說。《後漢書·卷十六·鄧禹傳》記載：「天下既定，（鄧禹）常欲遠名勢。有子十三人，各使守一藝。修整閨門，教養子孫，皆可以爲後世法。資用國邑，不修產利。」賈復也是與劉秀接觸也較深的人，劉秀「以復敢深入，希令遠征，而壯其勇節，常自從之」。〔註67〕《後漢書·卷十七·賈復傳》記載：「復知帝欲偃干戈，修文德，不欲功臣擁眾京師，乃與高密侯鄧禹並剷甲兵，敦儒學。帝深然之，遂罷左右將軍」。《東記觀漢·卷八·賈復傳》記載：「復關門養威重，受《易經》，知大義，帝深然之，遂罷左右將軍。以列侯就第，加位特進。」鄧禹、賈復作爲接觸劉秀較深的人，「知大義」，明白劉秀在天下既定後加強皇權的意圖，因此主動表現出遠離權勢的意願，而劉秀知道他們的這種意願後，順勢的罷掉了

〔註61〕 西漢文帝三年十二月，文帝遣周勃就國，目的是爲了使當時麇集京師的功臣諸侯回到封地，以減輕其對皇權的壓力。此外劉秀在建武六年遣邳彤和耿純就國也有爲了調和各功臣集團力量，使各功臣集團相互制約，以維護皇權的考慮。

〔註62〕 范曄撰，李賢注：《後漢書》，卷二十一，耿純傳，中華書局 1965 年版。

〔註63〕 趙翼著，王樹民校證：《廿二史札記校證》，卷四，後漢書，東漢功臣多近儒，中華書局 1984 年版。

〔註64〕 范曄撰，李賢注：《後漢書》，卷十六，鄧禹傳，中華書局 1965 年版。

〔註65〕 范曄撰，李賢注：《後漢書》，卷十六，鄧禹傳，中華書局 1965 年版。

〔註66〕 袁宏撰，張烈校點：《後漢紀》，後漢光武光武皇帝紀卷第七，中華書局 2002 年版。

〔註67〕 范曄撰，李賢注：《後漢書》，卷十七，賈復傳，中華書局 1965 年版。

左右將軍，賈復和鄧禹當時即爲左右將軍〔註68〕。《後漢書·卷十九·耿弇傳》記載：「十三年，增弇戶邑，上大將軍印綬，罷，以列侯奉朝請。」耿弇也主動上大將軍印綬，然後罷免。最終劉秀就通過這種君臣相互默契互動的形式，順利的剝奪主要功臣的官職的。

到建武十三年，在雲臺二十八將中，有十二人已經去世。前七位的首功元勳只剩下鄧禹、吳漢、賈復、耿弇四位。鄧禹、賈復、耿弇在二十八將中分別列第一、第三、第四位，在功臣中的功勞權勢和影響都較大，在二十八將中，其中有六將是耿弇從上谷帶來的，這三人的成功「罷免」，對剝奪其它功臣的官職，劉秀也就易如反掌了。此外雖然不是雲臺二十八將之列，但也屬於功臣的竇融在大司空任上也「久不自安，數辭讓爵位，因侍中金遷口達至誠。又上疏曰：「臣融年五十三。有子年十五，質性頑鈍。臣融朝夕教導以經藝，不得令觀天文，見讖記。誠欲令恭肅畏事，恂恂循道，不願其有才能，何況乃當傳以連城廣土，享故諸侯王國哉？」〔註69〕反覆請辭，後因他事連坐策免。建武十五年以後，雲臺二十八將只剩五將仍任職，劉秀順利的剝奪了絕大數功臣的官職，「退功臣」一事也基本上宣告完成。

綜上所述，劉秀在「退功臣」上一事上，早在戰爭時期就對戰將戰功加以控制，並在軍事採取一系列措施來加強集權，經濟上和榮譽上對功臣恩遇甚厚，最終通過上述君臣默契互動的方式，成功的剝奪了功臣的官職。儘管劉秀這種退功臣的方式，帶有明顯的封建帝王權術的性質，劉秀的這種做法其目的也是爲了維護其封建專制統治的目的，帶有很大的落後性，但在當時的階級歷史條件下，劉秀這種相對柔和漸進的方式，卻避免了暴力，保持了君臣之間的和諧，其對功臣的處置也成爲中國封建社會歷史上的成功典範。《後漢書》作者范曄評價說：「君臣之美，後世莫窺其間，不亦盡職之致爲乎」〔註70〕，清王夫之說：「故三代以下，君臣交盡其美，唯東漢爲盛焉。」〔註71〕

〔註68〕　《後漢書·卷十六·鄧禹傳》記載：「其後左右將軍官罷，以特進奉朝請」；《東觀漢記·鄧禹傳》記載「（劉秀）罷三公，右將軍。官罷，以列侯就位，奉朝請。」由此可以知道鄧禹被罷前衛右將軍。根據正文中《賈復傳》的記載也可以知道賈復爲左將軍。

〔註69〕　范曄撰，李賢注：《後漢書》，卷二十三，竇融傳，中華書局 1965 年版。

〔註70〕　范曄撰，李賢注：《後漢書》，卷一，光武帝紀第一上，中華書局 1965 年版。

〔註71〕　王夫之：《讀通鑒論》，卷六，光武，嶽麓書社，1991 年版。

附錄二　中國古代文官制度的統治功能及其對當今的啓示

趙瑞軍

　　摘要：作爲中國古代政治制度的一部分，中國古代文官制度對維護國家機器運轉，全面實現國家職能起著十分重要的作用。中國古代文官制度不僅是中國古代燦爛文化的重要組成部分，而且對世界各國近代文官制度的形成產生了一定的影響。中國古代的文官制度幾乎涵蓋了當今中國公務員制度的所有主要環節，在中國公務員熱持續升溫的當下，筆者通過對中國古代文官制度的功能進行探析，希望能夠爲優化中國公務員隊伍，保持中國經濟、社會的穩定健康發展提供一些借鑒。

　　關鍵詞：文官制度　統治　功能　啓示

　　中國古代文官制度可謂歷史悠久，源遠流長。關於「文官」二字最早的記載出自《後漢書・禮儀中》「立春，遣使者賣束帛以賜文官。」〔註1〕早在中國春秋時的管仲、百里奚，戰國時各諸侯國國王所重用的大批能言善辯之士都可算作早期的文官。春秋戰國時期的各諸侯國，以及後來秦始皇所建立的管理政府官員的制度，也可以說是中國古代文官制度的先河。但從嚴格的意義來說，中國古代正式的文官制度是從西漢武帝元朔五年，「立五經博士，開弟子員，設科射策，勸以官祿」〔註2〕開始的。要探析中國古代文官制度的統治功能，就必須先從這種文官的選撥方式開始考察。

　　秦始皇統一天下後，片面的運用法家的思想路線，「以吏爲師」〔註3〕，「剛毅戾深，事皆決於法，刻削毋仁恩和義，」〔註4〕短短十五年而亡。西漢初，鑒於秦亡教訓，採取「修養生息」的國策，但到漢武帝時，內外矛盾交織，漢武帝高舉董仲舒「罷黜諸家，獨尊儒術」的理論旗幟，安定內部，外服匈奴，經董仲舒重新解釋的儒家思想對成就漢武帝的文治武功起到了重要作用。在這種背景下，漢武帝採納公孫弘的奏議，在長安城外設立太學，立五經博士，並「爲博士官置弟子五十人，復其身，」〔註5〕在太學受業培養，漢武帝罷黜原有的諸子傳記博士，唯立五經博士，使公卿、大夫、士吏都爲文學之士。此後，通曉儒家經典就成爲做官食祿的主要條件。自儒家思想在漢武帝時被確立爲統治思想後，在以後的兩千多年時間裏，不管是魏晉時期的九品中正制，還有隋代以後的科舉制度，歷代君主選拔文官的考試內容，無非都是對儒家經典的解釋和運用。通過這種方式選拔出來的文官對君主專制統治來說也就具有重要的統治功能。

一、有利於加強中央集權統治

　　中國古代文官制度是在以君主爲軸心，以中央集權爲主線的政治體制中形成和發展起來的，君主至高無上的權力和金字塔式的行政結構是中國古代文官制度運行的基礎。因此，經歷代君主不斷發展而逐漸完善的中國古代文官制度，其首要統治功能就是加強專制主義中央集權，維護封建君主的最高

〔註1〕　范曄，後漢書〔M〕，北京：中華書局，1965，p3123。
〔註2〕　班固，漢書〔M〕，北京：中華書局，1962，p3620。
〔註3〕　司馬遷，史記〔M〕，北京：中華書局，1959，P2546。
〔註4〕　司馬遷，史記〔M〕，北京：中華書局，1959，P238。
〔註5〕　班固，漢書〔M〕，北京：中華書局，1962，P3594。

統治。

（一）有利於維護國家統一

　　春秋時期，周天子地位衰微，諸侯割據，長期的戰亂給廣大人民帶來了極大的災難，社會普遍希望統一。處在春秋末期的孔子，提出「天下有道，則禮樂征伐自天子出；天下無道，則禮樂征伐自諸侯出」〔註6〕的思想；其後荀子提出：「四海之內若一家，通達之屬莫不從服」〔註7〕的思想；戰國時齊人公羊高在爲《春秋》作傳時，提出了「何言乎王正月？大一統也。」〔註8〕這是「大一統」最早的文字記載。中國古代的「大一統」思想不僅強調的是國家地理上的統一、而且還強調國家政治權力上的集權統一，即「海內爲郡縣，法令由一統。」〔註9〕

　　西漢武帝時，爲適應當時專制主義中央集權國家的需要，董仲舒綜合闡發以往的「大一統」理論，提出「春秋大一統者，天地之常經，古今之通誼」，〔註10〕認爲「大一統」是歷史發展的必然趨勢。他同時提出「天人感應」學說，強調君權天賦，君主作爲天子，可行使天的意志，這樣權力就被高度集中於君主手中，「大一統」中的「一」也就意味著國家統一於天子手中。此後在儒家思想的薰陶下，維護國家的統一、領土的完整以及君權的集中，也就成爲了學習儒家經典而爲官出仕的士子們的最高原則和目標。例如，唐憲宗時期曾任工部郎中、東都判官等職的進士皇甫湜指出「大一統所以正天下之位，一天下之心」。宋代歐陽修道出「夫居天下之正，合天下於一，斯正統矣」〔註11〕，「《傳》曰：君子大居正，又曰：王者大一統。正者，所以正天下之不正也；統者，所以合天下之不一也」〔註12〕以「居正」「一統」二義自標。還有蘇軾說「正統之爲言，猶曰有天下云爾。」〔註13〕這幾人都是通過科舉考試而選拔出來的文官，「居正、統一」的觀念已深入其心髓。此外，《元史・劉整傳》記載：「整入朝，勸伐宋，曰『自古帝王非四海一家不爲正統。聖朝

〔註6〕　陳冠學，論語新注〔M〕，臺灣：東大圖書公司，民國84，P265。
〔註7〕　熊公哲注譯，荀子今注今譯〔M〕，臺灣：商務印書館，民國64，P291。
〔註8〕　王維堤，唐書文撰，春秋公羊傳譯注〔M〕，上海：上海古籍出版社，2004，P1。
〔註9〕　司馬遷，史記〔M〕，北京：中華書局，1959，P236。
〔註10〕班固，漢書〔M〕，北京：中華書局，1962，P2523。
〔註11〕歐陽文叔，歐陽修全集〔M〕，北京：中華書店，1986，P414。
〔註12〕歐陽文叔，歐陽修全集〔M〕，北京：中華書店，1986，P416。
〔註13〕孔凡禮點校，蘇軾文集〔M〕，北京：中華書局，1986，120。

有天下十七八，何置一隅不問，而自棄正統耶！』」〔註14〕這裏劉整也以「正統」之論，勸忽必烈實現國家統一。此後，明、清兩代能夠形成統一的專制主義中央集權國家，也都是這「大一統」的功能體現。

（二）有利於穩固統治

中國古代文官制度的重要功能之一就是穩固君主的專制統治，以使君主能夠世代「總攬威權，柄不借下」〔註15〕，「久處尊位，長執重勢，而獨擅天下之利。」〔註16〕例如，西漢時，在漢武帝的授意指使下，董仲舒除了宣揚君權神授外，還大力宣揚三綱，以維護封建統治關係。董仲舒說：「君臣、父子、夫婦之義，昔取諸陰陽之道。君爲陽，臣爲陰，父爲陽，子爲陰，夫爲陽，妻爲陰。……王道之三綱，可求於天。」〔註17〕君爲臣綱，父爲子綱，夫爲妻綱，這也是天意的安排。於是形成政權、族權、種權、夫權四綱，從而形成臣子對君主的依附關係，以鞏固君主的專制統治。此外，《唐律疏議·名例篇》也露骨地指出：「王者居宸極之至尊，奉上天至寶命，同二儀之覆載，作兆庶之父母，唯子唯臣，唯忠唯孝。」因此，自漢武帝開創考試授官以後，在中國兩千多年的封建社會裏，那些通過考試選拔出來的文官，無不受這四綱的薰陶影響，甚至把維護這四綱作爲自己人生目標。這種情況下這些文官也就自覺的形成了對君主的依附關係，也自覺的把君主與自己的關係看作是主奴關係，如，後梁宰相敬翔曾對末帝說：「臣受國恩，僅將三紀，從微至著，皆先朝所遇，雖名宰相，實朱氏老奴耳，事陛下如郎君。」〔註18〕另外，從一些官職的演變上也能反映出君主與文官的主奴關係。例如，漢武帝時，有個叫孔安國的人爲「侍中」，「特聽掌唾壺，朝廷榮之」。「侍中」在東漢後地位不斷升高，到唐代時竟爲宰相，「侍中」在漢武帝時只是個給皇帝端痰盂的人，可見「侍中」的實質不過是君主的奴才而已。還有其它的像僕射、中書、尚書等官職，原意也都是君主的奴才。

從上面可以看出，通過儒家思想薰陶選拔出的這些官員，作爲中國古代文官制度的主體，其受儒家思想的影響是非常大的，正是因這種思想上的薰

〔註14〕宋濂等，元史〔M〕，北京：中華書局，1976，3786。

〔註15〕李昉等，太平御覽〔M〕，北京：中華書局，1960，412。

〔註16〕司馬遷，史記〔M〕，北京：中華書局，1959，P22556。

〔註17〕曾振宇注說，春秋繁露〔M〕，開封：河南大學出版社，2004，305～306。

〔註18〕蘇軾，蘇東坡全集〔M〕，北京：中國書店，1986，249。

陶，使他們能夠自覺地維護君主專制制度，維護國家的統一。

二、有利於君權的運行

中國古代的文官制度是歷代君主為維護自己的統治而精心設計的，帶有濃厚的人治色彩，在這一制度下，官職的設置、文官的選拔任用等都由君主決定。因而，中國古代君主設計文官制度的重要目的就是便於控制臣下和治理國家，保證君權的正常運行。

（一）便於君主控制官員

中國古代的文官制度是為君主的高度集權而設計的，是與金字塔式行政體系相適應的，即體現出像省、路（道）、府、州、郡、縣等行政區域的等級關係，也體現出像國家垂直管理機構中各個部門間的層次、轄屬及等級關係。這樣就使中國古代文官制度中的主體——文官們，從中央的三公九卿到地方的里、亭長無不保持著嚴格的等級關係。在這種等級森嚴的文官制度中，「上與下各自統屬，內與外相互節制，名分與職責嚴明，權力與義務相稱，既不可逾越，也不可專擅。」〔註 19〕這種金字塔式的文官等級制度，使下級官員只服從上級官員，整個文官群體只服從於皇帝個人，使「主獨制於天下而無所制也」，〔註20〕對官員操控自如。君主除了運用文官制度中的考績、陞降等方式對官員進行控制外，君主還掌握著對官員生殺予奪的大權，可以任意責罰、處死官員。例如：《後漢書・鍾離意傳》記載：「（漢明帝）帝性褊察，好以耳目隱發為明，故公卿大臣數被詆毀，近臣尚書以下至見提拽。……朝廷莫不悚栗，爭為嚴切，以避誅責」；「課核三公，其人或失而其禮稍薄，至有誅斥詰辱之累」〔註21〕；如，尚書郎藥崧因事得罪，即「以杖撞之」，崧至床下仍追之不捨；《梁書・王亮傳》記載，「……奏亮大不敬，論棄市。」〔註22〕王亮只因對君主不敬就要被殺，中國歷史上君主處死官員的例子可謂比比皆是。君主可以肆意侮辱官員的人格，例如，「（明代）景泰初，開經筵，每講畢，令中官布金錢於地，令講官拾之，以為恩典」。〔註23〕這種以肉投狗式的

〔註19〕梁仲明，中國古代文官制度探析〔J〕，中國行政管理探析，2002（10）。
〔註20〕司馬遷，史記〔M〕，北京：中華書局，1959，P2556。
〔註21〕范曄，後漢書〔M〕，北京：中華書局，1965，P813。
〔註22〕姚思廉，梁書〔M〕，北京：中華書局，1973，268。
〔註23〕蔣一葵，長安客話〔M〕，北京：北京出版社，1960，28。

「投錢令拾」，竟美其名曰「恩典」。明代君主對大臣們的「廷杖」也是對大臣的極大侮辱，《明史》總結道：「廷杖之刑，亦自太祖始矣……公卿之辱前此未有。」〔註24〕此外，明代從朱元璋開始，規定「大朝儀」須「眾官皆跪」，大臣上奏就要跪喊「啓稟萬歲」。到清代則變爲「奴才啓稟萬歲」，然後跪著奏事聽皇帝教誨。

可見，在中國古代文官制度中，不僅官員對君主存在著深深的依附關係，而且君臣之間、官員上下級之間也存在著嚴格的等級制度，這樣嚴密的依附和等級制度大大加強了君主集權。中國古代皇帝的命爲「制」，令爲「詔」，皇帝說了話就是法律，官員的義務就是絕對服從皇帝的意志，整個國家由皇帝一人說了算，在這種制度下，君主對文官可以說是操控自如，十分方便控制。

（二）便於君主治理國家

《史記・秦始皇本紀》記載：「天下之事無大小皆決於上，上至以衡石量書，日夜有呈，不中呈，不得休息。」中國是個地大物博、人口眾多的多民族國家，這麼大一個國家的眾多事務，如果讓君主事無鉅細、件件躬親，去決策處理，當然是不可能做到的。例如，明朝初年，朱元璋廢除丞相制和中書省，自己親自批閱文武百官的奏章進行決策處理。據當時的給事中張元輔統計，「洪武十七年九月十四日到二十一日，八天之內，內外諸司奏箚共 1660 件，計 3391 事。」〔註25〕朱元璋平均每天要看或聽 207.5 件報告，要處理 423.75 件事情，以致他「星存而出，日入而休」，仍處理不完。中國古代思想家韓非子曾說：「夫爲人主而身察百官，則日不足，力不給。」〔註26〕一個人的管理幅度終歸是有限的，朱元璋作爲創業勤政型皇帝尚力不足，其它慵懶型皇帝也就可想而知了。

針對君主如何做好管理，處理好眾多的事務，韓非子曾提出：「善張網者引其綱，……故吏者，民之本綱者也，故聖人治吏不治民。」〔註27〕韓非子認爲：君主作爲最高統治者，不必親自去處理每一件事情，君主只要管理好身邊的大臣，再由各級官吏對下屬臣民實行管理，這樣就形成了一個「君一吏一民」的管理系統，就可以處理好各種事務了。而中國古代的文官制度則

〔註24〕張廷玉等，明史〔M〕，北京：中華書局，1974，2329～2330。
〔註25〕吳晗，朱元璋傳〔M〕，北京：生活・讀書・新知三聯書店，1965，29。
〔註26〕邵增樺注譯，韓非子今注今譯〔M〕，臺灣：商務印書館，民國 72，P288。
〔註27〕邵增樺注譯，韓非子今注今譯〔M〕，臺灣：商務印書館，民國 72，P728。

為這種「君一吏一民」的管理方式的實施提供了有力的制度保障。如，唐太宗李世民採取「謹擇群臣而分任以事」〔註28〕的吏治思想，提出「致政之本，惟在於審，量才授職……任官為賢才。」〔註29〕的主張，並以「慎勤公為上，執事無私為中，不勤其職為下，貪濁有狀為下下」〔註30〕四條標準來考覈官員治民情況，從而出現了中國歷史上有名的貞觀之治。

中國古代的文官制度經過中國古代歷代君主的精心設計，制度完備，規範嚴密，歷代君主都通過制定法規，對官員進行組織管理，自秦漢制訂文官律開始，以後歷代不斷完善，到唐代的《唐六典》則對文官組織與活動做了更加縝密的規範，以後宋、元、明、清也不斷補充和完善，逐步形成了對官員進行組織管理的一整套法規體系。在這種制度下，官員被選中任用後，各級官員從隸屬關係上形成一個自上而下、由內及外的層級節制體系，形成一個較為穩固的統治系統，各級官員對皇帝和上級官員絕對服從，這樣君主只需管理好身邊的大臣，然後通過一級級的隸屬關係，對官員逐級落實責任，逐級督察執行，逐漸進行考覈，然後通過考覈結果決定各級官員的陞降留任，這樣就可以處理好各種事務和治理好天下了。

三、有利於廉潔吏治

中國古代君主在選拔文官這一問題上，往往強調德才兼備，自漢武漢開創考試選拔文官以後，特別是科舉制度形成後，由於受儒家思想的影響，歷代所選拔出的文官往往從開始讀書識字到揭榜入仕，都一直要接受杜奸防貪、清正廉明的教育。同時，作為科考內容的儒家經典對「四維八德」〔註31〕十分強調。這就使這些通過考試選拔出的官員堅定「修身、濟家、治國、平天下」的人生目標，以為國家效力，為國家盡忠，重視民間疾苦作為為官的基本信條。作為治國的官員，清廉和品德就成為了他們所要奉行的教義。因此，中國古代的文官制度在廉潔吏治方面也有重要作用。

首先，中國古代文官制度下，通過考試選拔出的官員，除了要從小接受儒家的廉潔教育外，往往還要接受一定的法律教育，對封建的典章、制度、

〔註28〕司馬光，資治通鑒〔M〕，長沙：嶽麓書社，1990，505。
〔註29〕吳兢，貞觀政要〔M〕，上海：上海古籍出版社，2007，P76。
〔註30〕歐陽修、宋祁，新唐書〔M〕，北京：中華書局，1975，1192。
〔註31〕思維即禮、義、廉、恥；八德即忠、孝、仁、愛、信、義、和、平

法令比較熟悉，因此他們在接受廉政教育的基礎方面是比較好的。其次，中國古代通過考試爲官，特別是通過科舉入仕難度比較大，仕子們往往要通過十幾年甚至幾十年的寒窗之苦，才能偶而得中，因此這些通過考試選拔出的官員，對自己的官位都極爲珍惜，他們往往厭惡官場的腐敗貪婪，多以清正廉潔自居，這對古代廉潔吏治有一定的促進作用。再次，中國古代通過考試入仕爲官，特別是通過科舉爲官，往往是不分門第、士庶的，這就爲家庭貧寒者入仕創造了條件，而這些貧寒者一旦入仕，由於「來自田間、多由寒畯，其見識迂陋」〔註 32〕，從政後，不但不肯對上司曲意逢迎，而且自命清高，不肯隨波逐流，這也對維護國家法紀、澄清吏治，起到了一定作用，對此清朝嘉慶皇帝曾有中肯評價：「各省膺民牧者，多讀書人，於吏治民生實有裨益」。〔註 33〕最後，扶植清廉，嚴懲貪賄，也是中國古代文官制度的重要功能。例如，漢文帝時有「吏坐贓者，皆禁錮，不得爲吏」的規定；唐太宗認爲：「爲主貪，必害其國；爲臣貪，必亡其身」。〔註 34〕因而「深惡官人貪濁，有枉法受財者，必無赦免。在京流外有犯贓者，皆遣執奏，隨其所犯，置以重法」。〔註 35〕通過運用監察制度重典懲貪，對整飭吏治不無效果。

中國封建專制主義制度之所以能夠延續兩千多年，是與通過這種文官制度選拔了一大批清正廉潔的官員，以及通過這種制度對貪官的嚴格監察處罰是非常有關的。

四、中國古代文官制度的統治功能對現今的啓示

中國古代的文官制度是爲了維護君主專制統治而產生發展的，中央集權的行政體系和專制君主至高無上的權力是中國古代文官制度賴以生存發展的基礎。中國古代的文官制度由於這些先天的缺陷，固然還存在著落後的地方。如，官本位思想濃厚、腐敗現象嚴重、缺乏科學的管理知識和方法等。但「取其精華，棄其糟粕」，中國古代文官制度的一些先進合理的方面，如維護統一、鞏固統治、管理體系完備等功能，對於當今中國公務員隊伍建設具有十分重要的借鑒作用。

〔註 32〕李鐵，中國文官制度〔M〕，北京：中國政法大學出版社，1989，P168。
〔註 33〕李鐵，中國文官制度〔M〕，北京：中國政法大學出版社，1989，P168。
〔註 34〕吳兢，貞觀政要〔M〕，上海：上海古籍出版社，2007，P208。
〔註 35〕吳兢，貞觀政要〔M〕，上海：上海古籍出版社，2007，P19～P20。

（一）堅決維護國家統一

中國古代文官制度所強調的「大一統」思想，二千多年來一直是維繫中華民族團結統一的重要思想紐帶，也是平治天下的必由之道。當前，一些臺獨分子、疆獨分子、藏獨分子不斷蓄意鬧事，企圖分裂國家，破壞民族團結；一些周邊國家，如越南、菲律賓、馬來西亞等搶佔我南沙群島；東亞日本企圖侵佔我固有領土釣魚島；南亞印度在領土問題上對中國心存敵意，企圖破壞中國領土完整。針對這種情況，中國古代文官制度所強調的「大一統」，對於當今中國廣大公務員，緊緊圍繞在黨中央周圍，上下團結、凝聚人心，動員民力，堅持正義性，無論以何種形式，堅決維護國家統一和領土主權完整都具有十分重要的指導意義。

（二）毫不動搖的堅持黨的領導

今年適值中国共產黨建黨九十週年，歷史證明一切，自鴉片戰爭以來，洋務運動、戊戌變法、辛亥革命都無法拯救中國。在過去的九十年中，中國人民只有在中国共產黨的領導下，才眞正的實現了國家民族的解放，並走向富強。「沒有共產黨就沒有新中國」已是歷史實踐的證明。但一些西方國家不願看到一個強大的中國崛起，以妨礙其統治世界的野心，「中國威脅論」、「中國崩潰論」等各種仇視、敵視中國的言論行爲層出不窮，妄圖破壞中國的安定團結，以達到削弱中國的目的。在這種情況下，中國古代文官制度所強調穩固統治的功能，雖然不能與現時代的「以人爲本」、「構建和諧社會」等同日而語，但其中存在的一些維護鞏固統治的地方，對當今廣大公務員，毫不動搖的堅持黨的領導，堅決維護鞏固黨的領導，統一思想，忠誠於黨，以科學發展觀爲指導，在黨的堅強領導下實現中華民族的偉大復興也具有重要的借鑒意義。

（三）完善公務員管理體系

以史爲鑒，一個朝代的興衰是與這個朝代的吏治管理密不可分的，中國古代歷代君主爲了維護自己的統治，所創造的這套文官制度，規範嚴密、制度詳審、功能完備，對當今完善中國公務員管理體系仍具有重要的借鑒和啓迪作用。在中國古代的文官制度中，歷代君主爲了把官員們以最優標準組織起來，建立了完備的官員考績制度，有官必有課、德才兼課、有課必有賞罰，通過考績對官員的賞罰陞降儘量做到公平合理，這對解決當今中國公務員隊

伍中存在的作風散漫、苟且偷安、人浮於事以及貪污腐化的現象，深化公務員考績程序，完善公務員考覈法，以建立起一支勤政廉政，工作效能較高，高素質的公務員隊伍具有重要的借鑒意義。在中國古代文官制度下的官員選拔，還儘量做到量才授任，合理配置。在官員選拔方式上，存在著選拔方式多樣化、選拔標準硬性化、選拔範圍廣泛化、選拔程序規範化等合理先進之處，這對當下我國政府多渠道選拔官員、選拔官員堅持德才兼備、在全社會範圍內各行業中選拔官員、建立科學的官員選拔程序也具有借鑒意義。

綜上所述，中國古代君主精心設計的文官制度，是爲了維護封建專制統治，加強中央集權，爲方便君主操縱政權、管理國家而採取的有效措施。雖然，這一制度本質上帶有很大的落後性，但不可否認的是，中國古代的文官制度作爲中國古代燦爛的政治文化的一部分，制度完備，規範嚴密，幾乎包涵了當今中國公務員制度的各個主要環節，其一些有科學進步性的功能，對當今加強中國的公務員隊伍建設，提高行政效率，促進依法治國，保持中國特色社會主義社會的健康穩定發展都有重要的借鑒意義。